"十四五"职业教育部委级规划教材

·新形态系列教材·

服装生产基础实训教程

廖晓红　陈思雅◎主　编

柯莹莹　司徒剑锋　刘明明◎副主编

中国纺织出版社有限公司

内 容 提 要

本教材结合服装企业实际生产情况，详细介绍了服装基础知识及服装企业生产和信息化方面的相关内容，并配有微课视频 29 个。具体包括服装面辅料、生产设备、服装专业基本术语、服装企业生产原则、质量控制、生产管理以及服装企业信息化方面的内容。教材中的知识点以任务的形式呈现，紧密切合服装企业生产需求，实用性和可操作性强。

本书可作为职业院校服装设计与工艺专业的教材，也可作为服装院校师生、服装设计师、相关专业的从业人员以及社会短期培训的参考用书。

图书在版编目（CIP）数据

服装生产基础实训教程 / 廖晓红，陈思雅主编；柯莹莹，司徒剑锋，刘明明副主编 . -- 北京：中国纺织出版社有限公司，2022.3
"十四五"职业教育部委级规划教材
ISBN 978-7-5180-9236-9

Ⅰ．①服… Ⅱ．①廖… ②陈… ③柯… ④司… ⑤刘… Ⅲ．①服装工业—生产管理—高等职业教育—教材 Ⅳ．①F407.866.2

中国版本图书馆 CIP 数据核字（2021）第 272972 号

责任编辑：孔会云　陈怡晓　　责任校对：王花妮　　责任印制：何　建

中国纺织出版社有限公司出版发行
地址：北京市朝阳区百子湾东里 A407 号楼　邮政编码：100124
销售电话：010—67004422　传真：010—87155801
http://www.c-textilep.com
中国纺织出版社天猫旗舰店
官方微博 http://weibo.com/2119887771
北京通天印刷有限责任公司印刷　各地新华书店经销
2022 年 3 月第 1 版第 1 次印刷
开本：787×1092　1/16　印张：17
字数：348 千字　定价：56.00 元

凡购本书，如有缺页、倒页、脱页，由本社图书营销中心调换

前　言

　　本教材是"十四五"职业教育部委级规划教材中的一种，也是专业岗课融通系列教材之一，依据《中等职业学校服装设计与工艺专业教学标准》，结合服装行业标准、广东省佛山市顺德区国家教育体制改革成果试点丛书"现代职业教育改革新起点：顺德区中等职业教育专业标准体系建设调研报告/职业能力分析/专业教学标准"中的《服装设计与工艺专业教学标准》和服装行业对从业人员的需要进行编写，是广东省佛山市顺德区"廖晓红教师工作室"服装专业课程体系改革成果丛书之一。

　　本教材是服装设计与工艺专业的基础课程教材，结合服装企业实际生产情况，详细介绍了裁剪工、制作工、缝纫工、整形工等服装生产流水线岗位所需要的基础知识。教材共设3个模块10个项目29个任务，涉及服装面辅料基础知识、生产设备基础知识、服装专业基本术语、服装企业生产原则、质量控制、生产管理以及服装企业信息化管理等方面的内容。教材中配有微课视频29个，将教材中的各个实例进行全程讲解，直观清晰，讲解系统。本教材具有以下特点：

　　（1）本教材由教学经验丰富的教师团队和企业技术专家共同编写，理论联系实际，以工匠型教师和工匠型技术专家在实践中的"身教"感染学生，让学生"亲其师，信其道"达到"不令而行"的功效。推进校企一体化育人，实现专业设置与产业需求对接，课程内容与职业标准对接，教学过程与生产过程对接，毕业证书与职业资格证书对接，职业教育与终身学习对接。同时，以专业应当具备的岗位职业能力为依据，遵循学生认知规律，紧密结合岗课融通等相关项目、要求来确定教材的工作模块和课程内容，实现了课岗融通、资源整合，可提高人才培养质量和教材的实用性、系统性、针对性、专业性和创新性，在教学、生产中均有一定的实用价值。

　　（2）本教材的编写人员所在学校有多年校企合作经验，合作的服装企业为教材的编写提供了相应的技术支持，并提供了大量生产实际案例，使教材的实用性和可操作性更强，具有主题明确、突出实用、企业案例丰富、与企业需求无缝对接的特点。

　　（3）本教材系统讲述了服装企业的整个生产流程与所涉及的专业知识，每个项目以企业需求的任务形式引入相关课程，插入了相关拓展阅读，丰富读者的知识面，在项目的末尾设置学习总结及作业，使读者能够及时巩固所学知识，并运用于实践。

（4）用思维导图呈现任务脉络，有助于读者直观理解、掌握项目的知识脉络和学习目标。

（5）本教材配套录制微视频29个，将书中的每个实例进行详细讲解，读者扫描书中相应位置的二维码即可观看，可以有效支撑院校开展线上教学，帮助学生提高自学效果。同时微课视频能帮助教师实现翻转课堂的教学模式，帮助学生更好地进行课前预习、课后复习。

（6）本教材内容设置合理，项目训练的内容任课教师可以根据行业的更新而增减，启发学生深入思考，培养学生创新思维和精益求精的工匠精神，内容设计以学生为中心，融入工匠精神、以德树人等思政内容，通过任务实训达到"润物细无声"的效果和目的。

教材模块一中项目一、项目二和模块二中项目八的任务一由佛山市顺德区均安职业技术学校廖晓红编写；模块一中项目三、项目四和模块二中项目五的任务一由阳春市中等职业技术学校陈思雅编写；模块二中项目五的任务二、任务三、项目六和模块三中项目九由阳春市中等职业技术学校柯莹莹、江门吴汉良职业技术学校司徒剑锋和普宁职业技术学校刘明明共同编写；模块二中项目七的任务一、任务二、任务三由阳春市中等职业技术学校黄华编写；模块二中项目八的任务二由佛山市顺德区均安职业技术学校尚晶编写；模块二中项目八的任务三由华南师范大学文学院肖紫露编写；模块二中项目七的任务四由中山职业技术学院沙溪纺织服装学院杨珊编写；模块二中项目五的任务四由广州纺织服装职业学校丁伟编写；模块二中项目五的任务五由中山市沙溪理工学校陈仕富编写；模块三中项目十由阳春市中等职业技术学校刘雪琴编写。配套视频的文字编辑主要由华南师范大学文学院黄俊、宾旭艳、肖紫露和广东财经大学张潇文共同完成；视频由廖晓红、陈思雅、柯莹莹、司徒剑锋、刘明明、黄华、刘雪琴、尚晶、肖紫露、杨珊、丁伟、陈仕富、王晓黎、成琳寒等共同制作；思政内容由武汉市第一商业学校赵一言、原锦林和佛山市顺德区均安职业技术学校夏锦秀编写。教材的审稿及统筹工作由佛山市顺德区均安职业技术学校廖晓红完成。

本教材在编写过程中，为实现产教融合、校企联动、精准对接、协同育人的目标，在人才培养培训、技术创新、就业创业、社会服务、文化传承等方面开展深度校企合作。教材中的企业采购单、企业生产工艺单、企业订单、技术参数、服装款式图、服装设备、服装面料、辅料、样衣、服装生产流程、企业生产计划表、企业管理流程、企业检验标准、企业组织架构、工艺工程分析、企业案例等由深圳鹰腾服饰有限公司总经理及品牌设计总监姜振宏，广东瑞享科技有限公司品牌设计总监周艳，佛山市顺德区纺织服装协会会长兼广东顺德新力高服饰有限公司总经理王德生，佛山市智域服装设计有限公司设计总监兼总经理李贵洲，佛山市顺德区昊田服装有限公司总经理戴福兴，佛山市顺德区康加达服饰有限公司总经理龙成飞，佛山市瀚晨文化创意有限公司设计总监周靓，佛山市喜而服饰有限公司总经理陈浩斌，深圳联尚文化创意有限公司技术部经理夏文，中山市硕森服饰有限公司总经理武灿，中山市扎卡服饰有限公司设计总监郭喜飘，东莞市格润服饰品科技有限公司总经理孙顺忠，东莞市茶山镇鹏裕制衣厂生产经理王凯，东莞市茶山鸿鹄布艺加工厂生产经理梁俊等15家企业及协会的服装设计师、打板师、工艺师、企业工匠、企业劳模提供技术支持和指导，在此表示衷心的感谢。

本教材在编写过程中得到了广东产品质量监督检验研究院主任、高级工程师陈卓梅，广东职业技术学院服装系主任王家馨，沙溪纺织服装学院院长刘周海及广州市工贸技师学院高级讲师李填等人的大力支持和帮助，在此表示衷心的感谢。感谢中国纺织出版社有限公司孔会云给本书提出的宝贵意见和建议。

由于编者水平有限，教材中难免有不足之处，恳请同行给予批评指正。读者反馈意见请发至邮箱1585180614@qq.com，csiya@126.com。

本教材教学安排可参考以下学时分配建议表。

学时分配建议表

模块	教学内容	讲授	实训	合计
模块一 服装基础知识	项目一　服装面料基础知识	4	0	4
	项目二　服装辅料基础知识	3	0	3
	项目三　服装生产设备基础知识	2	0	2
	项目四　服装专业基本术语	2	0	2
模块二 服装企业生产基础	项目五　服装企业生产基础知识	6	1	7
	项目六　服装生产原则	7	1	8
	项目七　服装生产质量控制	9	1	10
	项目八　服装精益生产管理	5	1	6
模块三 服装企业信息化基础	项目九　服装吊挂系统	5	1	6
	项目十　服装企业信息化管理	5	1	6
总计		48	6	54

编者
2021年8月

目　录

模块一

服装基础知识

项目概述

　　巧妇难为无米之炊。服装也是一样，服装、家居用品、服饰品是由各类面料、辅料经服装设备加工而成的，有了面料、辅料和设备，服装企业才能生产各种服装。所以在了解服装的生产之前，先介绍生产服装需要的"米"——面料、辅料、衬料等，以及煮"米"的锅——服装的各种生产设备。

　　本模块主要培养学习者认识服装面料说明和面料的使用、储藏及保养，服装辅料的组成及其特点，认识服装常用生产设备及其保养。

○ 项目一 / 服装面料基础知识

◎ 项目介绍

　　学习服装面料基础知识的目的并不只是简单地认识面料，而是为了更好地帮助企业规划好面料的管理，减少不必要的经济损失。服装企业的设计和经营人员只有全面了解面料的说明、使用以及保存，才能更好地物尽其用。

　　本项目主要使学习者能够合理解读和编写面料说明，并看懂面料编码，熟练掌握面料生产前的处理、储存及保管的方式方法，熟悉服装辅料的性能及其识别方法与应用、服装设备在生产过程中的不同用途。

◎ 思维导图

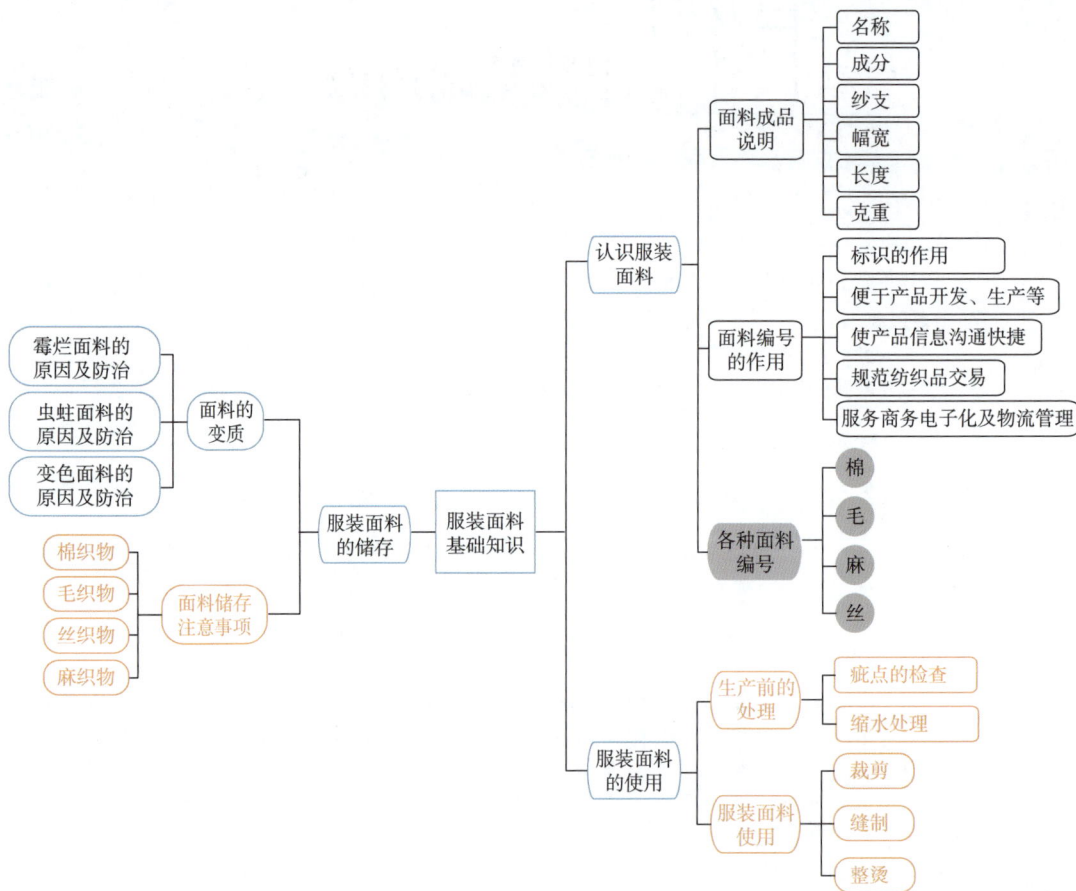

◎ 学习目标

知识目标

1. 解读和编写面料说明。
2. 熟悉面料的各种编号。
3. 熟练掌握面料生产前的处理、储存及保管的方式方法。

能力目标

1. 通过学习和训练，能够识别服装面料、解读面料说明。
2. 通过学习和训练，能够熟练运用服装面料。
3. 通过学习和训练，能够掌握面料的储存及保管方法。

情感目标

1. 培养良好的职业道德和职业责任感。
2. 锻炼独立分析和解决问题的能力。
3. 养成节约面料的良好习惯。

任务一　认识服装面料

认识服装面料

◎ 任务导入

某生产车间刚入职的小李这两天忙坏了，最近刚接到生产任务，翻译工厂刚进货的几十种面料的说明，车间主任在生产线上忙着解决问题，而小李刚入职，没有工作经验。小李看到面料的说明附在每种面料上，但并不明白上面的符号和文字（图1-1-1、图1-1-2）表示什么意思。

37710/16-3
W80%CA10%P9.5%A80.5%
120/2*120/2 280g

图1-1-1　面料A

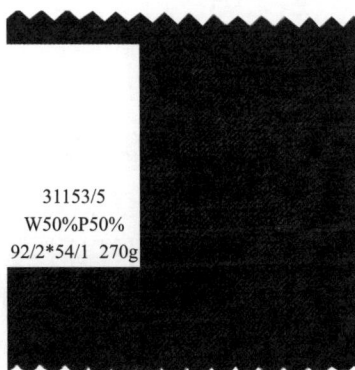

31153/5
W50%P50%
92/2*54/1 270g

图1-1-2　面料B

3

◎ 任务要求

1. 认识服装面料的成分说明及其性质。
2. 认识和解读服装面料的编号及其作用。

◎ 任务实施

1. 编写面料成分说明。
2. 解读各种面料编号。

◎ 相关知识链接

服装面料的成品说明和纺织品的编号是纺织品标准的技术要求之一。

一、服装面料成品说明

为了帮助用户更好地了解面料的性能，在每匹布的反面或正面都贴有"成品说明"（图 1-1-3），内容主要包括以下几点：

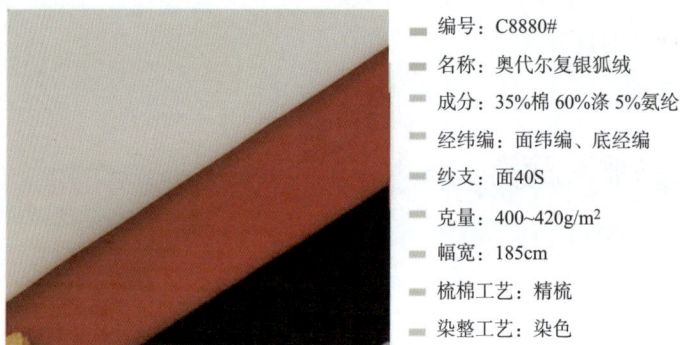

编号：C8880#
名称：奥代尔复银狐绒
成分：35%棉 60%涤 5%氨纶
经纬编：面纬编、底经编
纱支：面40S
克量：400~420g/m²
幅宽：185cm
梳棉工艺：精梳
染整工艺：染色

图 1-1-3　C8880 成品说明

1. 名称

名称指布匹的品名。一般指布匹的染色性质和颜色、纺织品名称，有的还有企业的商标。

2. 成分

面料大多数是由棉、麻、丝、毛、化纤制成。面料成分不同，面料的透气性、吸湿性、保暖性等也会不同，因此通过成分可以间接看出面料的性能。

3. 纱支

纱支一般用定重制中的英制支数（S）表示，是表示纱线粗细的一种形式，在公定回溯率（8.5%）下，每一磅细纱中包含多少个840码的绞纱就为多少英支。英支还与纱线的长度及质量有关系。例如，将1两（50g）棉花纺成60根长度为1m的纱，则表示为60S，若纺成80根长度为1m的纱,则表示为80S。那么40S是表示50g的棉花纺成40根长度为1m的纱。

因此,纱线的支数增大,纱就越细,织出的面料也会越薄,这样的面料非常舒适柔软。但高支数纱对原料的品质会有更高的要求,也需要更高的纺织技术,面料成本也会增加。

4. 幅宽

幅宽指面料的宽度,一般以厘米(cm)为单位(图1-1-4)。

5. 长度

长度指一匹布有多长,一般以米(m)为单位(图1-1-4)。

图1-1-4　面料的幅宽与长度

6. 克重

面料的克重一般为每平方米面料的克数,克重是针织面料的一个重要的技术指标,粗纺毛呢通常也把克重作为重要的技术指标。牛仔面料的克重一般用"盎司(OZ)"来表示,即每平方码面料重量的盎司数,如7盎司、12盎司牛仔布等。

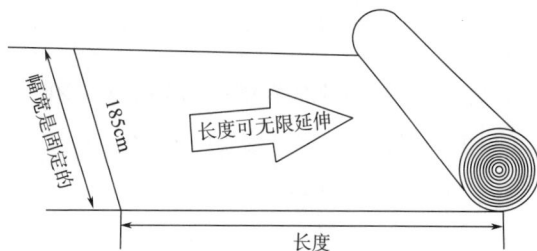

◎ 边学边思考

请根据以下的面料自述设计面料说明。

大家好,我是精纺兄弟中的一员,名字叫大衣,出生在上海,编号是02038,幅宽是150cm,克重为680g/m^2,100%由羊毛组成的我很受企业欢迎。

学习心得:＿＿＿＿＿＿＿＿＿＿＿＿＿＿＿＿＿＿＿＿＿＿＿＿＿＿

＿＿＿＿＿＿＿＿＿＿＿＿＿＿＿＿＿＿＿＿＿＿＿＿＿＿＿＿＿＿＿＿＿＿＿

＿＿＿＿＿＿＿＿＿＿＿＿＿＿＿＿＿＿＿＿＿＿＿＿＿＿＿＿＿＿＿＿＿＿＿

二、面料编号的作用

编号对服装面料起到标识的作用,同时便于产品开发、生产、销售、使用、技术交流、教学研究等;可以使各生产部门提高效率,促进面料信息传递,使产品信息沟通更加快捷;同时可以规范纺织面料的交易,使纺织面料服务于电子商务及物流管理。

三、面料的编号

(一)棉纤维面料的编号和含义

棉纤维面料分为本色、印染、色织、绒类及其他棉织物等。

1. 本色棉纤维面料的编号和含义(表1-1-1)

本色棉纤维面料的编号由三位数字构成。第一位数字表示品种类别,第二、第三位数字表示顺序号。

如图1-1-5所示,棉纤维面料编号为623,第一位数字6表示棉纤维面料为卡其类;第二、第三位数字23表示该卡其品种的顺序号。

表1-1-1　棉纤维面料的编号和含义

编号	第一位数字（品种种类）									第二、第三位数字
	1	2	3	4	5	6	7	8	9	
含义	平布	府绸	斜纹布	哔叽	华达呢	卡其	直贡	麻纱	绒布坯	顺序号

2. 印染棉纤维面料的编号和含义（表1-1-2）

印染棉纤维面料的编号由四位数字构成。第一位数字表示加工类别，后三位数字表示本色棉纤维面料的编号。

表1-1-2　印染棉纤维的编号和含义

编号	第一位数字									第二、第三、第四位数字
	1	2	3	4	5	6	7	8	9	
含义	漂白布类	卷染染色布类	轧染染色布类	精元染色布类	硫化元染色布类	印花布类	精元底色印花布类	精元花印花布类	本光漂色布类	本色棉布编号

如图1-1-6所示，印染棉纤维面料编号为6237，第一位数字6表示印花布料，第二位数字2为府绸类，第三、第四位数字37表示该府绸品种的顺序号。

图1-1-5　623全棉巴厘纱

图1-1-6　6237印染棉纤维

◎ 边学边思考

1. 本色棉856。

8表示（　　），56表示（　　）。

2. 印染棉7823。

7表示（　　），8表示（　　），23表示（　　）。

学习心得：＿＿＿＿＿＿＿＿＿＿＿＿＿＿＿＿＿＿＿＿＿＿＿＿＿＿＿＿＿

（二）毛纤维面料的编号和含义

1. 精纺毛纤维面料的编号和含义（表1-1-3）

精纺毛纤维面料的编号由五位数字组成。自左到右，第一位数字表示产品的原料，2

表示纯毛纤维面料，3表示毛混纺或毛交织面料，4表示纯化学纤维仿毛纤维面料；第二位数字表示产品的品种；第三、第四、第五位数字表示产品的顺序号。

表1-1-3　精纺毛纤维面料的编号和含义

品种	品号		
	纯毛纤维面料	毛混纺或毛交织面料	纯化学纤维仿毛纤维面料
哔叽	21001～21500	31001～31500	41001～41500
啥味呢	21500～21999	31500～31999	41500～41999
华达呢	22001～22999	32001～32999	42001～42999
中厚花呢	23001～24999	33001～34999	43001～44999
凡立丁、派力司	25001～25999	35001～35999	45001～45999
女衣呢	26001～26999	36001～36999	46001～46999
贡呢类	27001～27999	37001～37999	47001～47999
薄花呢类	28001～29500	38001～39500	48001～49500
其他类	29501～29999	39501～39999	49501～49999

如图1-1-7所示，21700是纯毛啥味呢面料（含毛量95%），2表示纯毛纤维面料，1表示品种是哔叽或啥味呢，700是产品的顺序号。

2. 粗纺毛纤维面料的编号和含义（表1-1-4）

粗纺毛纤维面料的编号由五位数字组成。自左到右，第一位数字表示产品的原料，0表示纯毛纤维面料，1表示毛混纺或毛交织面料，7表示纯化学纤维仿毛纤维面料；第二位数字表示产品的品种；第三、第四、第五位数字表示产品的顺序号。

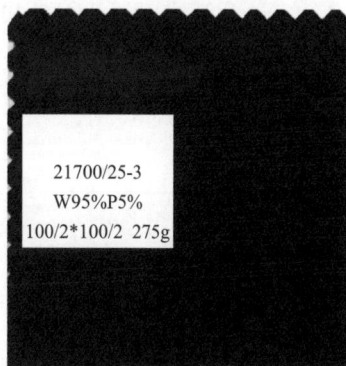

图1-1-7　21700/25-3纯毛啥味呢面料

21700/25-3
W95%P5%
100/2*100/2 275g

表1-1-4　粗纺毛纤维面料的编号和含义

品种	品号		
	纯毛纤维面料	毛混纺或毛交织面料	纯化学纤维仿毛纤维面料
麦尔登	01001～01999	11001～11999	71001～71999
大衣呢	02001～02999	12001～12999	72001～72999
海军呢、制服呢	03001～03999	13001～13999	73001～73999
海力斯	04001～04999	14001～14999	74001～74999
女式呢	05001～05999	15001～15999	75001～75999
法兰绒	06001～06999	16001～16999	76001～76999
粗花呢	07001～07999	17001～17999	77001～77999
大众呢	08001～08999	18001～18999	78001～78999

如图1-1-8所示，05183表示纯毛女式呢面料，0表示纯毛纤维面料，5表示女式呢，183表示产品顺序号。

除此以外，有些生产企业还将所在地的缩写放于编号前。如S表示上海，B表示北京，J表示江苏，T表示天津。

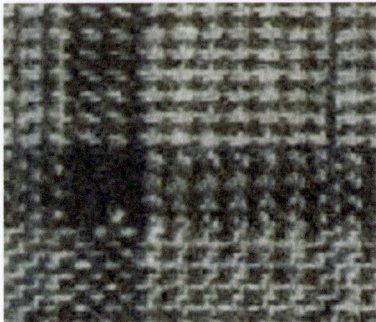

图1-1-8　05183纯毛女式呢面料

◎ 边学边思考

1. 精纺毛T22003。

T表示（　　），第1个2表示（　　），第2个2表示（　　），003表示（　　）。

2. 粗纺毛B07006。

B表示（　　），0表示（　　），7表示（　　），006表示（　　）。

学习心得：_____

_____

（三）麻纤维面料的编号和含义（表1-1-5）

麻纤维面料的编号由四位数字组成。第一位数字表示坯布印染加工的类别，第二位数字表示面料的品种类别，第三、第四位数字表示产品的顺序号。

表1-1-5　麻纤维面料的编号和含义

位数	编号	含义	位数	编号	含义
第一位	1	漂白布类	第二位	4	股线提花面料
	2	染色布类		5	单纱交织面料
	3	印花布类		6	股线交织面料
	4	色织面料类		7	单纱色织面料
第二位	1	单纱平纹面料		8	股线色织面料
	2	股线平纹面料	第三、第四位	顺序号	
	3	单纱提花面料			

在四位数字前冠以表示原料的字母代号。如R表示纯苎麻纤维面料，RT表示麻涤混纺或交织面料，TR表示涤纶与麻混纺或交织面料，RC表示麻棉混纺或交织面料。

如图1-1-9所示，RC2548是麻棉混纺染色单纱交织面料。RC表示麻棉混纺，2表示染色布，5表示单纱交织面料，48表示产品的顺序号。

图1-1-9　RC2548麻棉混纺染色单纱交织面料

◎ **边学边思考**

麻纤维R3873。

R表示（　　），3表示（　　），8表示（　　），73表示（　　）。

学习心得：_____

（四）丝纤维面料的编号和含义

丝纤维面料的编号有外销编号和内销编号两种。

1. 外销丝纤维面料的编号和含义（表1-1-6）

外销丝纤维面料的编号由五位数字组成。第一位数字表示产品的原料，分别以1、2、3、4、5、6表示，7表示被面；第二位数字或第二、第三位数字分别表示产品所属大类品种；第三、第四、第五位数字或第四、第五位数字表示品种规格序号。

表1-1-6　外销丝纤维面料的编号和含义

第一位数字	原料	第二位或第二、第三位数字	大类品种	第三、第四、第五位或第四、第五位数字
1	桑蚕丝绸	0	绢类	品种规格序号
		1	纺类	
2	合成纤维丝绸	2	绉类	
		3	绸类	
3	绢纺丝绸	40~47	缎类	
		48~49	锦类	
4	柞蚕丝绸	50~54	绢类	
		55~59	绫类	
5	化纤丝绸	60~64	罗类	
		66~69	纱类	
6	交织绸	70~74	葛类	
		76~79	绨类	
7	被面	80~84	绒类	
		86~89	呢类	

如图1-1-10所示，12023表示真丝双绉，11070表示真丝电力纺。

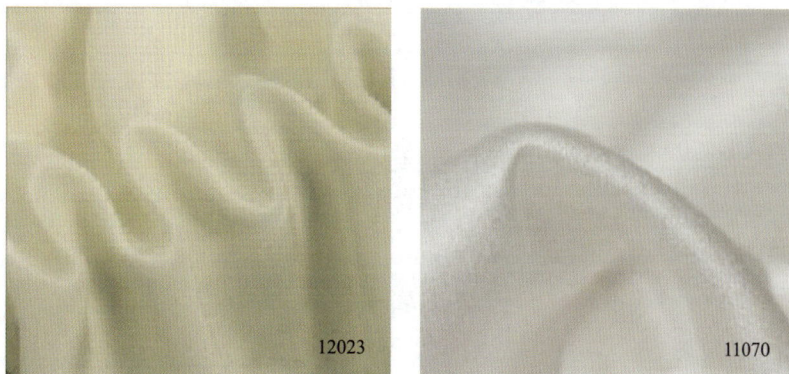

图1-1-10　外销丝纤维面料

2. 内销丝纤维面料的编号和含义（表1-1-7）

内销丝纤维面料的编号由五位数字组成。字母表示地区代号（表1-1-8），第一位数字表示用途，其中8表示衣着用绸，9表示装饰用绸；第二位数字表示原料，衣着用绸的原料分别用4、5、7、9表示，装饰用绸的原料分别用1、2、3、7、9表示。第三位数字表示产品的组织结构；第四、第五位数字表示产品的规格。

表1-1-7 内销丝纤维面料的编号和含义

第一位数字		第二位数字		第三位数字				第四、第五位数字
				平纹	斜纹	缎纹	变化	
8	衣着用绸	4	化纤丝纯织	0~2	6~7	8~9	3~5	
		5	化纤丝交织	0~2	6~7	8~9	3~5	50~99
		7	蚕丝 纯织	0	3	4	1~2	50~99
			蚕丝 交织	5	8	9	6~7	01~99
		9	合成纤维 纯织	0	3	4	1~2	01~99
			合成纤维 交织	5	8	9	6~7	01~99
9	装饰用绸	1	被面	0~9				01~99
		2	化纤丝交织被面	0~5				01~99
		2	化纤丝纯织被面	6~9				01~99
		7	蚕丝纯织被面	0~5				01~99
		7	蚕丝交织被面	6~9				01~99
		9	装饰绸	0~9				01~99
		3	印花被面	0~9				01~99

表1-1-8 地区代号

地区	代号	地区	代号	地区	代号	地区	代号	地区	代号
江苏	K	浙江	H	四川	C	湖北	E	重庆	CC
南京	NJ	广东	G	成都	CD	福建	M	江西	J

◎ 边学边思考

1. 内销丝 CD87099。

CD表示（　　　），8表示（　　　），7表示（　　　），099表示（　　　）。

2. 外销丝 15004。

1表示（　　　），5表示（　　　），004表示（　　　）。

学习心得：_____

◎ **拓展阅读**

没有藏书的图书馆

杭州市江干区俞章路88号浙宝大厦有一个"布料图书馆"（图1-1-11），虽然这里以图书馆为名，但却没有一本藏书，取而代之的是约1800款布料（图1-1-12）。"材料不再是冷冰冰的物品，它是有温度，充满人性，以科技为骨架，以需求为血肉，创造出来的另一种生命的展现形式。"对材料倾注了18年情感的MaryMa，以布料图书馆抗衡着越来越雷同的服装行业，从布料开始，塑造中国服饰的"创新时代"。

18年只是起点

布料图书馆的创始人MaryMa，大学学的是哲学专业，没想到毕业后被分配到一家纺织企业工作。这份工作给她提供了一个学习面料制作完整流程的机会，此后18年，她再也没离开过材料行业。4年前，她开始从事材料内销，但渐渐发现，在内销领域，材料被视为"零部件"，是"被选择"的商品，而自己更像是一个品牌的布料供应商。"不像在国外，是较受尊重的角色。"这让她有些不适应。过去，她面对国外的设计师和品牌商都处于平等交流的位置，他们对面料提出的想法，启迪她研发出了不少符合市场需求的新材料。但回归国内市场后，大多数的服装公司上门就问："某个品牌用过的那款面料，你们有没有？"

MaryMa没有像其他同行一样，在形势所逼下沦为"二道贩子"，而是始终坚持做"创新材料"。"材料是需要定制的。"在MaryMa看来，"不同的人有不同的气质，所以对于不同的人，要给他提供不同的面料，符合他的面料。即使是同类型的品牌来找我们，就算他们看中的是同一块布料，我们最后给他们的面料也可能是不同的。这样制造出来的产品才没有雷同感。"

图1-1-11　没有藏书的图书馆

当别人在四处推销研发的材料，期望将同一块面料尽可能多地卖给更多人的时候，MaryMa选择接下那些"单量小""工艺复杂"，或是"其他工厂不想生产""不愿意改"的订单，以此保证能给每个订货的品牌和设计师提供符合他们产品特性和风格的面料。"我跟MaryMa说，'我要一块棉质感的面料'，她却给了我好几块棉质感的面料，有纯棉面料，有棉和其他面料混搭的，有用化纤材料做出棉质感的……看面料成分只是最基础、初步的步骤。100%的棉面料，有10多元一米的，也有100多

图1-1-12　图书馆中的陈设

元一米的，全靠工艺体现。"这是独立设计师李云佳和MaryMa合作后的感受。对他来说，MaryMa的坚持，给他的设计带来了更多的可能性。在国内服装行业"跟风"极其普遍的情况下，MaryMa对非雷同的追求，成了她和很多独立服装设计师之间的契合点。越来越多的设计师找到她，希望她能给自己的作品提供适合的材料。

用图书馆装布料

随着与设计师们合作的加深，Mary Ma的脑中萌生了一个想法："我们不只是材料的供应商，除了做商业外，还应该给大家提供一个可以共同创作、研发布料的地方。"在她看来，现在很多品牌、设计师的作品，对材料的选择还是拿来主义，"如果从材料出发，就有自己独有的面料的话，设计就不一样了。"有了这样的想法，MaryMa开始着手准备。选场地、定规划、做设计图，仅用一年多时间，布料图书馆实现从无到有，建了起来。2016年底，布料图书馆正式开幕（图1-1-13）。

占地2000平方米的空间，只有水泥和木头两种材料。一半是冷冰冰的水泥墙壁和地面，一半是木头的桌子和吊灯，"它们分别代表着天然纤维和化学纤维。"Mary Ma说，这个设计的初衷是以此破除一些偏见，"木头和水泥仅是两种材料，没有谁好谁坏之分，是平等的两个个体。布料也是如此，不要一听到涤纶，就觉得这件衣服不好，听到纯棉，就觉得很好。"除了选材上的"别出心裁"，在空间规划上，Mary Ma也有着独特的设计，她设置了布料陈列厅、主题展厅、工作坊、研讨区和多功能厅、驻地设计师工作室等六个空间，各具功能。

陈列厅是整个图书馆的"心脏"，陈列架上整齐摆放着近1800卷布料。这些以色彩排列的布料，按照成分、规格、后期处理方式等分门别类存放在不同展架上，每款布料都有自己的编码，方便来访者查询、观看。20米的面料小样，就像血液一样每天都会持续更新，随着新品的开发不断更替。这种查找、换代的方式，类似图书馆的管理方法，布料图书馆的名字也因此而来。

穿过长长的布料走廊，来到主题展厅（图1-1-14）。整个展厅，依照户外、运动、都市、自然、艺术被分成五个大类，里面挂满了展现同一风格的各式布料、成衣和配饰，以丰富多彩的主题展现布料的可塑性。抛光水泥地板、浅灰色墙面和深黑色梁柱，构成偌大的长方形展示空间，200多件披在假体模特身上的纯黑或纯白服装，摆放得错落有致，像行走在T台上的模特队伍。乳白色的灯光从天花板上投射下来，在不同面料的表面反射出不同的光泽，展现布料别具一格的独特魅力。

工作坊是布料图书馆的"中枢"和"大脑"，这里

图1-1-13 布料展示

拥有专业的布料加工设备，如烫印、镭射压胶、制版裁切等复合材料的代表性工艺设备。设计师可以利用这里的专业设备，在机器上进行各类材料的实验，创造出自己心目中的那一款。

除了工坊外，布料图书馆还为没有工作场地的独立设计师设置了驻地设计师工作室。配备设计所需的工作设备，设计师可驻扎在图书馆内进行创作。而设计师、材料研发专家们的讲座活动也在布料图书馆的多功能厅不定期举办。

从拿来主义到自主研发

穿梭在布料图书馆中，你可能会听到很多新鲜的话题：Recycle纤维、功能性科技面料，"化纤也可能很高级""镭射切割"等。每个人都有足够的热情想要参与这家图书馆未来的材料研发。每天都会有不同的人通过预约来到布料图书馆，在这里可以看到设计师们最原始的设计手稿，每件精美制衣的灵感来源；也可以看到留言板上动人的访客留言，每句话都寄托了人们对生活的热情，对美好事物的期望。

图1-1-14　主题展厅

如今，布料图书馆不仅受到很多品牌的青睐，更是成为第一个支持年轻设计师研发定制布料的机构，布料图书馆默默支持的国内独立设计师已有20多位。"为什么我们非得去日本、意大利、英国买面料？在这里我们可以相互帮助，实实在在地去改变这个问题，让事情变得不难。"从中央圣马丁毕业的独立设计师如此评价布料图书馆。

开业以来，布料图书馆发起过两个极具话题性的展览：一个是"1-20"，一个是"20-1 STATION"。从1到20，再从20到1，从物品本身出发，打破传统观念，打破季节、性别、品牌的壁垒，集合科技、设计、美学、实用为一体，赋予布料崭新的生命形态，思考人与物品的联系，发现生活的更多可能性。

"1-20"展览是将一块涤纶布料，通过不同的工艺演绎出20种不同风格的布料，并由12位设计师将这20块布料呈现出20件性格迥异、风格造型皆不同的展品。

"20-1 STATION"展览，是用20种不同的材料与一款产品结合，演变出20件不同的产品。展览主要围绕三件生活中常见的物品展开，一件风衣、一双鞋子、一个衣柜，这三款物品用20种材料制作产生各种不同的形式。通过材料工艺的变化，让原本"单一功能"的物品变得适应季节、区域等变化，拥有多种用途，将布料的可能性发挥到极致。

　　创新一直是推动社会进步和发展的动力。MaryMa 和她的团队，用他们的方式开启了设计师对面料的"新要求"，其实质就是：人们对生活美学更极致的追求和对新事物的渴望。其实，人们创新、创造的目的，就像布料图书馆展览的宣传语：生活不只有一个答案。

摘自《中华手工》 2017年12期

四、案例分析

　　例1：毛织品 SA21001分析

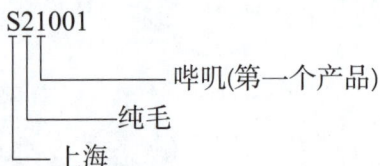

　　例2：请根据以下面料说明，拟定面料编号，面料如图1-1-15所示。

　　根据"粗纺""100%毛""大衣呢"可以确定编号为五位数，且第一、第二位数是02，加上顺序号348，面料编号为02348。

品种：大衣呢　成分及含量：100%毛
幅宽：150cm　纺织工艺：粗纺
花型：素色　产品顺序号：348

图1-1-15　大衣呢

◎ 巩固训练

　　帮小李完成面料（图1-1-16、图1-1-17）编号的翻译，再说出面料的成分和克重等。

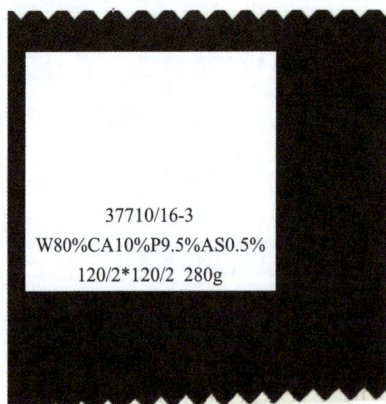

图1-1-16　面料1

图1-1-17　面料2

我的学习收获：＿＿＿＿＿＿＿＿＿＿＿＿＿＿＿＿＿＿＿＿＿＿＿＿＿＿＿＿＿

＿＿＿＿＿＿＿＿＿＿＿＿＿＿＿＿＿＿＿＿＿＿＿＿＿＿＿＿＿＿＿＿＿＿＿＿＿＿

＿＿＿＿＿＿＿＿＿＿＿＿＿＿＿＿＿＿＿＿＿＿＿＿＿＿＿＿＿＿＿＿＿＿＿＿＿＿

◎ **任务评价**（表1-1-9）

表1-1-9 任务评价表

表1-1-9 任务评价表

任务内容	评价关键点	分值	自我评价	同学互评	老师评价
面料成品说明	熟悉面料说明的内容	20			
	面料说明的编写合理内容无误	20			
面料编号和含义	描述面料编号完整性	20			
	面料编号翻译的合理性	20			
	拟定编号的准确性	20			
合计		100			

任务二　服装面料的使用

服装面料的使用

◎ 任务导入

刚入职的小李前几天学习了面料知识后，翻译了面料说明，领导很满意，还表扬了小李，又把面料生产前的准备工作布置给小李。小李陷入茫然，面料在生产前需要准备什么呢？带着这个疑问，小李来到了车间。

◎ 任务要求

1. 了解面料生产前的处理步骤及方法。
2. 了解面料疵点检查内容及方法。
3. 掌握面料裁剪、缝制、熨烫注意事项。

◎ 任务实施

1. 学习面料生产前的处理步骤及方法。
2. 学习疵点检查的内容及方法。
3. 学习面料裁剪、缝制、熨烫基本知识。

◎ 相关知识链接

面料抵达生产工厂后，在投入服装生产前，要进行检验及测试，内容如图1-2-1所示。

测试面料是为了掌握面料的性能，以便在生产过程中采取相应的工艺及技术措施。避免在大货裁剪后出现无法挽回的损失，把住批量裁剪的第一道关卡。

经过测试后，如果面料出现问题较大，如缩水率较大，面料疵点较多等，还要进行预缩和整理工作，保证合格的面料投入生产。

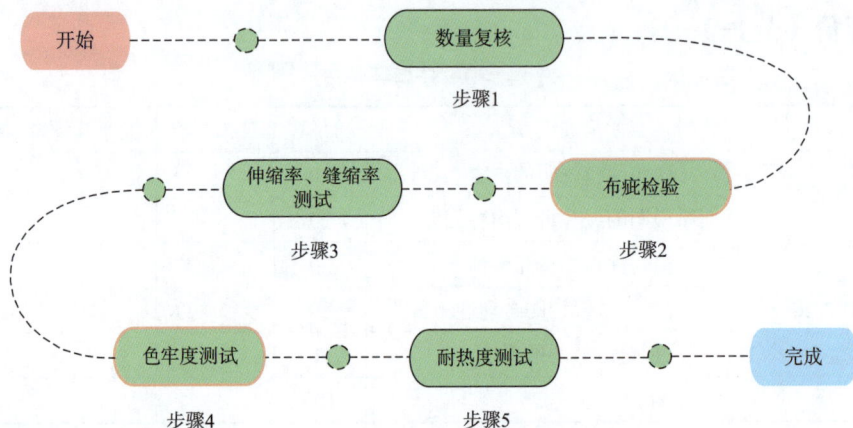

图 1-2-1 面料投入生产前测试流程图

一、生产前的面料处理

1. 疵点检查

（1）面料疵点。疵点是影响服装质量的一种常见问题。疵点的检查主要是检查面料本身的质量问题，面料在纺、织、染及包装运输等过程中可能形成各式各样的疵点（图 1-2-2、图 1-2-3）。轻微的疵点会影响服装的美观，严重的疵点会缩短面料的使用寿命，甚至使面料失去实用价值。根据疵点的形成，可分为纱疵、织疵和整理疵点；根据其影响程度和出现的状态，可分为局部性疵点和散布性疵点两类。

当发现疵点的时候，应用明显的标志（如箭头纸）贴识标好，并做好相关记录。

纬斜是面料最常见的一种疵点，其因面料内应力挤压产生，表现为在一块面料上呈直线状歪斜（纬斜）或弧状歪斜（纬弯），严重影响服装的品质。一般从服装加工的要求来说，

图 1-2-2 各种面料的疵点

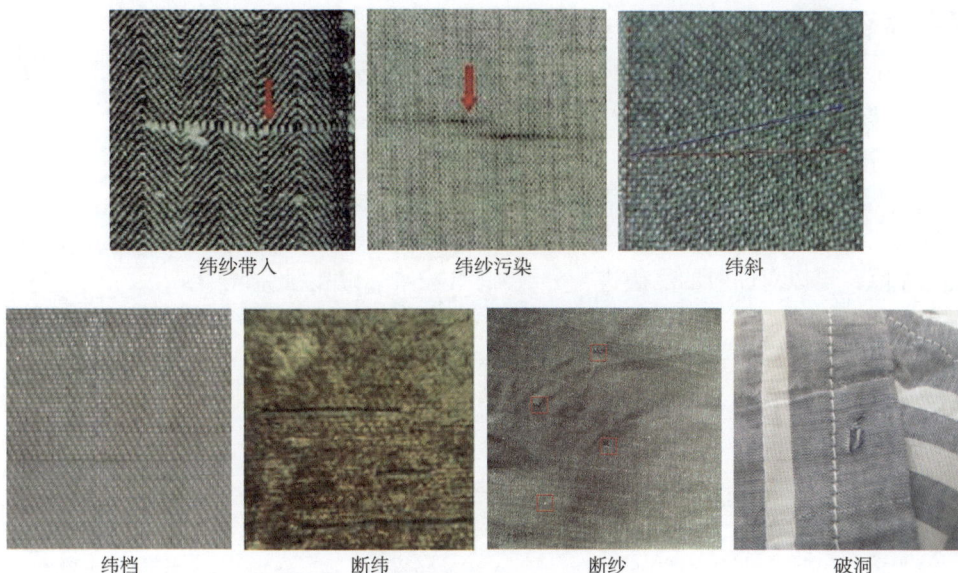

| 纬纱带入 | 纬纱污染 | 纬斜 |

| 纬档 | 断纬 | 断纱 | 破洞 |

图 1-2-3 面料疵点

平纹纬斜不大于 2%，横条或格子纬斜不大于 2%，印染条格纬斜不大于 1%。高档服装对纬斜的控制要求更高。

（2）检查工具。验布机（图 1-2-4）是检查疵点最常用的工具。

图 1-2-4 验布机

（3）评分标准。面料疵点的检验一般与检验者的经验有很大关系，在面料的评分规定中，被广泛采用的一种检验方法"四分制"，其实用性强、操作简单，很受欢迎。四分制是将目测到的疵点进行量度，扣分标准见表 1-2-1。

表 1-2-1 面料疵点的扣分标准

疵点尺寸	扣分标准
疵点 <3 英寸	1
3 英寸 ≤ 疵点 <6 英寸	2
6 英寸 ≤ 疵点 <9 英寸	3
≥9 英寸	4

注 1 英寸 = 2.54cm。

扣分公式如下：

机织物

$$K = \frac{\text{疵点扣分累计} \times 36}{\text{被检布匹的长度（码）} \times \text{幅宽}} \times 100\%$$

针织物

$$K = \frac{\text{疵点扣分累计} \times \text{面密度}}{\text{被检布匹的重量（g）}} \times 100\%$$

通过K值，可以对面料的品质进行分级（表1-2-2），并以此指导生产。

表1-2-2　面料疵点K值分级表

K值	面料品质	放心程度	采取措施
≤12	很好	★★★	
12～24	较好	★★	在裁剪铺料时需注意面料疵点，由质量主管决定是否需要100%检验裁片
25～30	一般	★	在裁剪铺料时，要认真对面料疵点做必要的记号或剔除，并需要100%检验裁片
30～36	差		除了裁剪铺料时剔除外，还要100%检验裁片，需准备较多的换片及配片

（4）检验步骤（图1-2-5）。

① 确定检验数量。首先要征求客户的要求，是全部检验还是部分检验。如果客户没有要求，至少要检验总数的10%。

② 确定抽样方案。一般面料进厂时，面料供应商都会提供面料说明，说明包括每一匹布的数量。检验者可根据总数来制定可行的抽样方案。

如果一批面料含有多种颜色，那么每种颜色的检验数由该颜色所占该批面料的比例来确定。

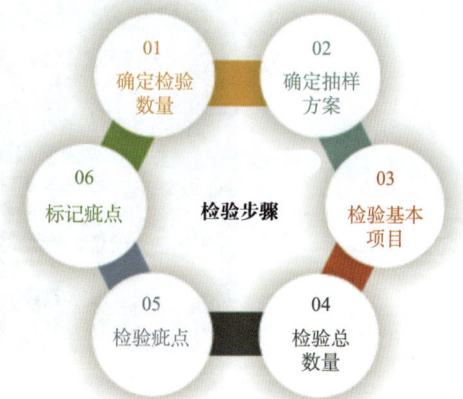

图1-2-5　检验步骤

表1-2-3为某订单的抽样方案。

表1-2-3　某订单的抽样表

颜色	红色	绿色	蓝色	总数
订单总数量	8000	7500	3000	18500
检验总数量	800	750	300	1850

③ 检验基本项目。检验的基本项目包括：面料的外观、重量、密度、手感、花型、颜色、幅宽、匹长等。如果面料的基本项目不合格，就没有必要再检验疵点，可立即将其归入不合格的布卷。疵点的检验应该在基本项目合格的前提下进行。

④ 检验总数量。检验到厂面料与面料供应商提供的数量是否一致，一般情况下，实际数量和提供数量误差应该不超过1%，否则应该找面料供应商协调。

例如，在广东的面料市场，常问的"100米空多少米"，意思是定100米面料可能缺多少米，空是指缺少的面料。

⑤ 检验疵点。在验布机上检验疵点时，拉布的速度一般以看得清为原则。速度太快会影响验布的准确性，太慢又会影响验布的进度。

在检验疵点时，只对影响服装加工和成品外观的可见疵点评分。

◎ 边学边思考

1. 面料检测的内容包括哪些?

_____

2. 疵点检查的内容包括哪些?

_____

3. 简述疵点检查的步骤。

_____

4. 请为单号10087234S的抽样表（表1-2-4）确定抽样方案。

表1-2-4　10087234S抽样表

颜色	白色	黑色	黄色	总数
订单总数量	2850	1500	3500	7850
检验总数量				

2. 预缩处理

由于面料在生产过程中要经过织造、染色、整理等理化处理，这些处理提高了面料的使用价值，但在各道工序中受到强烈的机械张力会导致面料状态不稳定，也随之产生一些自然回缩、湿热收缩等不良变形。

面料的预缩是指在裁剪前消除或缓和面料变形等不良因素，使服装制品的变形程度降到最小，保证服装尺寸的稳定。

（1）自然预缩。服装企业在正式生产前，通常会将面料开包、抖散、理松，并静放一定时间，以消除面料的内应力，使面料自然回缩。

特别是一些弹性面料或棉针织物，在生产加工、包装、叠放时会造成一定的拉长。这种情况，应采用自然预缩处理，即放置24h以上，使面料自然回缩，消除面料张力。

（2）湿预缩。服装企业在正式生产前，通常会把一些吸湿性、吸水性较好的面料，如棉织物、麻织物、毛织物等进行湿预缩。

湿预缩处理的方法有：清水浸泡，摊平晒干；喷水，熨烫至干；湿布覆盖，熨烫至干。

（3）热预缩。对于合成纤维面料，由于织造加工过程中的处理，此类面料虽湿缩较小，但热缩较大。因此，在服装生产前应对面料进行热预缩处理。

热预缩是一种干热预缩法，按给热的方式分为两种：一种是直接加热法，热体与面料接触加热；另一种是间接加热法，利用热空气和辐射加热，可利用烘房、烘筒、烘箱的热风及红外线的辐射对面料进行预缩。加热的温度和时间一般应低于定型温度和时间。

（4）湿热预缩。湿热预缩的原理是面料在蒸汽加湿和加热的作用下，纱线恢复平衡弯曲状态，达到减少回缩率的目的。

可在烘房内通热蒸汽，面料在松弛状态下达到预缩效果。服装企业一般将准备预缩的面料在无张力的松弛状态下放入烘房，通入蒸汽，让面料在湿热的作用下自然回缩，时间可视面料不同而定，然后经过晾干或烘干进行干燥处理。

（5）预缩机预缩。预缩机预缩是指面料在适宜的湿热条件下，利用弹性毯的扩张、收缩变形而使织物平整、门幅稳定、缩水率小、织物手感柔软，纤维润湿溶胀后长度缩短，不再引起织物经向长度的缩短，成品缩水率明显降低。预缩机主要分为呢毯式预缩机和橡胶毯式预缩机两种。

① 呢毯式预缩机。经均匀给湿和短程整幅的织物由电热靴热压紧贴于小辊径喂布辊上4~18mm厚呢毯的伸长表面进入大烘筒，利用毯面离开喂布辊时的曲率反向回复变形而收缩。最后再经呢毯烘燥装置烘燥而提高预缩效果的稳定性。经此整理后织物的缩水率一般可降至1%。

② 橡胶毯式预缩机。耐热耐磨而具有一定弹性的橡胶毯厚度有25.4mm、50mm、67mm多种，厚度大的预缩效果较好；当橡胶毯进入进布辊与由蒸汽加热的承压辊轧点时，受到进布辊压力而变薄、伸长，但离开此轧点后又回复收缩。经均匀给湿的织物进入橡胶毯与承压辊之间时，随橡胶毯回复收缩变形而收缩。最后再经呢毯烘燥装置烘燥，以提高预缩效果的稳定性。

面料经给湿、振动和焙烘，组织密度增大，表面蓬松，制成的成衣尺寸稳定，外观层次丰富。因此，预缩机是加工高档服装，特别是缝制缩率较大的服装必备的前处理设备，不同服装面料采取的预缩方法见表1-2-5。

表1-2-5　不同服装面料采取的预缩方法

面料	预缩方法	面料	预缩方法
棉、麻面料	湿预缩	羊毛面料	热湿预缩
丝绸面料	湿预缩/热湿预缩	化纤面料	热预缩

注　大批量生产可通过预缩机对整匹面料预缩，少量或单量单做时可采取适当的方法进行预缩。

◎ 边学边思考

1. 什么是面料的预缩？

———————————————————————————————————————

2. 面料预缩的方法有哪几种？

———————————————————————————————————————

3. 分别介绍棉、麻、丝绸、羊毛、化纤面料的预缩方法？

———————————————————————————————————————

4. 大批量生产可通过————————对整匹面料预缩，单量单做时可通过————————进行预缩。

二、服装面料的使用

1. 裁剪

裁剪是服装生产的重要环节之一，裁剪质量直接影响整批成衣的品质。如果裁剪的布片出现尺寸不对、条格或丝缕歪斜，裁片出现色差等都会产生严重的后果。

裁剪前要先核对面料，铺料时要选取合适的铺料方案，裁剪中要检验裁片。

（1）裁剪前的准备（图1-2-6）。裁剪方案是指服装工业化生产中有计划地把订单中的服装数量和颜色进行合理的安排，并使面料的损耗减至最低的裁床作业方案。裁剪方案一经确定，操作工必须严格执行，任何变动必须经裁剪主管签字同意。

① 审核面料检验报告
开裁前必须审核面料检验报告，保证开裁面料的合格性，了解面料的大致状况（门幅、纬斜或纬弧、疵点率等），以采取相应的技术措施

② 审查生产技术资料
审查款号、定单号、尺码数量、开裁数量、用料定额、面料贴样（认清布料正反面）

③ 核对面料
核对面料密度、门幅、颜色、花型以及数量

④ 检查纸样
检查纸样片数和式样是否正确

⑤ 检查裁剪方案
检查裁剪方案，核对尺码、颜色、数量的搭配

图1-2-6　裁剪前的准备

（2）裁剪注意事项。铺料时，如果发现面料有疵点，操作工必须做好记号，以便之后进行换片。对一整幅或一整匹都有疵点或者疵点比较大的面料，则应开剪接匹。为了避免面料产生色差，需把裁好的衣片按铺料的层次由第一层至最后一层按顺序打上数字。缝纫时必须用同一号码的各个裁片组成服装，使一件衣服所有的裁片出自同一层面料，这样可有效避免面料色差。裁剪注意事项如图1-2-7所示。

图1-2-7 裁剪注意事项

（3）裁片检验。裁片检验又称验片。通过检验裁片，可以及时发现裁剪质量问题，如裁片表面的疵点，从而采取措施，避免由于裁片的问题而影响一整件成衣的质量。

在很多服装企业中，都严格执行100%验片。100%验片实际上是针对面料品质而言，是在面料质量低劣、铺料员对疵点的识别能力差的情况下，通过100%验片来控制。但如果换片的数量较多，又会出现新的问题，如色差。

如果面料质量较好（100码疵点评分小于20），或者面料价格廉价，或在裁剪过程中操作员已经对疵点进行了100%标记，那则没有必要进行100%验片。裁片检验的内容见表1-2-6。

表1-2-6 裁片检验的内容

内容	操作方法	备注
检查裁片尺码及形状	对比顶层裁片和底层裁片的差异，用对折方法检查对称部位	误差允许0.5cm
核对剪口、定位标记	把纸样放在布片顶层，核对剪口以及标记	误差允许0.5cm
检查裁片及切口质量	翻阅裁片周边有没有烫焦及熔化	
检查包扎情况	检查是否同扎同尺码，每扎数量和编号是否正确	

◎ 边学边思考

1. 开裁前，面料需要做什么准备工作？

_____

2. 裁剪时需要注意什么问题？

_____

2. 缝制

缝制是服装生产中最重要的工序，在缝制过程中常常会出现各种问题，所以大多数服装企业在开货前都会进行试做。试做不仅可以检验服装企业是否满足生产该服装的条件，还可以提前暴露生产中的问题，为顺利生产提供保障。

缝制注意事项如图1-2-8所示。

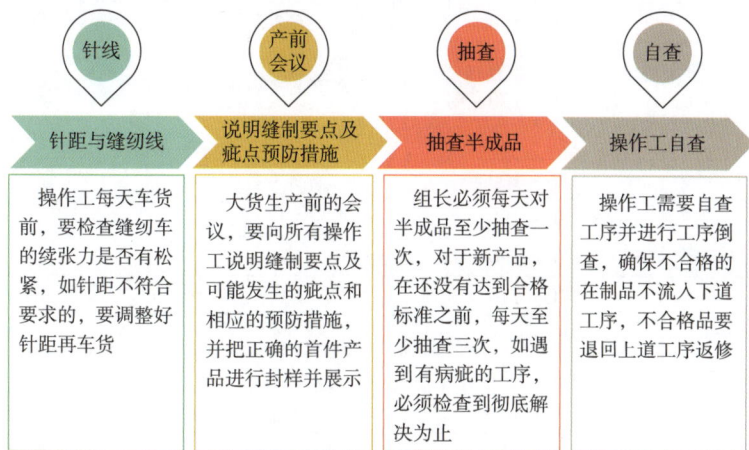

针线	产前会议	抽查	自查
针距与缝纫线	说明缝制要点及疵点预防措施	抽查半成品	操作工自查
操作工每天车货前，要检查缝纫车的缝张力是否有松紧，如针距不符合要求的，要调整好针距再车货	大货生产前的会议，要向所有操作工说明缝制要点及可能发生的疵点和相应的预防措施，并把正确的首件产品进行封样并展示	组长必须每天对半成品至少抽查一次，对于新产品，在还没有达到合格标准之前，每天至少抽查三次，如遇到有病疵的工序，必须检查到彻底解决为止	操作工需要自查工序并进行工序倒查，确保不合格的在制品不流入下道工序，不合格品要退回上道工序返修

图1-2-8　缝制注意事项

在缝制过程中，不同的面料选用缝纫线的号数及缝针都有所不同（表1-2-7）。

表1-2-7　不同面料缝纫线号及针号选取表

面料种类	缝纫线支数	缝纫线号数	针号规格/号
薄型面料	80支以上	804	9
化纤丝面料	80支以上	804	9～11
厚型织物	60支左右	603	11～14
特厚型织物	60支以下	402	14～16

3. 熨烫

不同面料的耐热性也不同，生产中，需掌握各种面料的耐热性能，控制好温度，以免面料出现变色、变形、变味、软化或熔融，甚至燃烧。

熨烫注意事项如图1-2-9所示。

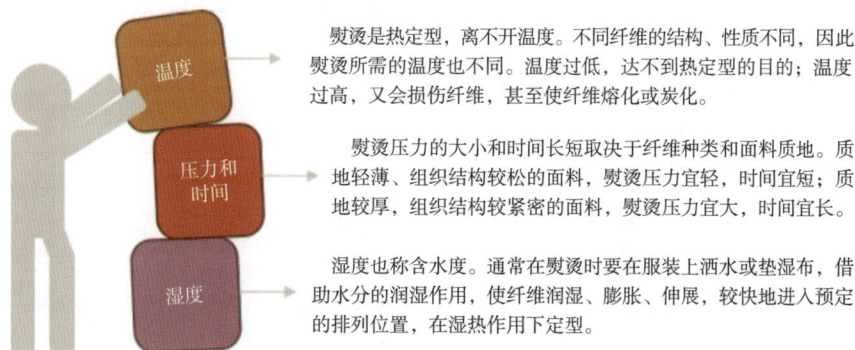

温度　熨烫是热定型，离不开温度。不同纤维的结构、性质不同，因此熨烫所需的温度也不同。温度过低，达不到热定型的目的；温度过高，又会损伤纤维，甚至使纤维熔化或炭化。

压力和时间　熨烫压力的大小和时间长短取决于纤维种类和面料质地。质地轻薄、组织结构较松的面料，熨烫压力宜轻，时间宜短；质地较厚，组织结构较紧密的面料，熨烫压力宜大，时间宜长。

湿度　湿度也称含水度。通常在熨烫时要在服装上洒水或垫湿布，借助水分的润湿作用，使纤维润湿、膨胀、伸展，较快地进入预定的排列位置，在湿热作用下定型。

图1-2-9　熨烫注意事项

熨烫目的和要求不同，需采取不同的熨烫方法（表1-2-8）。

表1-2-8 各种面料的熨烫温度、原位熨烫时间及熨烫方法

面料	熨烫温度/℃	原位熨烫时间/s	熨烫方法
丝绸	130～160	3～4	干烫
绒布	135～160	3～5	喷水熨烫
印花布	160～180	3～5	喷水熨烫
全棉府绸	160～190	3～5	喷水熨烫
华达呢	170～190	5	喷水熨烫
灯芯绒	140～170	4～5	盖湿布熨烫
劳动布	150～190	5～10	喷水熨烫
漂布	135～160	3～4	盖湿布熨烫
全毛呢绒	180～190	10	盖湿布熨烫
粗厚呢	180～190	10	盖湿布熨烫
涤纶	140～170	3～5	喷水熨烫
锦纶	90～120	5	喷水熨烫
维纶	110～140	3～5	喷水熨烫
腈纶	140～160	5	喷水熨烫
棉布	190～210	3～5	喷水熨烫
羊毛	160～190	3～5	喷水熨烫
细麻布	210～230	5	干烫
卡其布	170～200	5	喷水熨烫

◎ 边学边思考

1. 面料在缝制时的注意事项有哪些?

_____

2. 面料在熨烫时的注意事项有哪些?

_____

我的学习收获：_____

◎ 任务评价（表1-2-9）

表1-2-9 任务评价表

任务内容	评价关键点	分值	自我评价	同学互评	老师评价
面料在投入生产前的处理步骤及方法	熟悉并能说出面料在投产前的处理步骤	20			
	面料在投产前的处理方法	20			
疵点检查的内容以及方法	熟悉并能说出疵点检查的内容	20			
	熟悉并能说出疵点检查的方法	20			
面料裁剪、缝制、熨烫基本知识	熟悉并能说出面料裁剪、缝制、熨烫基本知识	20			
合计		100			

任务三　　面料及服装的储存

◎ 任务导入

时值夏季，公司刚租了一个仓库（图1-3-1），想用来存放去年卖剩的服装，其中有羽绒服、皮革类服装、皮草、棉麻类服装、化纤类服装。这些服装应该怎样存放呢？

图1-3-1　服装仓库

◎ 任务要求

1. 掌握不同面料的洗涤及保管方法。
2. 掌握服装的仓储方法及技巧。

◎ 任务实施

编写服装的仓储方案。

◎ 相关知识链接

服装与面料在生产、运输、存储、销售和使用过程中会被玷污，因此需要洗涤去除污垢，才会不影响服装与面料的使用和销售。在保管过程中，如果保管方法不当也会出现许多其他问题，因此采取正确的保管方法对服装与面料的品质也是至关重要的。针对不同原料制成的面料与服装，需要采用不同的洗涤方式和保管方法。

一、面料变质的原因及防治措施

服装在日常的穿着和使用过程中，外界环境和穿着者难免会对其产生一定的破坏，服装在日常保管中易出现变形、变色、发脆、发霉、虫蛀等，而且不同原料制成的面料和服装会出现不同的破坏程度，因此应根据不同的面料和服装采取不同的保管方法。

1. 面料霉变原因及防治

微生物作用是面料发生霉变的主要原因。当面料含水量超过10%且室内储藏温度超过25℃时，微生物在面料上就会大量繁殖，破坏面料中的纤维素，从而产生霉变（图1-3-2）。

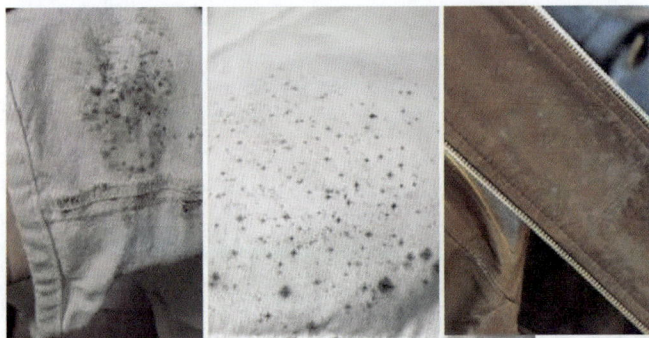

图1-3-2　霉变服装

各种面料抗霉变的能力如图1-3-3所示。

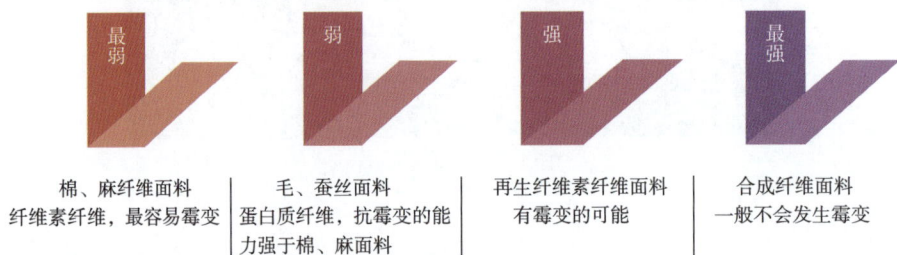

最弱	弱	强	最强
棉、麻纤维面料 纤维素纤维，最容易霉变	毛、蚕丝面料 蛋白质纤维，抗霉变的能力强于棉、麻面料	再生纤维素纤维面料 有霉变的可能	合成纤维面料 一般不会发生霉变

图1-3-3　各种面料抗霉变能力

虽然合成纤维不易发生霉变，但与天然纤维、再生纤维素纤维混纺的面料仍有发生霉变的可能。

防止霉变发生的方法是降低微生物生长繁殖的机会（图1-3-4）。

2. 面料虫蛀原因及防治

虫蛀产生的原因是因为面料中的蛋白质纤维是蛀虫的食物，因此容易被虫蛀形成破洞（图1-3-5）。虫蛀在羊毛和蚕丝面料中最容易出现。虫蛀的防治措施如图1-3-6所示。

01 保持织物的洁净和干燥　02 梅雨季节注意检查　03 多在阳光下晾晒

图1-3-4　霉变的防治措施

图1-3-5　虫蛀面料

图1-3-6　面料虫蛀的防治措施

3. 面料变色原因及防治

使面料变色的主要原因有：因霉变而产生色斑；日晒时间过长而引起褪色；与染织残液（如氯、硫等）发生作用，而使面料泛黄；被化学试剂（如酸、碱等）腐蚀，而使织品褪色。

当面料发生变色后，往往同时产生其他变质现象，如霉烂、发硬、脆化等。面料变色的防治措施如图1-3-7所示。

图1-3-7　面料变色的防治措施

◎ 边学边思考

1. 应该如何防止面料虫蛀？

_____

2. 变色面料的防治措施是什么？

_____

二、面料储存注意事项

1. 棉、麻面料

棉、麻面料的特点如图1-3-8所示。

棉、麻面料服装存放要求：洗净、晒干、折平，白色服装与深色服装分开存放，以防白色服装被染色。

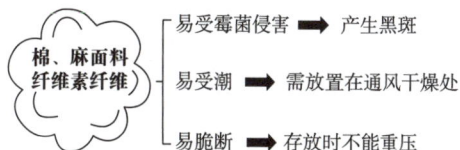

图1-3-8　棉、麻面料的特点

棉、麻面料的贴身内衣存放要求：考虑到卫生问题，与外衣分开洗涤和存放，需要久放的服装，应提前用清水清洗并且在日光下晒干后再存放。

棉、麻面料服装保养注意事项：

（1）棉、麻面料服装不宜连续多日穿着，宜多件替换。如不勤换，极易使面料表面的

"麻结"发黄，难以清洗。

（2）棉、麻面料服装不穿时应悬挂起来，服装会因自重下垂，轻微褶痕会因此而恢复。

（3）棉、麻面料服装不可长时间在阳光下暴晒，否则麻纤维会硬化，从而影响服装的舒适度及外型。

（4）棉、麻面料洗后不需甩干，应轻拧，晾至半干后慢慢抻平整，尽量抻至和洗前一样。

2. 真丝面料

真丝面料的特点如图1-3-9所示。

真丝面料服装保养注意事项：

（1）晾晒时需避开阳光直射，在阴凉处晾干，不可暴晒，禁止烘干。

（2）柞蚕丝会使桑蚕丝变

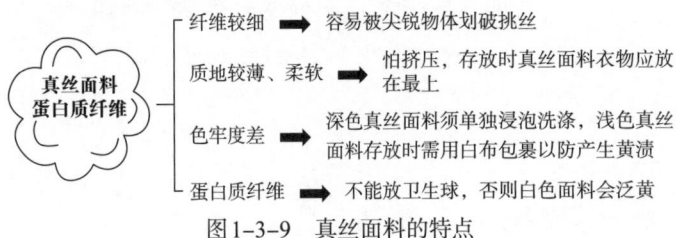

图1-3-9 真丝面料的特点

色，不宜与桑蚕丝存放在一起。

（3）熨烫时不能直接接触面料正面，应熨烫反面，避免产生极光。

（4）夏季真丝面料服装要勤更换，因汗液会对服装造成侵蚀，使其变色、变质。

3. 纯毛面料

纯毛面料的特点如图1-3-10所示。

纯毛面料的洗涤要求：

（1）洗涤前，应拍去灰尘，再放在冷水中浸泡，取出挤干后，应选用碱性较弱的洗涤剂溶液（如肥皂水溶液），轻轻搓洗，防止损伤面料，最后再用清水洗净。

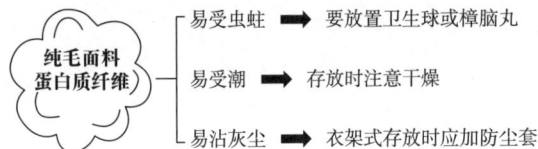

图1-3-10 纯毛面料的特点

（2）为了保持面料色泽的鲜艳度，可在水中滴入2%的酸醋或食醋，中和残留的肥皂。洗净后挤去水分，放入网兜内，挂在通风处晾干，至八成干时取出，在案几上将其铺平再挂起晾干。

（3）晾晒时，为了防止衣物坠长，可平铺使其自然干燥，也可以将衣物叠好放在干净的网袋里晾干。

4. 化学纤维面料

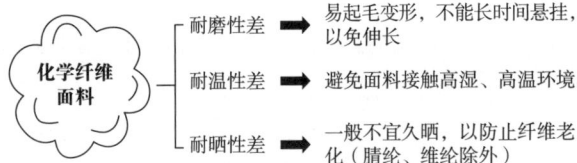

图1-3-11 化学纤维面料的特点

化学纤维面料的特点如图1-3-11所示。

化学纤维面料不宜放置卫生球，否则纤维会受到损伤，必要的话，可放置樟脑丸，但不要与面料直接接触。

5. 皮革类面料

皮革类面料的特点如图1-3-12所示。

皮革类面料保养注意事项：

（1）针尖会给皮革带来无可挽回的损伤，不能佩戴带针尖的装饰物，如徽章等。

图1-3-12　皮革类面料的特点

（2）为了使皮革更加柔润有光泽，在存放前可以涂一层优质的皮革保护剂。

（3）皮革类服装应挂在宽大的衣架上，置于通风处，避免使用塑料制品覆盖，阻碍空气使皮革变干。

◎ 边学边思考

1. 棉麻面料存放时需要注意什么？

_____

2. 真丝面料存放时需要注意什么？

_____

3. 任务导入中所述的新仓库如图1-3-13所示，需存放的服装有羽绒服、皮革类服装、皮草、棉麻类服装、化纤类服装。这些服装应该怎样存放呢？

我的学习收获：_____

_____

图1-3-13　新仓库

◎ 任务评价（表1-3-1）

表1-3-1　任务评价表

任务内容	评价关键点	分值	自我评价	同学互评	老师评价
熟记不同面料的保管方法	熟记棉、麻面料的保管方法	20			
	熟记真丝面料的保管方法	20			
	熟记纯毛面料的保管方法	20			
	熟记皮革类服装的保管方法	20			
编写服装的仓储方案	仓储方案完整性和可行性	20			
合计		100			

○ 项目二
服装辅料基础知识

◎ 项目介绍

　　服装材料的采购有面料，还有辅料。本项目主要介绍服装辅料的基本知识，目的是更好地服务服装生产。通过本项目的学习，了解服装辅料的品种、各种辅料的性能和作用，最终掌握服装辅料的选用方法，为服装生产打下基础。

◎ 思维导图

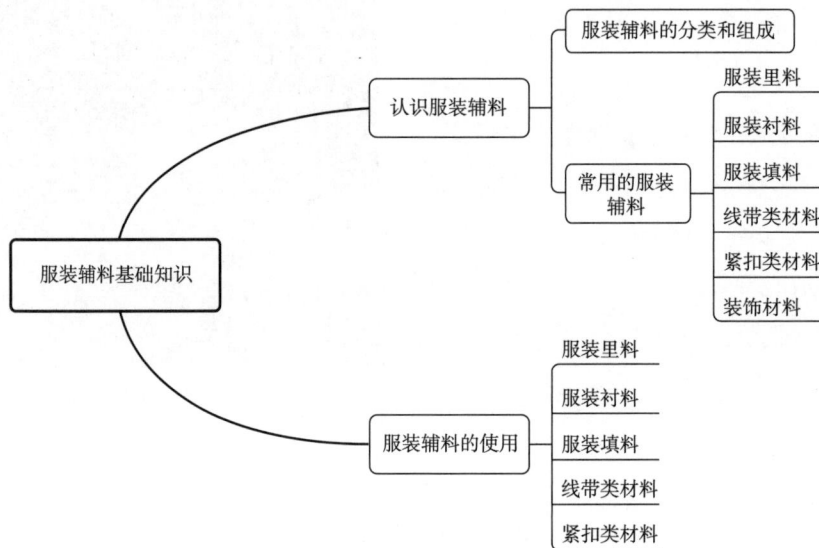

◎ 学习目标

知识目标

　　1. 了解服装辅料品种。

　　2. 了解各种服装辅料的性能和作用。

能力目标

　　1. 通过学习和练习，掌握服装辅料品种类型。

　　2. 通过学习和训练，掌握服装辅料的性能及选用方法。

情感目标

1. 培养良好的职业道德和职业责任感。
2. 培养独立分析和解决问题的能力。

任务一　认识服装辅料

认识服装辅料

◎ 任务导入

小吴最近接到采购样衣（图2-1-1）物料的任务，需要填写辅料采购单，请你运用所学的知识，帮助小吴填写辅料采购单。

上衣　　　　裤子

图2-1-1　样衣效果图

◎ 任务要求

1. 掌握服装辅料的种类。
2. 学会罗列服装辅料。

◎ 任务实施

1. 学会看款式图并罗列服装辅料。
2. 会填写服装辅料采购单。

◎ 相关知识链接

服装生产是一项工程，包括服装的设计和制作，制作过程分很多环节，选择材料是其中的重要一环，材料又分面料和辅料。

服装辅料是除面料外，扩展服装功能和装饰服装的必需元件，包括拉链、纽扣、织带、垫肩、花边、衬布、里布、衣架、吊牌、饰品、嵌条、划粉、钩扣、皮毛、商标、线绳、填充物、塑料配件、金属配件、包装盒袋、印标条码及其他相关材料等。

一、服装辅料的分类和组成

1. 服装辅料的分类（表2-1-1）

表2-1-1　服装辅料的分类（按用途）

名称	分类						
辅料	里料	衬料	填料	线带类材料	紧扣类材料	装饰材料	包装材料

图2-1-2　棉

2. 辅料的组成

服装辅料主要包括：原材料，如棉（图2-1-2）、丝、羽绒等；线材（图2-1-3），如各种缝纫线、绣花线、金银线等；各种纺织面料；毛皮（图2-1-4）与皮革；塑料，如合成衣料、包装袋等；各种黏合剂；纸张（图2-1-5），如包装用纸、打样纸等；木质材料，如木扣、包装箱等；橡胶，如橡皮筋、松紧带等；金属材料，如钩、链、环、吊链等。

图2-1-3　线

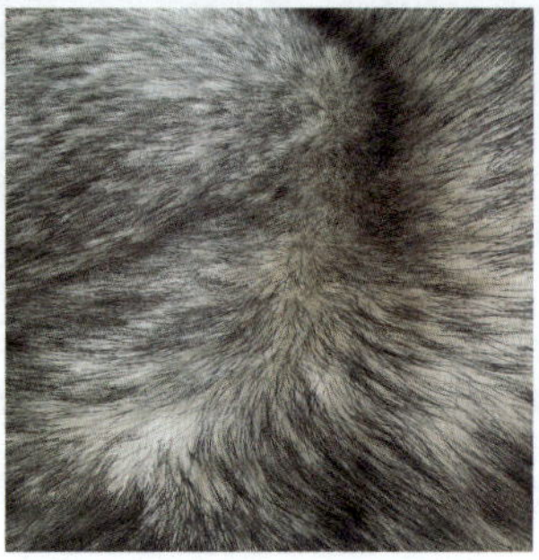

图2-1-4　毛皮

图2-1-5　纸张

二、常见的服装辅料

1. 服装里料

里料是用于服装夹里的材料，主要有棉织物、再生纤维织物、合成纤维织物、涤棉混纺织物、涤纶塔夫绸、醋酯纤维与黏胶纤维混纺织物、丝织物及人造丝织物。常见的服装里料如图2-1-6所示。里料的主要测试指标为缩水率与色牢度，对于含绒类填充材料的服装产品，其里料应选用细密或涂层面料，以防脱绒。目前使用较多的是以化纤为主要材料

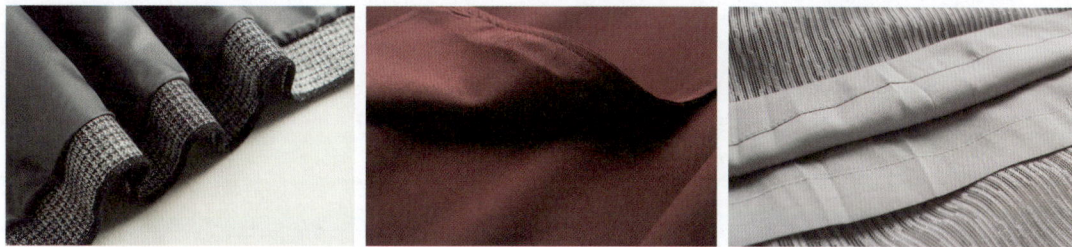

图2-1-6　里料

的里子绸。

　　服装里料的作用：使服装穿脱滑爽方便，穿着舒适；减少面料与内衣之间的摩擦，起保护面料的作用；增加服装的厚度，起到保暖的作用；使服装平整、挺括；提高服装档次；对于絮料服装来说，作为絮料的夹里，可以防止絮料外露，作为皮衣的夹里，能够使毛皮不被沾污，保持毛皮整洁。

2. 服装衬料

　　服装衬料包括衬布与衬垫两种。衬布主要用于服装衣领、袖口、袋口、裙裤腰、衣边及西装胸部等部位。含有热熔胶涂层的通常称为黏合衬（图2-1-7）。根据底布的不同，黏合衬分为织物衬（图2-1-8）与非织造衬（图2-1-9）。织物衬底布是梭织或针织布，按克重分$30g/m^2$、$40g/m^2$、$60g/m^2$。非织造衬底布由化学纤维压制而成。黏合衬的品质，直接关系到服装成衣质量的优劣。因此，选购黏合衬时，不但对外观有要求，还要考虑衬布的性

图2-1-7　双面黏合衬

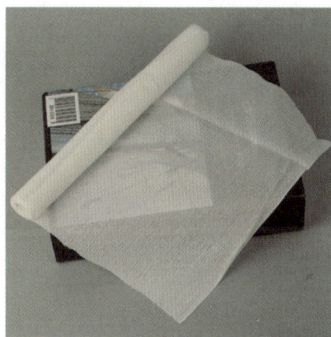

图2-1-8　织物衬料

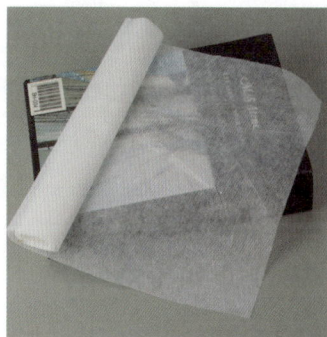

图2-1-9　非织造衬料

能是否与成衣品质要求相吻合。如衬布的热缩率要尽量与面料的热缩率一致；要有良好的可缝性和裁剪性；能够在较低温度下与面料牢固黏合；避免高温压烫后面料的正面渗胶；附着牢固持久，抗老化、抗洗涤。有的服装还需要使用硬衬（图2-1-10）。衬垫包括上装用的垫肩、胸垫，下装用的臀垫等，衬垫质地厚实柔软，一般不涂胶。

　　服装衬料的作用：保持服装的结构形状及尺寸稳定性，提高服装的抗皱能力和强力，改善加工性能。

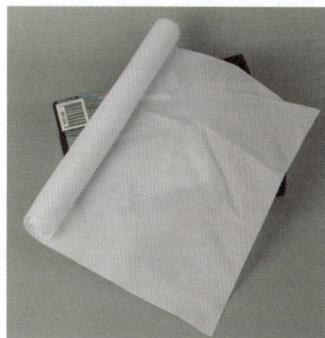

图2-1-10　硬衬

◎ 边学边思考

1. 服装里料主要有_____织物、_____织物、_____织物、_____织物、_____、_____纤维与_____纤维混纺织物、_____织物及_____织物。

2. 简述服装里料的作用。

_____

3. 服装衬料包括_____与_____两种。

3. 服装填料

服装填料是指填充在服装面料和里料之间的填充材料（图2-1-11）。根据填充的形态，可分为絮类和材类。常用的服装填料有棉絮、羽绒、骆驼绒等。随着化学纤维的发展，一些轻质、保暖的化纤类中空纤维、腈纶棉及金属棉等越来越受到消费者的青睐。

（1）服装填料的分类。按材质，服装填料的分类如图2-1-12所示。

① 絮类。无固定形状，松散的填充料，做成衣时

图2-1-11 服装填料

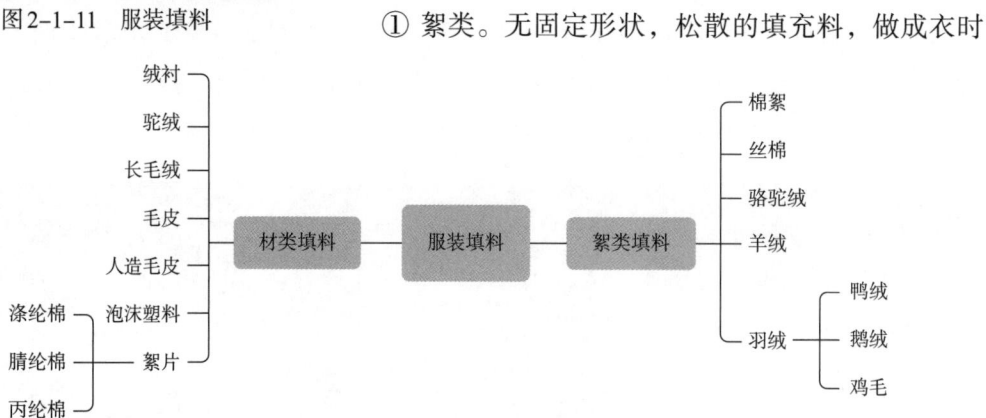

图2-1-12 服装填料的分类（按材质）

需要加里料，主要作用是保暖及隔热，常用的有棉絮和动物绒填料。

棉絮（棉花）：棉纤维是天然纤维，具有蓬松柔软、价廉、舒适等优点。但棉纤维弹性差，受压后弹性和保暖性降低，水洗后难干，易变形，所以常用于婴幼儿用品、儿童服装及中低档服装。

动物绒填料：羊毛和驼绒是高档的保暖填充料。保暖性好，但易毡结，所以混合部分化学纤维可获得更好的性能。由羊毛或羊毛与化纤混纺制成的人造毛皮以及长毛绒是很好的保温絮填材料，制成的防寒服装挺括而不臃肿。

② 材类。用合成纤维或其他合成材料加工制成平面状的保暖性填料，有氯纶、涤纶、腈纶定型棉、中空棉和光洁塑料等。材类填料的优点是厚薄均匀，容易加工，造型挺括，抗霉变，无虫蛀，便于洗涤。

（2）服装填料的作用。

① 美观保型。赋予服装挺括的造型，隐藏穿着者身材上的某些不足，保证穿着的美观大方，如垫肩（图2-1-13）。垫肩使用前后的对比如图2-1-14所示。

② 保暖。赋予服装一定的保暖性，如填充棉花、丝绵、驼毛和羽绒等，用于保暖。

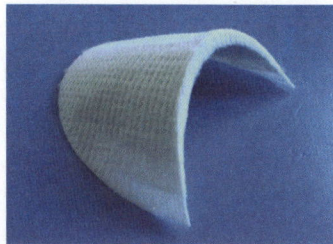

图2-1-13　垫肩

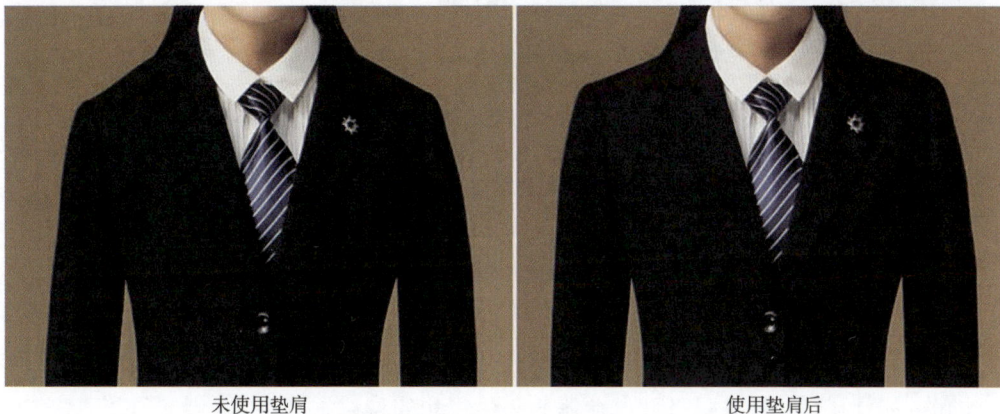

未使用垫肩　　　　　　　　　　使用垫肩后

图2-1-14　垫肩的使用效果

4. 线带类材料

（1）线类材料。主要是指缝纫线以及各种线绳线带材料（图2-1-15）。缝纫线在服装生产中起到缝合衣片、连接各部件的作用，也可以起到一定的装饰作用。无论是明线还是暗线，都是服装整体风格的组成部分。常用的缝纫线有60S/3与40S/2涤纶线，常用的绣花线有化纤丝线与真丝线。

图2-1-15　色线

工艺装饰线也是线类材料的重要组成部分。工艺装饰线按工艺大致可分为绣花线、编结线和镶嵌线三类。工艺装饰线常用于服装、床上用品、室内装饰用品、餐厅用品等。

针对某种特殊需要而制作的工艺装饰线，称为特种用线。它具有独特性能，使用范围比较小，生产成本相对比较高，通常以用途来命名。

（2）带类材料。主要有装饰性带类、实用性带类和护身性带类（图2-1-16和图2-1-17）。

装饰性带类有帽墙带、饰带、彩带、滚边带和门襟带等；实用性带类有搭扣带、裤带、背包带、水壶带等；护身性带有束发圈、护肩护腰护膝等。

（3）线带类材料的作用。线带类材料作用主要是连接和装饰。

图2-1-16 鞋带

图2-1-17 织带

5. 紧扣类材料

紧扣类材料在服装中主要起连接、组合和装饰作用，有纽扣（图2-1-18）、拉链、钩、环与子母搭扣等。

纽扣（图2-1-19）具有封合开口功能，用作纽扣的材料有贝壳、木头、玉、铜等。

图2-1-18 纽扣

图2-1-19 有蒂纽扣

拉链（图2-1-20）也称拉锁，是利用装有连续排列齿粒的齿带进行闭锁的连接件。使用时由拉头在一对齿带上滑动，夹持两侧的齿粒，使之相互啮合或脱开，以实现闭锁或开启。拉链的结构如图2-1-21所示。

图2-1-20 拉链

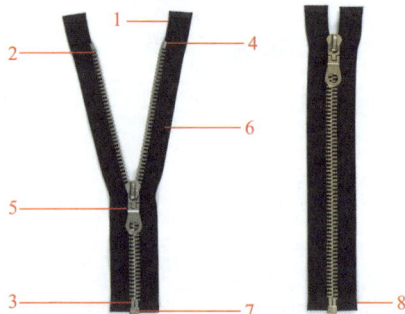

图2-1-21 拉链结构

1—前带头　2—链牙　3—肩带头　4—上止
5—拉头　6—布带　7—下止　8—带筋

拉链用作服装的扣紧件时，使用非常广泛与便利，它有不同的规格、长短，形式有闭尾式、开尾式、隐形式等。根据拉链齿粒的材料和形状可分为金属拉链、塑胶拉链和尼龙拉链等，拉链一般以号数（齿粒闭合时的宽度毫米数）来表示，号数越大，齿粒越粗，扣紧力越大。

◎ 拓展阅读

80 多年的拉链帝国是如何建立的

"拉链大王" 崛起

拉链品牌 YKK（图 2-1-22）是拉链界毋庸置疑的品质代表，1934 年诞生于日本，YKK 全称为 Yoshida Kogyo Kabushikigaisha。

1928 年，一位仅有 20 岁的日本青年吉田忠雄，带着哥哥给的 70 日元生活费，离开家乡富士县黑部镇，独自到东京 "闯天下"，想帮助朋友拯救濒临破产的陶瓷店，却没能成功。在清理店中遗留货物时，吉田意外地发现一大批别人托为代销的拉链。这些拉链因制作粗糙，品质低劣，长时间积压在店中，不少已经生锈损坏。

图 2-1-22 YKK 商标

然而，这些被别人视为 "破烂" 的拉链，却成了吉田眼中的 "瑰宝"，他借钱买下了这些拉链，开始创业。1934 年 1 月，吉田创办了专门生产销售拉链的三 S 公司，员工只有 2 人。此时吉田负债 2070 日元，他此后的一切都寄托在小小的拉链上。

当时，拉链在日本的发展并不顺利，生产方式还十分原始，完全靠人工装配，一齿一齿地切合、拉柄、布带，故障率高，顾客退货率高、商店存货堆积如山。为了解决这个问题，吉田先到大阪拉链厂，利用订货的机会，了解拉链的制造过程。回来后，吉田潜心研究拉链生产工艺改进办法。他研制了一些修理小工具，一条条修理被退货的拉链，记下心得，并用图表说明。而经他修理后又卖出的拉链，几乎没有再退回来。

在三 S 公司三楼的拉链加工厂内，最初那批堆积如山的退货拉链，经过吉田和两个员工的修理，全都作为三 S 牌拉链出售。顾客手中的三 S 牌拉链坚固耐用，甚至经得起铁锤的打击。拉链滑润易拉，拉动时就像顺布纹撕布一样发出清脆而轻柔的声响，销路越来越畅。东京许多经销商都主要从三 S 公司进货，并将三 S 拉链冠以 "金锤拉链" 的美称。吉田的拉链销量以每年翻 3 倍的速度上升，三 S 公司也开始生产拉链的部分零件。公司人员也由当初的 2 人增至 26 人，销售网也日益壮大。吉田还清了全部债务，含泪取回了借据。

品牌建立

第二次世界大战后，日本经济面临萧条，商品严重不足，吉田便以此为契机，利用自己办厂的经验和技术，招募工人，筹集资金和设备，很快生产出大量拉链，并开始采用商标

"YKK"，企业走上新轨道。吉田没想到，而后发生的一件小事会对"YKK"的发展产生深远影响。一个午后，一个美国人来到吉田的办公室，提出想看吉田生产的拉链。吉田拿出公司最好的拉链，报价9美分1条。美国人沉默了片刻，将随身携带的一条拉链拿了出来，吉田试用了后，发觉无论是性能还是设计都远远超过YKK，而其价格更让吉田错愕：7美分40条！

此事对吉田的冲击十分大，他回忆当时的情形说："我们根本就没有谈判的余地，我全身都在冒冷汗。"尽管企业在不断发展，但当时日本的拉链工艺仍十分落后。吉田心里很明白，如果美国的产品进入日本市场，整个日本拉链产业都将崩溃。

"未来将不再是手艺高的匠人的天下，而是靠精良机器制胜的时代。"

但进口一台美国链牙机要3万~4万美元，单靠一家小企业无法承受，吉田倡议业界一起出钱买进口机器，建立一家共同经营的公司，结果无人响应。无奈，吉田一咬牙，花1200万日元从美国进口了4台全自动链牙机，而当时吉田公司的资本金才500万日元。

图2-1-23 机器生产的拉链

吉田的钱并没有白花。机器运转高速，产品性能精良（图2-1-23），然而吉田并没有就此止步。

吉田邀请日立精机董事长清三郎商谈，决定在3年内研制出100台性能更优异的机器，分批交付使用。100台新型高速链条机中三三型拉链机每分钟4000转，12分钟的生产量相当于旧机种一天8小时的工作量。

同时，吉田再次把目光转向国外，他期待开辟自己"拉链王国"的新疆域。随着日本与西欧、北美的贸易摩擦不断升级，吉田预见，西欧、北美国家必然会通过提高关税来限制日本商品的进口。为了在夹缝中生存下去，他把发展海外业务的策略定为：利用当地廉价劳动力，在海外建厂生产，就地推销商品。这样一来，不仅降低了成本，还可以巧妙地绕过关税，不影响自己在当地的贸易。

"把利益还给当地人，让当地人参与经营。"吉田笑称。

盘子大了，工艺上自然也得下功夫。在YKK的工厂里，看不到一部使用年限超过3年的机器，公司每年都生产上万台机器供给下属工厂更换使用。

从1953年开始，YKK就开始实施设备自制战略，除特殊情况外，公司拉链和铝型材的制造设备100%由YKK的本部工厂制造。在工厂中，有一半人在技术研究部和制造本公司设备的设备部工作。1958年，50岁的吉田忠雄终于如愿以偿。这年生产的拉链长度可绕地球一周。

成功的秘诀

有人追问：靠350日元起家的吉田，他成功的秘诀是什么？他的回答是："我在17岁念高中时读到一本书，其中一句话给我印象十分深刻'除非你将你所得的利益，设法与他人分享，否则你这一生不会成功'，这就是善的循环，它给了我成功。"

在吉田看来，"善的循环"是YKK的核心理念。这种善不是强取而是给予。为了实现

"善的循环"，吉田准许YKK公司雇员购买公司的股票，持股者每年可得18%的股息。21世纪初，YKK公司的职工持股占公司股份50%以上。同时，他将公司职工工资及津贴的10%和奖金的50%存放在公司里，用以改善和扩大公司规模，公司每月给存款的职工以比银行定期存款利率更高的利率来支付利息。

吉田的这套哲学，对职工产生了很大的吸引力。到1983年底，职工在公司的存款已积累到4200多万美元。YKK每年支付的红利中，吉田占16%，其家族占24%，其余由职工们分享。

同样，面对消费者，吉田也给予信赖。1973年10月6日，世界范围内爆发大规模的石油危机。油价从原先的3美元/桶暴涨至11美元/桶。其他董事呼声一片：用涨价来应对暴涨的油费，但吉田保持了冷静。

"即使遭受100亿日元的损失，我们也要维护客户对我们的信赖，由企业来承担这方面的损失。"当然，他不忘鼓励大家。"这种状况不会持续很久的。"果然，几个月后油价开始回落，YKK又渡过了一个难关。

对品质始终如一的坚持和对创新的不断探索，一直支持着YKK。2016年YKK年营业额已达25亿美元，年产拉链84亿条，总长度约190万公里，足够绕地球47圈；生产的拉链占日本拉链市场的90%，美国市场的45%，世界市场的35%。

正如YKK创始人吉田忠雄所说："一根拉链永远无法成就一件衣服，但它能轻而易举地毁掉一件衣服。"

摘自《环球纺织》2019年6月11日

6. 装饰材料

花边是装饰材料中较常用的一种（图2-1-24）。花边种类繁多，包括机织花边和手工花边，是女装及童装重要的装饰材料。

机织花边包括梭织花边、针织花边、刺绣花边和编织花边。手工花边包括布绣花边、纱线花边、编制花边、手勾棉线花边等。

服装花边选择和应用时，要重视花边的装饰性、穿着性、耐久性和洗涤性，根据不同的需求加以选择。

在追求时尚的当下，许多材料都成为服装的装饰材料，如钉珠片（图2-1-25）、棉线花、徽章、布贴等。

图2-1-24　花边　　　　图2-1-25　珠片装饰

◎ 边学边思考

1. 填料主要有_____，还有用_____等材料制成的垫料。

2. 装饰性带类可分为：_____

3. 看图填空（图2-1-21）。

拉链组成主要由①_____、②_____、③_____、④_____、⑤_____、⑥_____、⑦_____、⑧_____组成。

◎ 巩固训练

帮小李完成辅料采购单（表2-1-2）。

表2-1-2　广州某服饰有限公司辅料采购单

订单号	品名	规格	色样	单位	数量	单价

备注：
说明：1.请一定确保规格与颜色的质量。
　　　2.大货完成后，此单跟货一起回传。

地址：　　　　　　　　　　　　　　　　　　业务员：

电话：　　　　　　　　　　　　　　　　　　　　年　月　日

我的学习收获：_____

◎ 任务评价（表2-1-3）

表2-1-3　任务评价表

任务内容	评价关键点	分值	自我评价	同学互评	老师评价
服装辅料的种类	掌握服装辅料的种类	40			
看款式图，罗列辅料	罗列完整准确	60			
合计		100			

任务二　服装辅料的使用

◎ 任务导入

辅料采购单完成后，小李到布匹市场采购，商品琳琅满目，单是纽扣就有成千上万种，而且价格不一。辅料该如何采购呢？选购辅料时应注意哪些事项呢？请帮小李罗列出来。

◎ 任务要求

1．掌握不同辅料的选购方法。

2．掌握不同辅料使用时的注意事项。

◎ 任务实施

1．了解辅料的选购方法及注意事项。

2．罗列辅料的选购方法及注意事项。

◎ 相关知识链接

服装辅料无论对产品内在质量，还是外在质量，都有着非常重要的影响。辅料的作用有时候甚至超过面料本身，辅料是否和面料协调搭配，影响的是整件服装产品，整个服装系列，甚至影响整个服装品牌。所谓细节决定一切，是画龙点睛还是溃于蚁穴，关键要看辅料的选用。服装里布如图2-2-1所示。

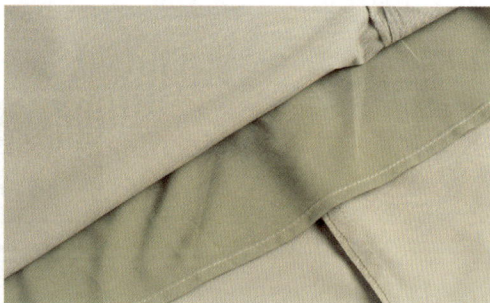

图2-2-1　服装里布

一、服装里料

1．选用服装里料的注意事项

（1）性能。里料的性能应与面料的性能相适应。性能是指缩水率、耐热性能、耐洗涤、强力以及厚薄、重量等，不同的里料有不同的性能特点。

（2）颜色。里料的颜色应与面料相协调，一般情况下，里料的颜色不应深于面料。

（3）特点。里料应光滑、耐用、防起毛起球，并有良好的色牢度。

2．里料的材料（表2-2-1）

（1）棉布类（图2-2-2）。棉布类里料主要是粗布、条平布，具有结实耐磨、保暖、舒适的特点，是棉衣常用的实惠的里料。

表2-2-1　服装里料材料对比

材料种类	吸湿	透气	保暖	抗静电	强度	光滑度	轻盈	价格	适用服装
棉布	√	√	√	√	√	×	×	适中	童装、夹克衫等休闲类
丝绸	√	√	×	×	×	√	√	偏贵	裘皮、纯毛及真丝等高档
化纤	×	×	×	×	√	√	√	偏低	中、低档
混纺交织	√	√	√	×	√	√	√	适中	中档、高档
毛织品	×	×	√	×	×	×	×	偏贵	冬装及皮革
经编网目	×	×	×	×	×	√	√	适中	运动类

（2）丝绸类（图2-2-3）。丝绸类里料质地坚牢、耐脏污、柔软舒适，缩水率在5%左右，是丝棉服装及丝绒类服装的理想里料。

（3）化纤类（图2-2-4）。化纤类里料一般强度较高，结实耐磨，抗褶皱性能较好，具有较好的尺寸稳定性、耐霉蛀等性能，不足之处是易产生静电，服用舒适性较差，但其价廉而应用广泛。

（4）混纺交织类（图2-2-5）。混纺交织类里料的性能综合了天然纤维里料与化纤里料的特点，服用性能有所提高，适合中档及高档服装。

（5）毛皮及毛织品类（图2-2-6）。毛皮及毛织品类里料最大的特点是保暖性好，穿着舒适，多用于冬季服装及皮革服装。

（6）经编网目类（图2-2-7）。经编网目类里料的网目外形繁多，有圆形、菱形等，广泛用于衣服里料，尤其适用在运动装上。

图2-2-2　棉布里料

图2-2-3　丝绸里料

图2-2-4　化纤里料

图2-2-5　混纺交织里料

图2-2-6　毛织里料

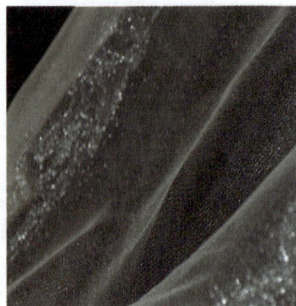

图2-2-7　经编网目里料

　　制作高档服装时，里料的缩水率与色牢度要求很高，特别是白色或者浅颜色的服装。一旦里料掉色就会污染整件衣服。羽绒类服装要求里料必须细密，不容易走绒，所以里料必需涂胶或压胶。

◎ 边学边思考

　　为下面的服装找到合适的里料。

童装应选用＿＿＿＿＿＿作里布最适宜。

运动服应选用＿＿＿＿＿＿作里布最适宜。

真丝服装应选用＿＿＿＿＿＿作里布最适宜。

二、服装衬料

　　选用服装衬料的注意事项如下。

1. 与服装面料的性能相匹配

　　（1）缩水率。衬料和面料的缩水率要一致，否则粘贴后衣片正面会起泡或起波纹（图2-2-8），主要原因是粘贴衬的热缩率大于面料，如涤纶面料不宜用棉类衬料。

　　（2）弹性。弹性大的面料要选弹性衬料，不要让衬料因面料拉伸而撕裂破坏。同理，弹性小的面料选择弹性大的衬料会产生难成形难熨烫的结果。因此，面料与衬料的弹性要一致，如针织面料要选用弹性针织（经编）衬布。

　　（3）颜色。浅色面料的衬料颜色不宜过深，过深会造成面料正面可见黏合衬部位或黏痕线（图2-2-9）。深色的面料选用衬料颜色不宜过浅，过浅会造成面料变白或发白。

起泡

起波纹

图2-2-8　熨烫后衬布

图2-2-9　熨烫衬布后衬布透视

（4）厚重。面料与衬料的厚重感要一致，如法兰绒等厚重面料应使用厚重的衬料，丝织物等轻薄面料则使用轻柔的丝绸衬较适宜；黏合衬布的经向要配合面料的经向特征，衬料应比面料轻薄，面料动衬料动，而不是衬料动面料动。

2．与服装面料的使用寿命相匹配

水洗服装则要选择耐水洗的衬料，并考虑衬料的洗涤与熨烫尺寸稳定性；衬垫材料，如垫肩，则要考虑保形能力，确保在一定的使用时间内不变形。

3．与工厂的生产设备相匹配

专业和配套的加工设备能充分发挥衬垫材料辅助造型的特性。因此，选购材料时，结合黏合及加工设备的工作参数，有针对性地选择衬料，能起到事半功倍的效果。

4．与服装部件的功能相匹配

硬挺的衬料多用于领部与腰部等部位，外衣的胸衬则使用较厚的衬料；手感平挺的衬料一般用于裙裤的腰部以及服装的袖口；硬挺且富有弹性的衬料应用于工整挺括造型的服装。

5．与服装档次、成本相匹配

高档服装的质量要求较高，衬料也应与服装整体品质相匹配，应选用价格较高、质量较好的衬料与服装的档次匹配。

图2-2-10　真丝连衣裙

◎边学边思考

为下面真丝连衣裙（图2-2-10）匹配衬料。

1．领子选用的衬料是＿＿＿＿＿＿＿＿＿。

2．门襟选用的衬料是＿＿＿＿＿＿＿＿＿。

3．袖口选用的衬料是＿＿＿＿＿＿＿＿＿。

三、服装填料

选用服装填料的注意事项如下。

1．丝棉类

（1）丝棉的处理工艺。丝棉的原棉呈丝片状，要使丝片绷开，并逐步松软直到整个丝片完全蓬松舒展，丝片完全变成丝絮为止。絮丝棉和絮棉花不同，棉花的纤维可以撕成一缕一缕的，但丝棉却不容易撕开。绷丝棉时把两手伸在丝片中间抖动、绷紧，反复进行。要根据服装的长度来绷，需要多长就绷多长。若边缘有地方没绷好，可用手一点点绷或撕扯。

（2）不要随意清剪多余棉絮。在制作丝棉类服装或纺织品的过程中，如果用剪刀把长的部分剪下，会出现多个断头，这些断头在一段时间后就会不断地钻出衣服表面，形成一个个小球，影响美观。

2. 羽绒类（图2-2-11）

（1）清洁。注意动物毛的清洗、消毒及烘干。没有经过深度清洗及烘干的羽绒会有味道。

（2）缝制。制作过程中注意减少线迹密度，针眼越少越好。

（3）熨烫。熨烫过程中温度应偏低，给湿量及压力不能太大，保证絮料层的蓬松及柔软。

图2-2-11 蓬松的羽绒

◎ 边学边思考

请列出羽绒服填料需要注意的事项。

四、线带类材料

选用缝纫线的注意事项如下。

1. 缝纫线色泽与面料相匹配

缝纫线应尽量选用相近色，且缝纫线的颜色宜深不宜浅（图2-2-12）。

2. 缝纫线收缩率应与面料相匹配

缝纫线的收缩率应与面料相匹配，服装经过洗涤后缝迹不易因缩水过大而使织物起皱，高弹性及针织类面料，应使用有弹力线。

3. 缝纫线粗细应与面料厚薄、风格相匹配

中厚料的牛仔裤、厚料的西装外套可选用粗一点的缝纫线，反之，轻薄面料，如雪纺丝绸类应选择细一点的缝纫线。

图2-2-12 颜色各异的缝纫线

4. 缝纫线材料应与面料材料的特性相匹配

缝纫线的色牢度、弹性、耐热性要与面料相适宜，尤其是成衣染色产品，缝纫线必须与面料纤维成分相同。

◎ 边学边思考

请写出如图2-2-13所示牛仔裤配线注意事项。

图2-2-13 牛仔裤

图2-2-14　紧扣类材料

五、紧扣类材料（图2-2-14）

选用紧扣材料的注意事项如下。

1. 根据服装的种类（图2-2-15）

2. 适合服装的设计和款式

紧扣材料在一定程度上可以体现流行和时尚感，所以选择时要注重流行性，尽量达到装饰与功能的统一。

童装	紧扣材料选择 简单、安全，偏向尼龙拉链及搭扣	男装	紧扣材料选择 注重质量，宜突出厚重、宽大
女装	紧扣材料选择 精致、时尚、美观	特殊服装	紧扣材料选择 功能性强

图2-2-15　服装种类

3. 注重服装的功能性

特殊服装如雨衣、游泳装的紧扣材料，要选择防水、耐用的材料，偏向塑胶制品；女性内衣的搭扣件则注重小而薄，轻但要牢固；裤子、裙子、上衣拉链要求能自锁。

4. 具有一定的耐用性

因为服装需要经常洗涤，所以选择紧扣材料时应该避开金属材料等易生锈或腐蚀的紧扣材料，除设计师要求及不常洗的服装。

5. 和服装材料的轻重搭配

粗厚重或有毛的面料应用大号紧扣材料；松垮的针织面料应避免用钩、袢和环等紧扣材料。

6. 合适的安放位置

安放的位置及服装的打开形式也在考虑因素之内，服装开襟处如果没有搭门，则不宜选用纽扣，应改为钩、袢和环等紧扣材料。

◎ 巩固训练

帮小李罗列选购服装辅料时的注意事项。

_____

_____

我的学习收获：_____

_____

◎ **任务评价**（表2-2-2）

表2-2-2　任务评价表

任务内容	评价关键点	分值	自我评价	同学互评	老师评价
辅料的选购方法及注意事项	了解选购里料的注意事项	15			
	了解选购衬料的注意事项	15			
	了解选购填料的注意事项	15			
	了解选购线带类材料的注意事项	15			
	了解选购紧扣类材料的注意事项	15			
辅料选购注意事项	罗列应完整、详细、清晰明了	25			
合计		100			

○ 项目三

服装生产设备基础知识

◎ 项目介绍

　　服装加工企业需要什么生产设备？设备购买回来后如何保养？工业化生产是按一定的工艺标准，通过规定的工序流程，将成批的面料由专用的机械设备生产成消费者即买即穿的服装成品，因此服装设备是生产服装的硬件设施。

　　本项目从服装生产机械和设备的功能和用途出发，全面系统地介绍了各种服装生产设备，可以为不同规模和层次的服装企业提供设备选型和使用保养方面的参考。

◎ 思维导图

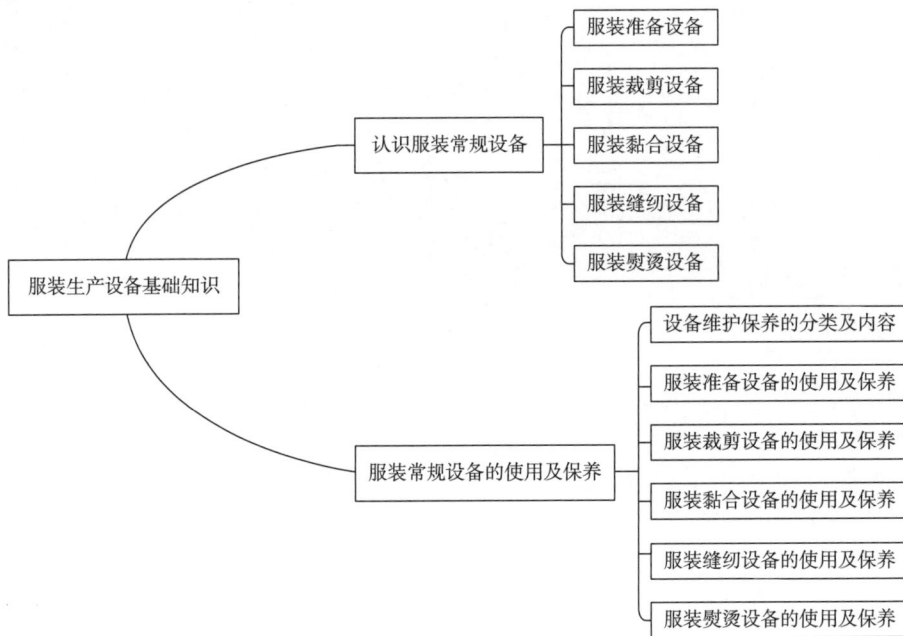

◎ 学习目标

知识目标

　　1. 了解服装常规设备的类型。

　　2. 了解服装常规设备的使用特点。

　　3. 了解服装常规设备的保养方法。

能力目标

1. 通过学习和训练，认识服装常规设备。

2. 通过学习和训练，掌握服装常规设备的功能。

3. 通过学习和训练，掌握服装常规设备的保养方法。

情感目标

1. 培养良好职业道德和职业责任感。

2. 锻炼独立分析和解决问题的能力。

3. 养成爱护设备的良好习惯，为企业生产保驾护航。

任务一　认识服装常规设备

认识服装常规设备

◎ 任务导入

小张准备新开一家衬衫制作企业，需要选购一批机器和设备，然而小张对服装常用设备并不熟悉，需要学习相关知识。

◎ 任务要求

1. 掌握常规的服装准备设备。

2. 掌握常规的服装裁剪设备。

3. 掌握常规的服装缝纫设备。

4. 掌握常规的服装熨烫设备。

◎ 任务实施

1. 了解常规的服装准备、裁剪、缝纫、熨烫设备。

2. 帮助小张罗列衬衫企业需要购买的设备。

◎ 相关知识链接

一、服装准备设备

1. 验布机

验布机是服装行业在生产前对棉、毛、麻、丝绸、化纤等特大幅面、双幅和单幅面料进行检测的必备的专用设备。它能准确并及时记录布匹疵点、匹号，把信息齐全的验布检验报告单提供给客户，验布机的检验内容、基本机构和验布步骤见表3-1-1。

表3-1-1　验布机的检验内容、基本机构和验布步骤

项目	内容
检验内容	1. 面料的织造、染整、印花等疵点 2. 检验面料的幅宽、色差、纬斜、长度
基本结构	1. 面料退解、曳行和再卷绕装置 2. 验布台、光源和照明装置 3. 记码装置 4. 面料整理装置 5. 启动、倒转和制动装置
验布步骤	1. 根据验布的硬件环境，连续分段展开面料 2. 在充足光源下操作人员靠目力观察，发现面料的疵点和色差 3. 验布机自动完成记长和卷装整理工作 4. 性能好的验布机有电子检疵装置，由计算机统计分析，协助验布操作且打印输出报告单

在验布机检出的疵点处要做明显记号，以便在断料时或裁剪成衣片后剔除。批量生产的服装，需要多层铺料裁剪，剔除疵点面料是为了预防生产服装次品。

自动验布技术逐渐走进纺织企业，形成自动化生产的重要环节之一，传统人工验布机和自动验布机的功能对比见表3-1-2。

表3-1-2　传统人工验布机和自动验布机的功能对比

项目	传统人工验布机	自动验布机
检查内容	验布工在1h内最多发现200个疵点	对布料分等、开剪，对疵点打标签，被验出的疵点在荧屏上能显示报告
工作时间	验布工注意力最多维持20~30min，超过这个时间会产生疲劳	通电即用
验布速度	验布速度仅为5~20m/min，超过这个速度会出现漏验	正常的验布速度可达到120m/min，靠终端控制系统工作

2. 预缩机

蒸汽预缩机是根据纤维的热收缩原理设计的，也称预缩定型机，工作内容见表3-1-3。

表3-1-3　蒸汽预缩机工作明细表

项目	内容
工作特点	蒸汽预缩机进行预缩时不加压且不拉伸面料
汽蒸温度	1. 对毛织物采用低温汽蒸 2. 对合成纤维面料采用在定幅状态下（基本上是无张力）的高温汽蒸
基本流程	给湿→汽蒸→保温热收缩→冷却稳定→出布

使用预缩机时需要注意：面料在进入汽蒸装置前的给湿操作，给湿一定要均匀，否则会导致预缩后的面料布面不平整。

3. 铺布机

铺布机是将成卷的无接头缝料层层对齐铺叠在裁剪台上供裁剪的机器，分手动和自动两种。手动铺布机结构简单，由人工推拉机器来回铺布；自动铺布机由计算机控制，可自

动进行铺布、断料（也可不断料）、理边更换布卷和记录铺层数等作业，当缝料达到设定的铺层数时自动停止作业。不同类型铺布机的对比见表3-1-4。

表3-1-4 人工、半自动、自动铺布机对比

类型	结构和功能	优点	缺点
人工铺布机	将面料沿导布架送至铺布台上，滚轮沿着铺布台两侧的轨道滑行，夹布器夹住铺放好的面料，使各层的位置平齐	能适应各种类型面料，特别是条格面料	需要两名以上人员操作，铺布效率低，劳动强度大，工作质量靠操作人员的工作经验来保证
半自动铺布机（图3-1-1）	由面料架、行走轮、断料器和记层装置四部分组成（图3-1-1）自动记忆铺料长度、铺料层记数，自动断料	价格合适	人工上料，人工对齐布边，手工调节铺料速度
自动铺布机	有铺料长度记忆，铺料层记数，对齐布边，切断布料，布卷自动放定和旋转，根据布卷张力，调整铺料速度等功能	单人操作，铺布效率高	价格高

图3-1-1 半自动铺布机

二、服装裁剪设备

1. 圆刀裁剪机

圆刀裁剪机的刀片形状为圆盘状，直径为6～25cm，单向向下旋转切割，无压脚，工作原理为：电动机带动圆刀做单向向下高速旋转，操作人员向前推动机器，两运动的配合形成对面料的切割运动。

2. 直刀裁剪机

直刀裁剪机（图3-1-2）适用于裁剪层数较少，总厚度不高的裁床，适合棉、毛、麻、丝绸、化纤和皮革等物料的裁剪。直刀裁剪机包括电动机、前机闸和磨刀机闸。工作原理

图3-1-2 直刀裁剪机

为：前机闸固设在一立柱上，立柱固设在一底座上，底座上通过固定杆固定连接主机，主机上安装刀片，并滑动连接升降杆，升降杆上固定连接压脚，工人通过升降杆将压脚压紧在物料上，刀片在主机的带动下上下移动对物料进行裁剪。

3. CAM电脑裁剪机

自动裁剪机是服装CAM（computer-aided manufacture）的主要设备之一，它有效利用计算机，将服装CAD已设计好的排料（裁片）图直接输入自动裁剪机，完成自动裁剪工作。

不同类型裁剪机功能对比见表3-1-5。

表3-1-5　裁剪设备功能对比

类型	优点	缺点
圆刀裁剪机	1. 圆刀裁剪机操作方便，便于携带 2. 刀片磨损均匀，运动平衡，振动小，衣片精度比直刀式裁剪机高 3. 切口光洁，美观	1. 当多层面料裁剪时，刀片的拐弯难度大，更适合直接切割和断料作业 2. 上层面料裁割完毕时，底层面料还有一段尚未裁剪，给裁剪精度带来影响
直刀裁剪机	1. 集中润滑、切口整齐，且能作小曲率半径曲线裁剪 2. 裁剪厚度大，最大裁剪厚度为刀片长度减4cm，一般裁刀长度为13~33cm	1. 裁剪精确度易受操作者技术的影响，要求操作工人有较高的技术水平 2. 裁剪精度相对较低
CAM电脑裁剪机	1. 保证从布料顶层到底层裁片的一致性 2. 自动裁剪系统裁床产量高，用于大型服装企业大批量生产 3. 自动裁剪系统裁床速度快、精度高、灵活性强	1. 设备价格贵 2. 维护成本高

三、服装黏合设备

黏合机按加压方式分为板式黏合机和辊式黏合机。

1. 板式黏合机

板式黏合机分为热黏合和冷却定型部分。热黏合部分由上加热板和下顶板组成，上加热板是固定的，下顶板是活动的，上加热板用铝合金制造，内装电热管作为热源。板式黏合机由顶板、导向轴、油缸和复位拉簧等组成。在复位拉簧的作用下，下行复位完成加热加压过程，由传送带前进一段距离，使黏合物料进入冷却部位。

冷却定型部分与热黏合部分基本相同，区别在于冷却定型部分的上下平板为两组冷却装置，当黏合物被送到上下冷却板中间时，下平板上升与上冷却板吻合，黏合物便立即被急剧冷却。

2. 辊式黏合机

辊式黏合机（图3-1-3）是一种连续式黏合机，采用无级变速电动机，由链传动带动上下两副传送带。黏合物夹在两层带中经过加热后升温，使黏合剂熔融，再经过一对胶辊加压黏合，最后冷却定型。压力为 $0 \sim 5.88 \times 10^5 Pa$ 可调，带速一般为0~12m/min可调，温度调节范围为25~200℃。与板式黏合机主要性能差异见表3-1-6。

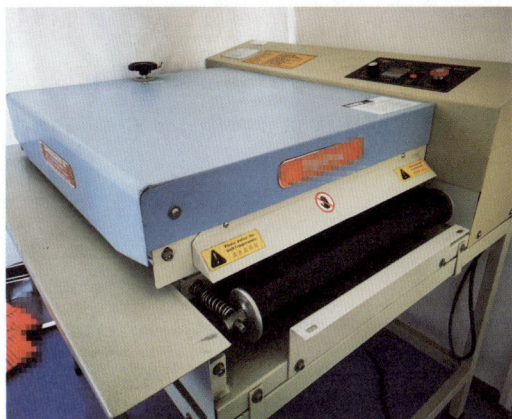

图3-1-3　辊式黏合机

表3-1-6　板式黏合机和辊式黏合机功能对比

性能	辊式黏合机	板式黏合机
加压方式	线接触	面接触
加压面积	小	大
加压时间	短	长
工作压强	大	小
加热方式	先加热后加压	同时加热加压
工作状态	动态加压	静态加压
工作方式	连续	断续
工作范围	长无限	长、宽均有限
里外匀	立式有，卧式无	无

可以看出，辊式黏合机的工作效率和加工范围均大于板式黏合机，加压时间和黏合衬接触面积方面，板式黏合机优于辊式黏合机。

四、服装缝纫设备

1. 平缝机

平缝机（图3-1-4）又称缝纫机，是服装生产中最基本的机械设备，缝纫机各大主要机构之间的时间配合是缝纫机使用和调整的关键，缝纫机的时间"零"度规定为机针在最高位置的主轴刻度。机针和旋梭之间的钩线配合则是各运动配合中的关键，配合不好会直接引起跳线、断线、线迹不良等故障。

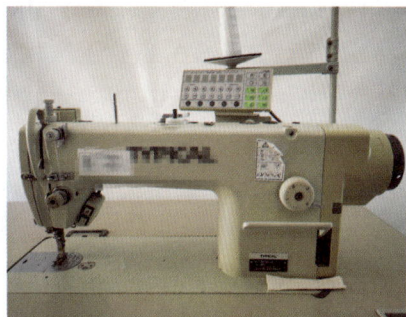

图3-1-4　平缝机

缝制工人在操作过程中，回针、定针、抬压脚、剪断缝线等占用了不少的时间，为了把这些时间减少，提高产量，计算机平缝机在服装企业广泛应用，功能见表3-1-7。

表3-1-7　计算机平缝机功能

功能	内容
自动倒回针	能设定起缝、结束时是否不倒回针，还能确定倒回针的针数和列数
设定针的位置	一般机针处于缝料上面，便于取出缝料，但在贴方袋或缝领角转弯时，要求机针处于缝料下面
自动剪断底、面线	在机器终缝时，经平缝机自动剪线器剪断面线和底线
自动抬压脚	设有一电磁式驱动装置，其旋转轴与缝纫机内部所设的凸轮及连杆机构连接，以电控的方式控制抬压脚的自动升降
机器速度	能设定点缝、慢速缝、标准缝
针数	能设定平缝的针数和缝制特殊的图形

2. 包缝机

包缝机（图3-1-5）又称拷边机，也是服装行业的常用设备，用于切齐包缝面料边缘、拼合衣片及配以辅助夹具进行针织衣片的折边等。服装企业还常用包缝机不穿线来进行单纯的切边加工。包缝线迹为网状结构，有较好的弹性与包裹性，缝后可防止衣片边缘脱散。

包缝机的机构特点是适合高速缝纫，不用像平缝机一样换梭芯，效率高，包缝机功能见表3-1-8。

表3-1-8　包缝机功能

机构	作用
针杆机构	通过针杆的上下滑动，起套线、刺布和送针线给下弯针钩线
下弯针机构	和针杆机构、上弯针机构配合，带动下弯针左右摆动，起钩线和送下弯针线，给上弯针套线
上弯针机构	上弯针作上下移动和左右摆动的复合运动，交叉套住下弯针线和送上弯针线，给机针套线
送料机构	完成一个线迹后，送料机构带动送料牙作前后和上下运动，推动缝料前移一个针距，为完成下一个线迹作准备
切料机构	带动上刀作上下摆动，在包边前，将缝料边缘切整齐
压料机构	将缝料压紧在送料牙齿面上，保证缝料与送料牙间有足够的摩擦力，协助送料牙推送缝料
自动润滑系统	为了使机器在高速连续运转下确保正常供油，减少零件磨损，采用了强压注油润滑

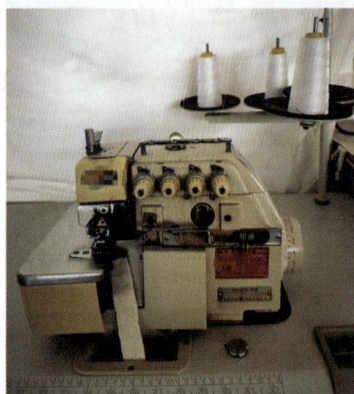

图3-1-5　包缝机

图3-1-6　平头锁眼机

3. 平头锁眼机

平头锁眼机（图3-1-6）是专用的自动缝纫机，用途单一，完成服装上指定部位的开纽孔、锁眼工作。

平头锁眼机对锁眼部位的面料固定和夹持要求比较低，开锁眼结束再开纽孔不会引起纽孔处面料起皱变形，适于薄型、有弹性等面料；缝迹简洁，传动机构也不太复杂；采用先开锁眼后开孔的锁眼工艺，锁眼边为毛边，美观性比先开孔后开锁眼差。

4. 套结机

套结机是专门用于各种服装及其他缝制品的缝合加固设备。对于服装的袋口、裤襻、纽孔尾部、背带及各种缝制品的受拉力部位均使用套结机加固。

5. 钉扣机（图3-1-7）

纽扣有二眼扣、四眼扣和立扣，把这些扣子固定在衣服上，所用的机器就是钉扣机。钉扣机形成的线迹有双线锁式线迹和单线链式线迹双线锁式钉扣机与单线链式钉扣机对比见表3-1-9。

表3-1-9　双线锁式钉扣机与单线链式钉扣机对比

双线锁式钉扣机	单线链式钉扣机
线迹结实美观	结构较紧凑，调节方便
设有打结机构	无打结机构
线迹抗脱散能力较强	只要锁针良好，线迹也有较好的抗脱散性

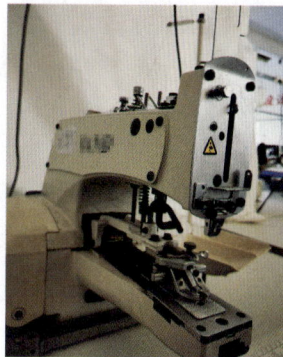

图3-1-7　钉扣机

五、服装熨烫设备

1. 蒸汽熨烫

蒸汽熨烫分为全蒸汽熨烫、干蒸汽熨烫和滴液式电蒸汽熨烫，功能对比见表3-1-10。

表3-1-10　蒸汽熨烫功能对比

熨烫方式	优点	缺点	适用范围
全蒸汽熨烫	结构简单，不耗用电能，使用安全，工作温度也稳定	蒸汽干燥度差，极限工作温度较低，需要配套设备（成品蒸汽发生器）和管线设置	熨烫温度一般不超过150℃；适合中间熨烫和毛呢服装的成品熨烫，对于棉毛麻类等定型温度较高的面料不适合，同时，熨烫时有滴水现象出现，不适合真丝类服装
干蒸汽熨烫	高温的非饱和蒸汽，无水滴，蒸汽颗粒细，温度高，调温控温误差小，适合各类面料服装的成品熨烫和最终熨烫	既有蒸汽加热，又有电加热，能源成本高，蒸汽管道配套设备多	高档和精品服装，有较高造型要求的服装最终整理
滴液式电蒸汽熨烫	吊瓶贮水容量大，水量可供8h连续作业，操作管理灵活，移动搬运快捷	蒸汽即时蒸发，即时消耗，蒸汽喷射量较少，蒸汽温度、压力低，常有滴水现象，有时会沾污服装	常用于中间熨烫或服装零部件定型；小型服装的成品熨烫整理

2. 抽风式烫台

服装工业生产中，抽风式烫台（图3-1-8）广泛应用于批量成衣整烫，还被应用于辅料和零部件的中间烫（俗称小烫）。抽风式烫台的台面和烫模可以有多种组合形式。抽风式烫台的功能对比见表3-1-11。

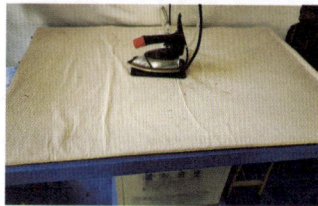

图3-1-8　抽风式烫台

表3-1-11　抽风式烫台功能对比表

烫台	用途
裙式烫台	适用于各种时装、裙类服装和各种辅料的熨烫
开缝烫床	适用于开裤骨，开侧缝、肩缝等
小型中间熨烫烫台	工作台面较矮小，可以坐着或站着操作，适于生产制作中的小烫及各种辅料熨烫；采用上排风口的设计，使潮气向上排出在空气中汽化，不湿地面，利于和其他车位组合成生产线

◎ 巩固训练

请列出生产以下衬衣（图3-1-9）企业所需的设备。

我的学习收获：_____

_____

_____

_____

_____

图3-1-9　男衬衫

◎ 任务评价（表3-1-12）

表3-1-12　任务评价表

任务内容	评价关键点	分值	自我评价	同学互评	老师评价
认识服装常规设备	掌握常规准备设备	20			
	掌握常规裁剪设备	20			
	掌握常规缝纫设备	20			
	掌握常规熨烫设备	20			
罗列衬衫生产企业设备	罗列设备齐全	10			
	罗列思路正确	10			
合计		100			

任务二　服装常规设备的使用及保养

服装常规设备的
使用及保养

◎ 任务导入

新开企业的设备定下来后，需要把相关设备的使用和保养说明列出来，并制订保养计划，完成设备使用保养计划说明打印出来并张贴在墙上，让工人先学习，再上岗。

◎ 任务要求

1. 掌握不同设备的使用方法。
2. 掌握不同设备的保养方法。

◎ 任务实施

1. 了解不同设备的保养方法。
2. 完成设备使用和保养计划说明。

◎ 相关知识链接

一、设备维护保养的分类及内容（图3-2-1）

1. 预防性保养

预防性保养是指设备在没有发生故障之前，进行的定期检查和维护。

2. 生产保养

生产保养是指降低生产成本、提高设备运转效率的保养。

图3-2-1 设备维护保养内容分类

3. 三级保养制度

（1）日常保养。日常保养每天一次，由操作工进行，不占用生产时间，主要是擦拭机器，使设备各部分无积尘，保持清洁，对各个油孔、油池加油等。

（2）一级保养。一级保养每月一次，在机器维修人员指导下由操作工完成（占用生产时间），或由机器维修人员完成。对设备进行局部拆卸，疏通油路管道（油绳、滤油器、油毡等）调整各配合部件间隙。

（3）二级保养。二级保养每年一次，由维修人员完成，主要是更换或修复磨损件，清洗、换油并检查修理电气部分，局部恢复精度。

4. 大修计划

对某些服装设备（如重要设备）应有大修计划。

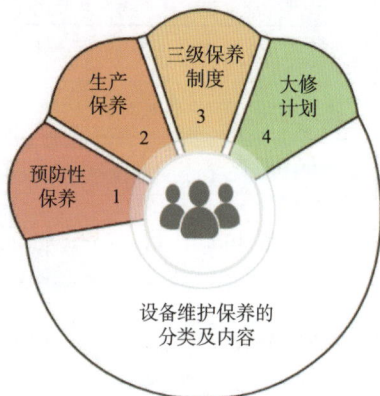

二、服装准备设备的使用及保养

1. 验布设备的使用及保养

（1）铺布机的保养（图3-2-2）。

（2）常见故障维修（表3-2-1）。

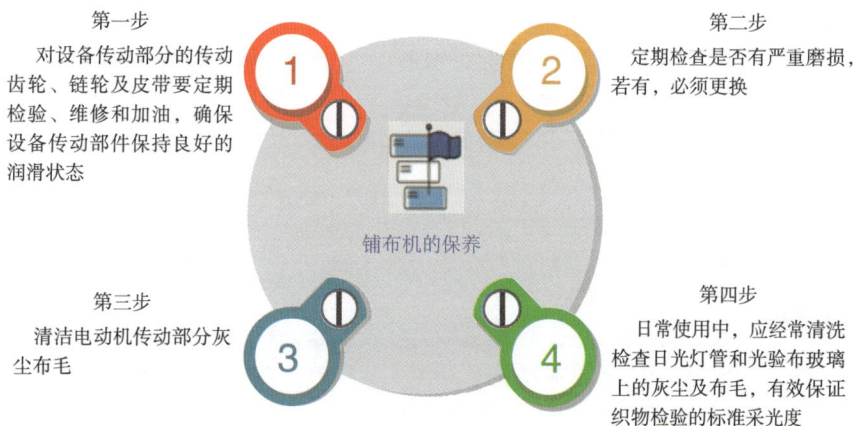

第一步 对设备传动部分的传动齿轮、链轮及皮带要定期检验、维修和加油，确保设备传动部件保持良好的润滑状态

第二步 定期检查是否有严重磨损，若有，必须更换

铺布机的保养

第三步 清洁电动机传动部分灰尘布毛

第四步 日常使用中，应经常清洗检查日光灯管和光验布玻璃上的灰尘及布毛，有效保证织物检验的标准采光度

图3-2-2 铺布机的保养

57

表3-2-1　常见故障的产生原因及维修方法

故障	产生原因	维修调整方法
布面倾斜，前进时咬死	导布辊不平行	调整导布辊的平行度
卷布不整齐	卷布辊与导辊不平行	调整卷布辊和导辊的平行度
导布、卷布沉重	传动部分有灰尘、布毛及油污，或者传动零件没安装好	正确安装传动零件，及时清除机内的油污及布毛
机器噪声较大	机器润滑不良；部件中可能有松动的螺钉；某些零件磨损或松动	定期加润滑油，正确安装各零件，修整或更换损坏及不及格的零件
导辊或卷布辊每转一周时发生部分沉滞	更换的轴承与原配件配合不好，导辊及卷布辊轴受损而弯曲	修整配合不好的零件，校正轴的弯曲偏斜
验布台玻璃板光照度不够	在日光灯管及验布台的玻璃板上有灰尘、布毛，或者电压不稳	经常清除日光灯管及验布台玻璃板上的灰尘及布毛，稳定电源
其他运转故障	因长期不加注润滑油	定期加注润滑油

2. 预缩机的使用及保养

（1）对设备传动部分的驱动齿轮、链轮及传送带要定期检验，发现严重磨损时必须拆换；加油部位要定期注油，以保持良好的润滑状态。

（2）预缩机的传送带是在一定温度和水中运转，要经常清洗橡胶毯和呢毯，及时清除毯面上的杂质；若传送带老化或磨损、损坏，应及时更换。

（3）及时清除电动机中的灰尘及布毛。

3. 铺布机的故障处理及保养（表3-2-2，图3-2-3）

表3-2-2　铺布机故障处理

故障	产生原因	维修方法
面料的预缩率不够	面料走速太快	调整面料的走速，适当放慢
	温度低	提高温度
	橡胶毯和呢毯的输送带太薄	调换比较厚的输送带（25.5～67mm）
	加热辊直径太大	更换加热辊（300～350mm）
橡胶毯变形损坏	橡胶毯质量问题	调换质量好的橡胶毯
	进布辊、加热辊和出布辊、加热辊的间距不符合要求	调整进布辊与加热辊之间的间距（例：毯式带的厚度为25mm，进与加之间距调整为25～32mm）
	毯式带的弧度曲率变化	调换比例厚的输送带（25.5～67mm）
	加热辊直径太大	更换加热辊（300～350mm）

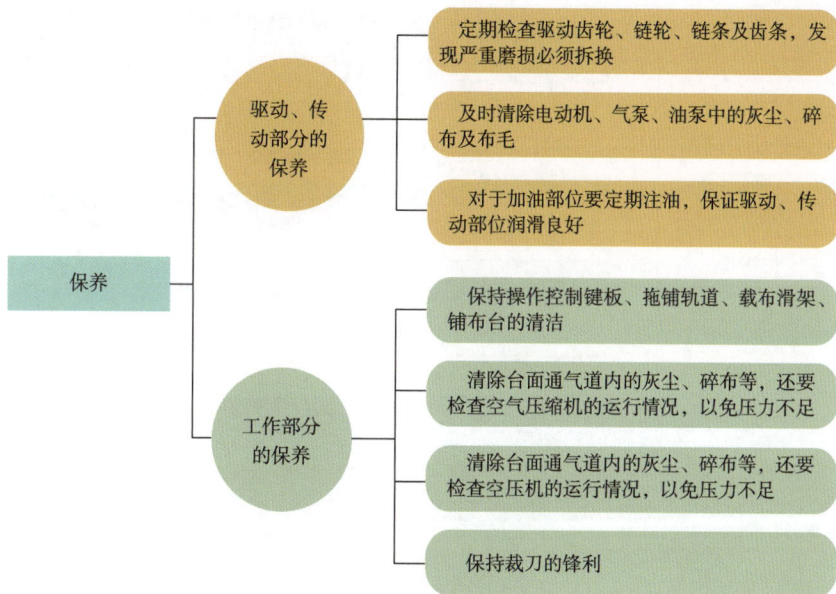

图3-2-3 铺布机的保养

保养
- 驱动、传动部分的保养
  - 定期检查驱动齿轮、链轮、链条及齿条，发现严重磨损必须拆换
  - 及时清除电动机、气泵、油泵中的灰尘、碎布及布毛
  - 对于加油部位要定期注油，保证驱动、传动部位润滑良好
- 工作部分的保养
  - 保持操作控制键板、拖铺轨道、载布滑架、铺布台的清洁
  - 清除台面通气道内的灰尘、碎布等，还要检查空气压缩机的运行情况，以免压力不足
  - 清除台面通气道内的灰尘、碎布等，还要检查空压机的运行情况，以免压力不足
  - 保持裁刀的锋利

三、服装裁剪设备的使用及保养（图3-2-4）

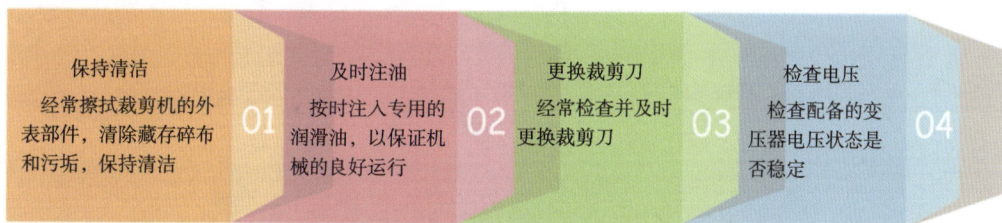

01 保持清洁 经常擦拭裁剪机的外表部件，清除藏存碎布和污垢，保持清洁

02 及时注油 按时注入专用的润滑油，以保证机械的良好运行

03 更换裁剪刀 经常检查并及时更换裁剪刀

04 检查电压 检查配备的变压器电压状态是否稳定

图3-2-4 裁剪机的保养

四、服装黏合设备的使用及保养（图3-2-5）

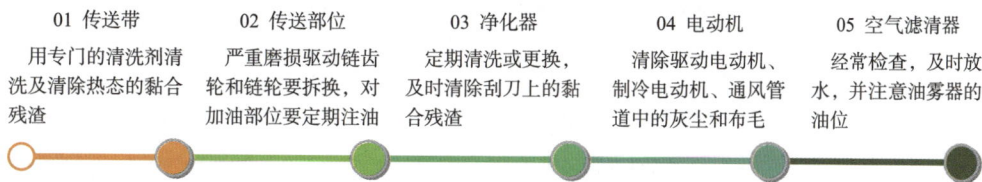

01 传送带 用专门的清洗剂清洗及清除热态的黏合残渣

02 传送部位 严重磨损驱动链齿轮和链轮要拆换，对加油部位要定期注油

03 净化器 定期清洗或更换，及时清除刮刀上的黏合残渣

04 电动机 清除驱动电动机、制冷电动机、通风管道中的灰尘和布毛

05 空气滤清器 经常检查，及时放水，并注意油雾器的油位

图3-2-5 服装黏合设备的保养

五、服装缝纫设备的使用及保养

1. 工业平缝机的使用及保养（图3-2-6）

2. 包缝机的使用及保养

（1）包缝机的使用。装针时需拧松机针固定螺丝，将机针的长针槽背离操作者，把机针插进针杆孔的顶部，拧紧机针固定螺丝，要求使用DP×5J机针。

穿线时面线穿线顺序按说明书。底线在安装梭心后，拉动底线，转动方向应为顺时针。

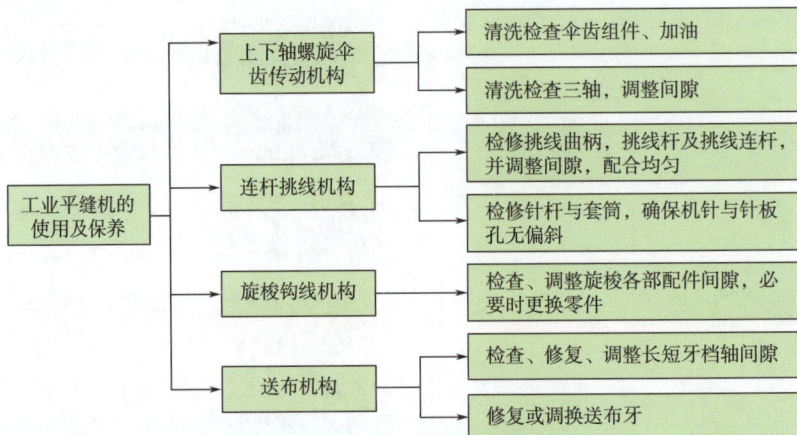

图3-2-6　工业平缝机的使用及保养

（2）包缝机的保养（图3-2-7）。包缝机每天使用后应及时做好清洁工作，需打开前门板和缝台，用毛刷清扫针板、针夹、送布牙、弯针等缝纫、切割部位，用布擦净工作台面，特别是衣片会碰到的部位更要注意做到干净无油污。每天需观察润滑油窗，注意油量，使其处于正常润滑状态。

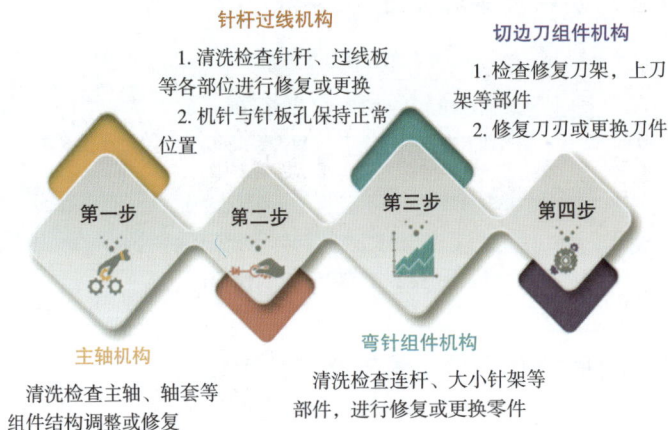

针杆过线机构
1. 清洗检查针杆、过线板等各部位进行修复或更换
2. 机针与针板孔保持正常位置

切边刀组件机构
1. 检查修复刀架，上刀架等部件
2. 修复刀刃或更换刀件

第一步　第二步　第三步　第四步

主轴机构
清洗检查主轴、轴套等组件结构调整或修复

弯针组件机构
清洗检查连杆、大小针架等部件，进行修复或更换零件

图3-2-7　包缝机的保养

还需清洗检查各油路、油孔，保持畅通无阻并保持一定油量，无漏油现象；安全保护防油装置完好，螺钉无缺；各部件无异声、咬合和发热现象和检查电机声响、温升、离合器配合运转良好（电动机按规定标准加油）。

3. 平头锁眼机的使用及保养

（1）平头锁眼机的使用。

①调整扣眼。平头锁服机在使用时，要根据不同扣眼的大小做调整。

②调整刀片。根据纽扣的大小选择刀片，使刀片的宽度略大于或等于纽扣的直径。

③调整横列。根据刀片的大小调整横列的长度，使第一套结缝线迹靠近刀缝，又不被切掉。

④调整针迹。根据横列的长短选择适当的针数变换齿轮，使扣眼的针迹密度适中。

⑤ 测试。试缝，检查纽缝的整体形状，试扣。

（2）平头锁眼机的保养。

① 线迹松紧。面线松紧程度应和平缝机面线的紧松相近，更换线以后，夹线器的压力要作适当调整。底线的紧松以梭芯线刚好吊得住梭芯梭壳，轻轻抖动梭壳会滑下来为宜。

② 缝迹形式。平头锁眼机能调出两种不同的线迹，即"锯齿边缝"线迹（也叫平缝线迹）和"三角形"线迹。

③ 断面线或底线用完。可按下停刀杆，直至停针（此时机器已不会打刀），不要移动缝料，穿上线或装上底线后，用手动摇杆使压脚拖板移动到刚才的线迹处（直针对准），启动机器，继续缝制。

④ 断针。如遇断针，应立即按动机器右边的紧急停车扳手，停针后取出断针，可重新启动机器到停机，装上机针。再用手动摇杆使压脚拖扳移动到刚才断针的线迹处（直针对准），启动机器，继续缝制。

4. 套结机的使用（图3-2-8）

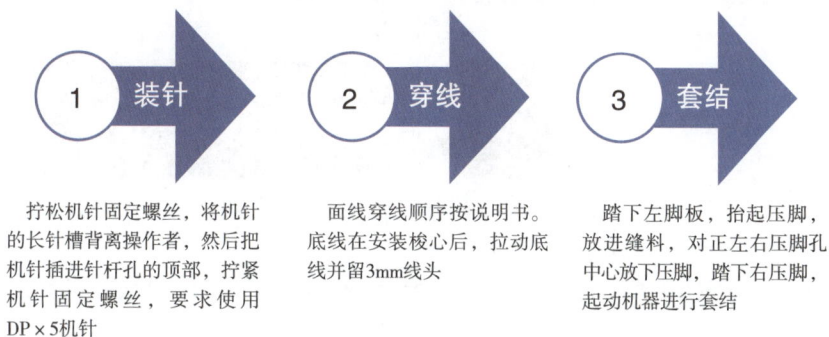

1 装针	2 穿线	3 套结
拧松机针固定螺丝，将机针的长针槽背离操作者，然后把机针插进针杆孔的顶部，拧紧机针固定螺丝，要求使用 DP×5机针	面线穿线顺序按说明书。底线在安装梭心后，拉动底线并留3mm线头	踏下左脚板，抬起压脚，放进缝料，对正左右压脚孔中心放下压脚，踏下右压脚，起动机器进行套结

图3-2-8 套结机的使用

5. 钉扣机的使用（图3-2-9）

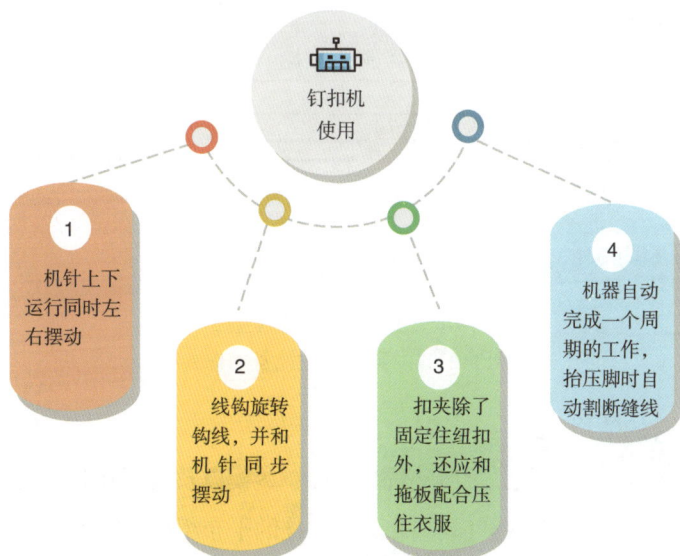

钉扣机使用

1 机针上下运行同时左右摆动

2 线钩旋转钩线，并和机针同步摆动

3 扣夹除了固定住纽扣外，还应和拖板配合压住衣服

4 机器自动完成一个周期的工作，抬压脚时自动割断缝线

图3-2-9 钉扣机的使用

六、服装熨烫设备的使用及保养

1. 蒸汽熨烫设备的使用

开机操作如图3-2-10所示。

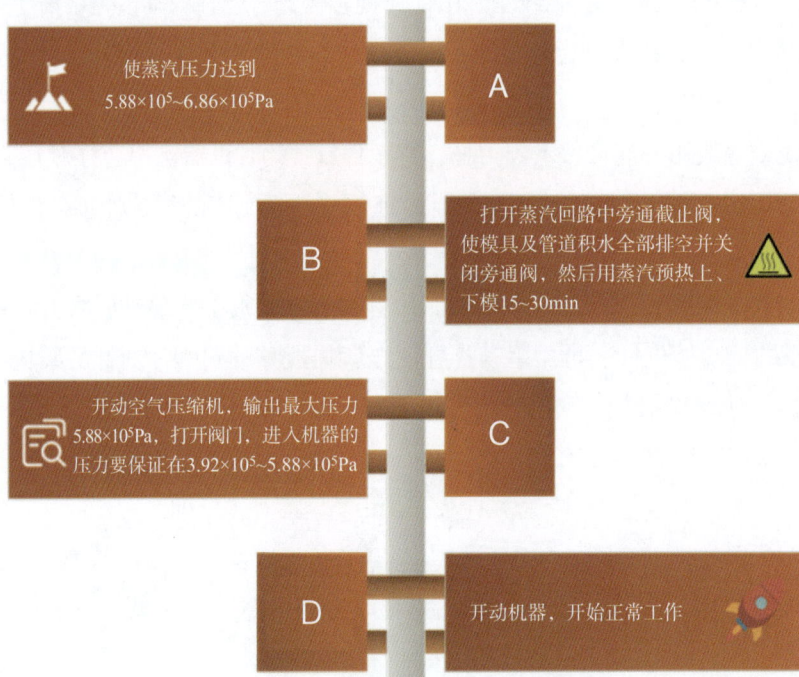

使蒸汽压力达到 5.88×10⁵~6.86×10⁵Pa	A

A　使蒸汽压力达到 $5.88\times10^5\sim6.86\times10^5$Pa

B　打开蒸汽回路中旁通截止阀，使模具及管道积水全部排空并关闭旁通阀，然后用蒸汽预热上、下模15~30min

C　开动空气压缩机，输出最大压力 5.88×10^5Pa，打开阀门，进入机器的压力要保证在 $3.92\times10^5\sim5.88\times10^5$Pa

D　开动机器，开始正常工作

图3-2-10　蒸汽熨烫设备的开机操作

关机操作：先关闭电源，再依次关闭蒸汽气源，真空泵，动力气源机器停止工作后，打开所有截止阀和旁通阀放水。

2. 蒸汽熨烫设备的保养（图3-2-11）

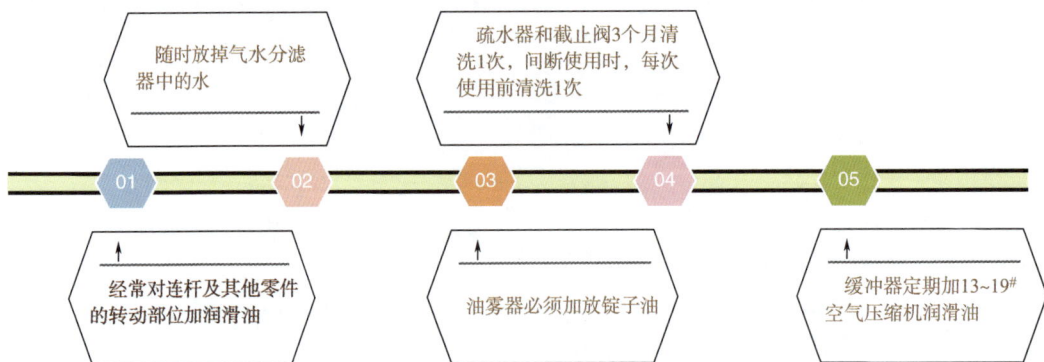

01 随时放掉气水分滤器中的水

02 疏水器和截止阀3个月清洗1次，间断使用时，每次使用前清洗1次

03 经常对连杆及其他零件的转动部位加润滑油

04 油雾器必须加放锭子油

05 缓冲器定期加13~19# 空气压缩机润滑油

图3-2-11　蒸汽熨烫设备的保养

3. 抽风式烫台的使用（图3-2-12）

抽风式烫台主要由电源开关、吸风装置、台面、烫模以及风道开关组成。台面或烫模的结构从里向外依次由金属支撑网、透气软垫和透气性佳的平布组成，因此台面和烫模表面会有较好的吸风作用，从而使熨烫过的衣料迅速受到抽湿和冷却的作用，使熨烫效果得以稳定保持。

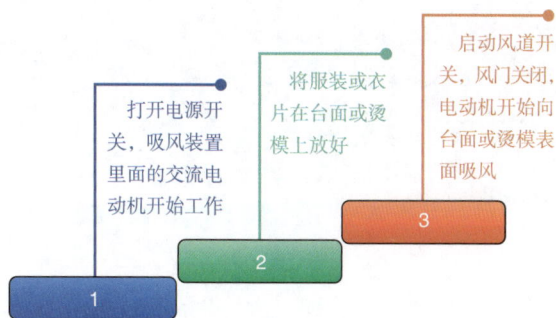

图3-2-12　抽风式烫台的使用

◎ 巩固训练

帮小李制作工业平缝机设备的保养说明，并粘贴在墙上（图3-2-13）。

图3-2-13　工业平缝机设备保养说明

我的学习收获：＿＿＿＿＿＿＿＿＿＿＿＿＿＿＿＿＿＿＿＿＿＿＿

◎ 任务评价（表3-2-3）

表3-2-3　任务评价表

任务内容	评价关键点	分值	自我评价	同学互评	老师评价
服装裁剪及准备设备的使用及保养	工业平缝机的使用及保养	20			
	包缝机的使用及保养	20			
	套结机的使用及保养	20			
	钉扣机的使用及保养	20			
服装熨烫设备的使用及保养	蒸汽熨烫的使用及保养	10			
	抽风式烫台的使用及保养	10			
合计		100			

○ 项目四
服装专业基本术语

◎ 项目介绍

每个行业都有自己的专业术语。了解服装专业基本术语不仅可以提高学习和工作效率，还有利于专业人士之间的交流，对于增加信息的处理速度和扩大业务范围都有很好的帮助。从心理学角度讲，多数人不喜欢和外行人打交道，特别是开展营销工作，业务沟通不顺畅，常常影响交易的顺利进行。因此，了解服装专业术语是学习服装专业知识的第一步。

本项目主要使学习者能够理解并运用服装专业基本术语，在工作和生活中灵活使用。

◎ 思维导图

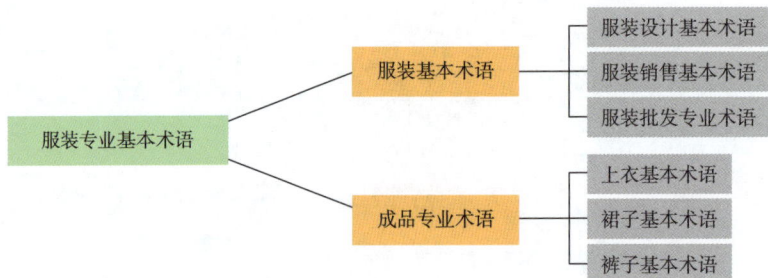

◎ 学习目标

知识目标

1. 学习服装设计、服装销售、服装成衣方面的基本术语。
2. 学习服装批发及市场基本术语。

能力目标

1. 通过学习和训练，灵活运用服装设计、服装成衣基本术语。
2. 通过学习和训练，掌握服装销售、批发及市场基本术语。

情感目标

1. 培养良好的职业道德和职业责任感。
2. 锻炼独立分析和解决问题的能力。

任务一　服装基本术语

服装基本术语

◎ 任务导入

小李被公司调去跟单部门做助理，在一次跟客户的交谈中，客户多次提及拉头更换，但小李没听明白，导致客户觉得小李不专业。小李总结原因，反省自己，觉得自己没有掌握服装专业基本术语。于是，他决定多学习服装专业基本术语知识。

◎ 任务要求

1. 掌握服装基本术语并灵活运用。
2. 掌握成品专业术语并灵活运用。

◎ 相关知识链接

服装设计除外形与结构、色彩与面料的变化外，细节的创新也常会给消费者带来全新的感受。服装中的细节无疑是设计表达的重要部分。如果导购员在终端销售中能自如地运用专业术语来介绍产品，把服装的审美性和功能性准确地传达给顾客，不仅容易促成交易，而且也将赢得顾客对导购员专业素质的信赖，对品牌的长期发展将是极其有益的。

服装术语是服装领域中表示概念的语言称谓，是对服装专业中概念的约定性符号。如服装是指穿于人体表面起保护和装饰作用的制品。

一、服装设计基本术语

1. 服装款式

服装款式指服装的式样，通常指形状因素，是造型要素中的一种。

2. 服装造型

服装造型指由服装造型要素构成的总体服装艺术效果。造型要素的划分，从具体造型分为款式、配色与面料三要素；从抽象造型分为点、线、面、形、体、色、质、光等；从部件分为鞋帽、上衣、下衣、外套、内衣、装饰品等。

3. 服装轮廓

服装轮廓即服装的逆光剪影效果。它是服装款式造型的第一视觉要素，是服装款式设计时首先要考虑的因素，其次才是分割线、领型、袖型、口袋型等内部的部件造型。轮廓是服装流行发展中的一个重要因素。

4. 款式设计图

款式设计图指体现服装款式造型的平面图。这种形式的设计图是服装专业人员必须掌握的基本技能。款式设计图绘画简单，易于掌握，是行业内表达服装样式的基本方法，如图4-1-1（a）所示。

5. 服装效果图

服装效果图指表现人体在特定时间、特殊场所穿着服装效果的图。服装企业从业人员应学会阅读服装效果图。服装效果图通常包括人体着装图、设计构思说明、采用面料及简单的财务分析，如图4-1-1（b）所示。

6. 服装裁剪图

服装裁剪图即用曲、直、斜、弧线等特殊图线及符号将服装款式造型分解展开，呈平面裁剪方法的图。国内流行的裁剪制图方法主要有比例裁剪法和原型裁剪法，如图4-1-1（c）所示。

(a) 款式设计图　　(b) 服装效果图　　(c) 服装裁剪图

图4-1-1　服装设计基础术语示例图

7. 服装结构线

服装结构线指在服装图样上表示服装部件裁剪、缝纫结构变化的线。裁剪图上的图线根据粗细分为两大类：一类是细线，包括制图辅助线、尺寸标注线、等分线等；另一类是粗实线，表示裁剪制作的结构线。根据国家标准，细线的粗细为0.2～0.3cm，粗线的粗细为0.6～0.9cm。

二、服装销售基本术语

1. SKU

SKU（stock keep unit）指库存量单位，即库存进出计量单位；以服装为例，可以以件为单位，款式单款单色不涉及码数，比如，某款服装有一个款式四个颜色，那么可以说这个款有4个SKU。同理，三款三个颜色，那么就是9个SKU。

2. KPI

KPI关键绩效指标法，它把对绩效的评估简化为对几个关键指标的考核，将关键指标当作评估标准，把员工的绩效与关键指标作出比较的评估方法。

3. 场景陈列

场景陈列指设计一个特定的主题，如派对、工作、旅行等。对具体的场合所想要的穿着进行一个场景的陈列（图4-1-2）。

图4-1-2　场景陈列

4. 分类陈列

分类陈列（图4-1-3）指寻找商品的共同点，将相似的商品归类陈列为类。例如，通过颜色、尺寸、价格进行分类。这与卖场的整理、调整息息相关。

5. 半模

半模是指半身模特（图4-1-4），指除去头、脚、腿部，只有躯干的模特，但其肩部、手肘、手腕手指均可转动，也可以摆姿势、提包等。尺寸和样式则根据生产厂商不同存在细微差异。

图4-1-3　分类陈列

6. 黄金区域

黄金区域（图4-1-5）指店铺中最容易看见、最容易拿到的陈列范围。没有明确的规定，可根据目标人群的身高做相应的调整。

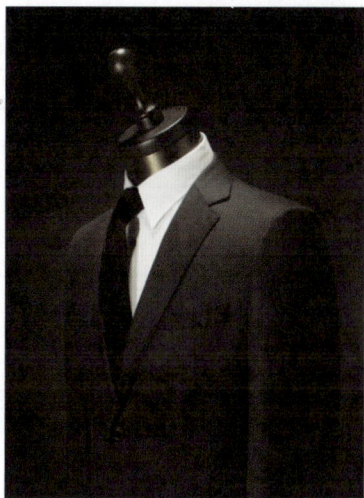

图4-1-4　半身模特

图4-1-5　黄金区域

7. 动线

动线是在建筑物或卖场内，将人的动作以线的形式进行捕捉。以"顾客动线长，作业动线短"为目标，一般，动线在业界多作为引导顾客来使用。

8. 成衣

成衣指按一定规格、号型标准批量生产的成品衣服，与量体裁衣式的订做和自制的衣服相对而出的一个概念。成衣作为工业产品，符合批量生产的经济原则，生产机械化、产品规模系列化、质量标准化、包装统一化。

9. 服装订货会

服装订货会指服装企业邀请经销商、加盟商集中订货，再根据客户订单分批分次出货的一种市场运营方式。主要分春夏、秋冬两季订货会，春夏订货会一般安排在 9~10 月，秋冬订货会一般安排在 4~5 月。

10. 唛标

唛标也叫唛头，有主唛、码唛、袖唛、洗水唛之分。主唛包括衣服的中文名、字母或 LOGO；码唛用来标识衣服的大小；袖唛缝在袖口，内容和主唛一样；洗水唛标注服装的款式货号、面辅料成分、规格尺寸、执行标准、安全类别、洗涤等。

11. 增长率

$$销售增长率 = \frac{（一周期内）销售金额或数量}{（上一周期）销售金额或数量} \times 100\% - 1$$

$$环比增长率 = \frac{报告期 - 基期}{基期} \times 100\%$$

12. 毛利率

$$销售毛利率 = \frac{实现毛利额}{实现销售额} \times 100\%$$

13. 老顾客贡献率

如果一家店铺一年毛利 50 万元，其中老客户消费产生毛利 40 万元，新客户产生毛利 10 万元；那么这家店铺的老客户贡献率是 80%，新客户贡献率是 20%。

14. 动销比

$$动销比 = \frac{（一个周期内）库存}{周期内日均销量}$$

动销比的设置是否科学合理，决定了企业是否真正做到满足市场需求、不积压、不断档。

15. 售罄率

$$售罄率 = \frac{（一个周期内）销售件数}{进货件数}$$

畅销的产品是不需要促销的，只有滞销的产品才需要促销。所以可以根据售罄率及时调整促销活动。

16．盈亏平衡点

$$盈亏平衡点 = \frac{固定成本}{单位产品销售收入 - 单位产品变动成本}$$

例如，一家服装店的固定成本为8万元，单件服装卖2000元，变动成本为1500元，盈亏平衡点为80000÷（2000−1500）=160（件）。

17．库存周转率

$$库存周转率 = \frac{（一个周期内）销售货品成本}{存货成本}$$

$$库存天数 = \frac{365天}{商品周转率}$$

库存周转率侧重于反映企业存货销售的速度，它对于研判特定企业流动资金的运用及流转状况很有帮助。

18．平效

平效指一个商店里每平方米面积所产生的效益，是评判商店实力的重要标准之一。

$$平效 = \frac{当日销售额}{商店面积}$$

例如，一家商店当日营业额为6万元，店铺面积是20平方米，那这家商店的平效 = 60000÷20=3000（万元/平方米）。

19．连带率

$$连带率 = \frac{销售总数量}{销售小票数量}$$

低于1.3说明整体附加存在严重问题。

$$个人销售连带率 = \frac{个人销售总数量}{个人小票总量}$$

低于1.3说明个人附加存在问题。

20．客单价

客单价是指店铺每一个顾客平均购买商品的金额，即平均交易金额。

$$客单价 = \frac{销售金额}{成交笔数}$$

三、服装批发专业术语

1．一批

一批指一级服装批发商自己下单生产或服装品牌总代理直接发货。

2. 二批

二批指二级服装批发商从一级服装批发商处取货，转手批发出去。

3. 版和款式

服装的样式一般行内人士称为版，行外人士称为款式。主要指服装在设计上和面辅料使用上的不同，而款式除了设计和面辅料元素外，对花色、颜色的表达也更明确一些。

4. 一手

一手指一个版从最小码到最大码各拿一件。

5. 齐色齐码

齐码指从一款衣服的最小码到最大码全采购，齐色指一个版的所有颜色全采购，齐色齐码指一个版的所有颜色和尺码。

6. 混批

混批指什么类型的货都可以批发，通常凑满一个数或总价，如5000元以上支持混批。

7. 散批

散批指同一个单品少量批发。

8. 散客

散客指离市场近的客户，到批发商处只采购几件的卖家，离市场近没有必要多取货，不用备货。

9. 爆版

爆版指比较好卖的、畅销的版，在市场上走量很大。

10. 炒货

炒货指低买高卖的行为，自己不负责生产和设计。除厂家和一批外，其他的中间商都是炒货。

11. 仿版

仿版指仿照别人的款式，自己下单生产。

12. 打包

打包指批发，一般批发市场单款5～10件可以拿到批发价。例如打包价为多少钱，就是指批发价多少钱。

13. 打货

打货指采购现货服装。

14. 补货

补货指换季上新后的后续进货，包括补旧款和上新的款式。

15. 跑版

跑版指自己研发的款式却被他人提前销售。

16. A货

A货指仿世界品牌的款式，用比较好的物料生产出接近原单的货品。

17. 排单

排单指只有样衣，没有现货的服装，服装正在生产中，需要客户等上多天才能发货。

18. 尾单

尾单指滞销或者过季的，一般有轻微残次的服装，这种服装比较便宜。

19. 挂单

挂单指未付货款或者定金的服装订单。

20. 飞单

飞单指没有按约定的时间供货，把原本承诺给A的货，因某些因素给了B。

21. 原创

原创指小众类型的服装，有自己的研发团队。

22. 贴牌

贴牌指制衣厂生产衣服，贴上别人的品牌，叫贴牌；很多大路货没有唛和吊牌，经销商拿唛和吊牌放上去，也叫贴牌；经销商把衣服上其他品牌的唛和吊牌去掉，换上自己的，也叫贴牌。

23. 四季青

四季青在杭州地区，指意法、中州、长青、九天等批发市场集合地。

我的学习收获：＿＿＿＿＿＿＿＿＿＿＿＿＿＿＿＿＿＿＿＿＿＿＿＿＿＿＿

◎ 巩固训练

解释下列名词

1. 服装效果图

2. 成衣

3. 服装订货会

◎ 任务评价（表4-1-1）

表4-1-1　任务评价表

任务内容	评价关键点	分值	自我评价	同学互评	老师评价
服装基本术语	掌握服装设计基础术语	30			
	掌握服装销售专业术语	40			
	掌握服装批发专业术语	30			
合计		100			

任务二　　成品专业术语

成品专业术语

◎ **任务导入**

小李学习过上装基本术语知识后，对工作的帮助很大，他准备把下装基本术语也尽快掌握。

◎ **任务要求**

掌握上衣、裙子、裤子基本术语。

◎ **任务实施**

帮小李列出西裤工艺制作单。

◎ **相关知识链接**

一、上衣基本术语

1. 衬衫

衬衫按照穿着对象的不同分为男衬衫和女衬衫；按照用途的不同可分为配西装的传统衬衫和可外穿的休闲衬衫。

（1）男式衬衫（图4-2-1）。

①尖领：领角呈尖角形的领型，也叫尖角领。

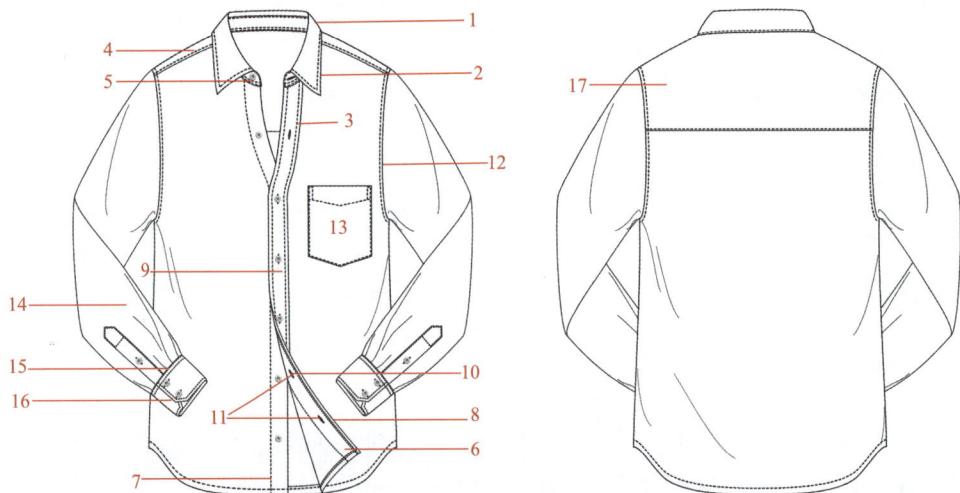

图4-2-1　男式衬衫

1—衬衫领　2—尖领　3—门襟　4—肩缝　5—领嘴　6—门襟贴边　7—里襟　8—止口　9—搭门　10—扣眼
11—眼距　12—袖窿　13—贴袋　14—衬衫袖　15—衬衫袖口　16—袖头　17—后过肩

②衬衫领：由上领和下领组成，是衬衫专有的领型。

③门襟：在衬衫中线锁扣眼的部位。

④肩缝：在肩膀处，前后衣片相连接的部位。

⑤领嘴：指领底口末端到门里襟止口的部位。

⑥门襟贴边：指在门襟外翻的贴布。

⑦里襟：指钉扣的衣片。

⑧止口：也叫门襟止口，是指成衣门襟的外边沿。

⑨搭门：指门襟与里襟叠在一起的部位。

⑩扣眼：纽扣的眼孔。

⑪眼距：指扣眼之间的距离。

⑫袖窿：也叫袖孔，是大身装袖的部位。

⑬贴袋：指在衣服表面直接用车缉或手缝袋布做成的口袋。

⑭衬衫袖：指一片袖结构，长袖装有袖克夫。

⑮衬衫袖口：即袖克夫，指装袖头的小袖口。

⑯袖头：指缝在袖口的部件。

⑰后过肩：也叫后育克，指连接后衣片与肩合缝的部件。

（2）女式衬衫（图4-2-2）。

①泡泡袖：指在袖山处抽碎褶而蓬起呈泡泡状的袖型。

②前腰省：指开在衣服前身腰部的省道。

③腋下省：指开在衣服两侧腋下处开的省道。

④鸡腿袖：指袖子上部宽大蓬松，而袖筒向下逐渐收窄变小，形如鸡腿。

⑤下摆：又叫底边，指衣服下部的边沿部位。

⑥袖口捆条：指包在衣服边沿的条状装饰部件。

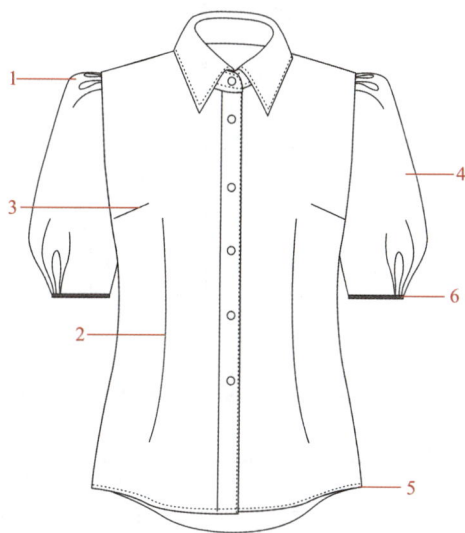

图4-2-2　女式衬衫

1—泡泡袖　2—前腰省　3—腋下省　4—鸡腿袖
5—下摆　6—袖口捆条

2. 外套

（1）男外套（图4-2-3）。

①串口：指领面与驳头面的缝合线，也叫串口线。

②驳口：指驳头翻折的部位，驳口线也叫翻折线。

③止口圆角：指门里襟下部的圆角造型。

④手巾袋：指西装胸部的开袋。

⑤平驳头：指与上领片的夹角成三角形缺口的方角驳头。

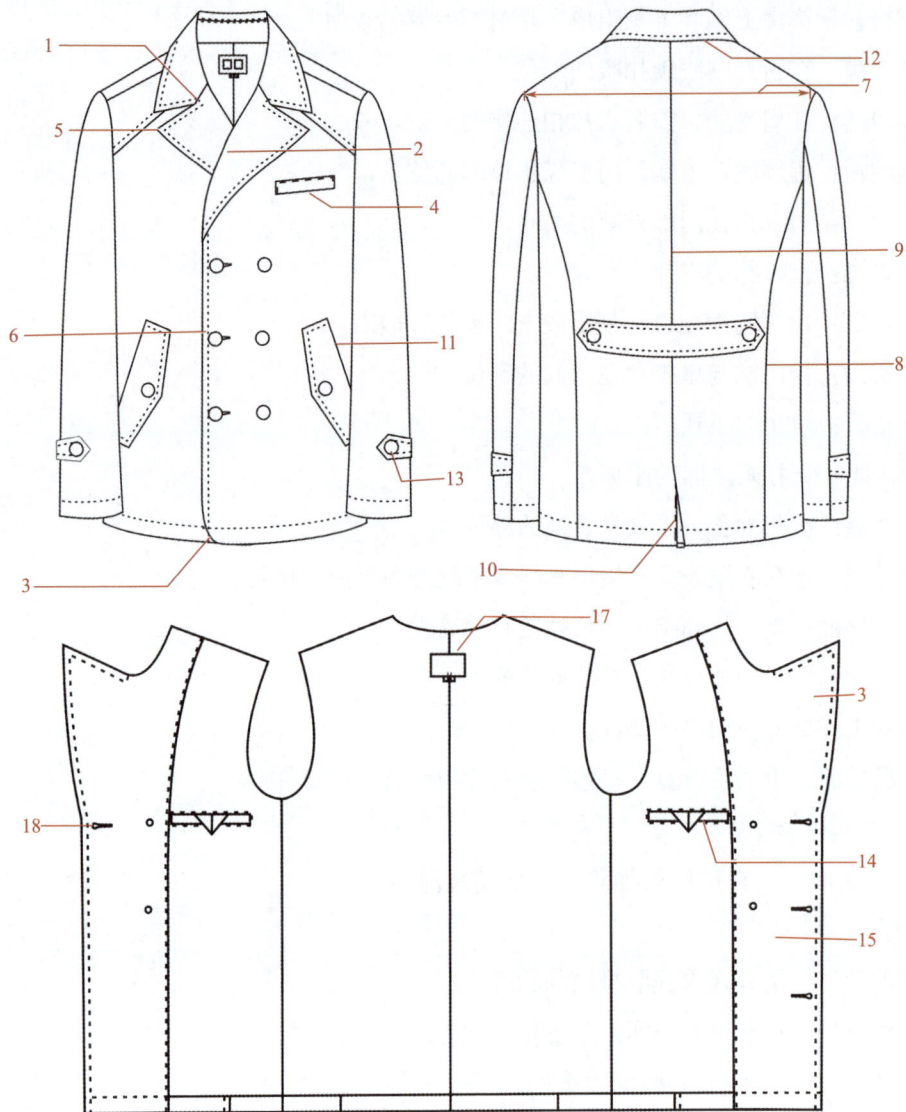

图4-2-3 男外套

1—串口 2—驳口 3—止口圆角 4—手巾袋 5—平驳头 6—双排扣 7—总肩宽 8—刀装缝 9—背缝
10—背衩 11—插袋 12—领窝 13—袖扣 14—里袋 15—挂面 16—驳头 17—织唛商标 18—凤眼

⑥ 双排扣：指门襟与里襟上下方向各钉一排纽扣。

⑦ 总肩宽：指在后背处从左肩端经后颈中点（第七颈椎点）到右肩端的部位的长度。

⑧ 刀装缝：是一种外形如刀背的通省或开刀缝。

⑨ 背缝：又叫背中缝，是指后身人体中线位置的衣片合缝。

⑩ 背衩：也叫背开衩，指在背缝下部的开衩。

⑪ 插袋：指在衣身留出供人斜手插进出的口袋。

⑫ 领窝：指前后衣片在肩部缝合后，再与领子缝合的部位。

⑬ 袖扣：指装在袖头上的扣子。

⑭ 里袋：指衣服前身里子上的口袋。

⑮挂面：又称过面或贴边，指装在上衣门里襟处的衣片部件。

⑯驳头：指里襟上部向外翻折的部位。

⑰织唛商标：即织标，是为了显示该衣服的服装特色或相关品牌，一般有品牌的英文名称或LOGO。

⑱凤眼：开口一端宽、一专端窄，并且带个"小尾巴"，像凤凰的眼睛一样。通常凤眼用于工字纽（牛仔服装用），或外套上较大的纽扣。

（2）牛仔服（图4-2-4）。

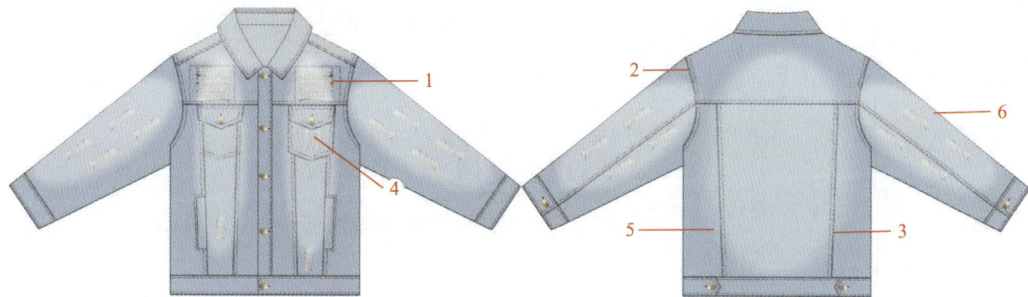

图4-2-4 牛仔服

1—洗水工艺 2—装袖 3—双明线 4—带盖口袋 5—磨白 6—大小袖

①洗水工艺：在牛仔服工艺中一种比较特殊的工艺，通过酵素、磨砂等工艺达到面料做旧做破的特定效果。

②装袖：指在臂根围处与大身衣片缝合连接的袖型。

③双明线：指在车缝骨位的同一侧方向缉两道明缝线，两道缝线的间距为0.6cm，一般第一条明缝线距缝骨位0.2cm。

④带盖口袋：指有盖的口袋。

⑤磨白：是运用一系列设备、药剂、工艺，对牛仔裤进行做旧的一种加工工艺。

⑥大小袖：常用于男装和西装上，服装有两片袖，两个袖一大一小，故称大小袖。

（3）棒球服（图4-2-5）。

①罗纹领：指装罗纹口的领子。

②拉链：由两条能互为啮合的柔性牙链带及可使其重复进行拉开、拉合的拉头等组成的连接件。

③拉头：使链牙啮合和拉开的运动部件。

④罗纹袖口：指装罗纹口的袖口。

⑤罗纹下摆：指装罗纹口的下摆。

⑥开袋：指袋口由切开衣身所得，袋布放在衣服里面的口袋。

图4-2-5 棒球服

1—罗纹领子 2—拉链 3—拉头 4—罗纹袖口
5—罗纹下摆 6—开袋

75

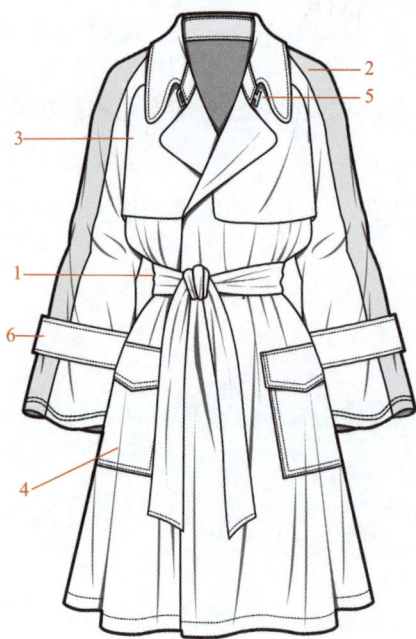

图4-2-6　大衣

1—披肩　2—肩饰　3—披胸布　4—立体袋
5—D形环　6—袖口饰带

3. 大衣（图4-2-6）

①披肩：指披在后肩上的防风布。

②肩饰：装饰在服装肩部的小裥。

③披胸布：披在前衣片的防风布。

④立体袋：又叫风琴袋，是贴袋的一种。根据款式设计的不同有多种做法，主要分两种：一是一片袋布折叠成立体形状，二是两片袋布车成立体形状。

⑤D形环：D形的装饰金属环。

⑥袖口饰带：缝在袖口裥上的装饰带部件。

◎ 巩固训练

帮小李写出男式短袖衬衫各部位名称（图4-2-7）。

1. _____

2. _____

3. _____

4. _____

5. _____

6. _____

7. _____

8. _____

9. _____

10. _____

我的学习收获：_____

_____

_____

_____

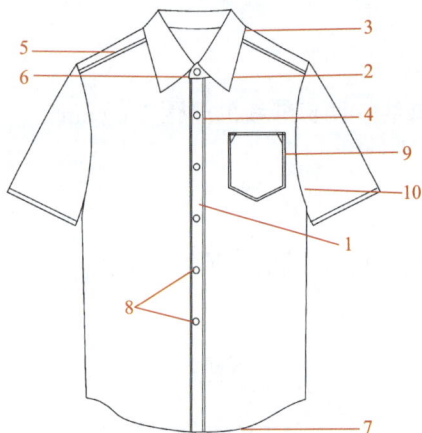

图4-2-7　男式短袖衬衫

二、裙子基本术语

1. 裙子款式（图4-2-8）

（1）背心裙：指上半身连有无领无袖背心结构的裙装。

（2）斜裙：指从腰部到下摆斜向展开的裙子。

（3）鱼尾裙：指裙体呈鱼尾状的裙子，其在腰部、臀部及大腿中部呈合体造型，下部逐步放开下摆展开成鱼尾状。

（4）超短裙：又称迷你裙，是一种长度在大腿中部及以上的短裙。

背心裙　　　斜裙　　　鱼尾裙　　　连衣裙

超短裙　　　筒裙　　　西服裙

图4-2-8　裙子款式图

（5）筒裙：又称统裙，直裙或直筒裙。

（6）旗袍裙：通常指左右侧缝开衩的裙。

（7）西服裙：又称西装裙，通常与西服上衣或衬衣配套穿着。

2. 裙子各部位名称

以牛仔裙（图4-2-9）为例，介绍裙子各部位的专业术语。

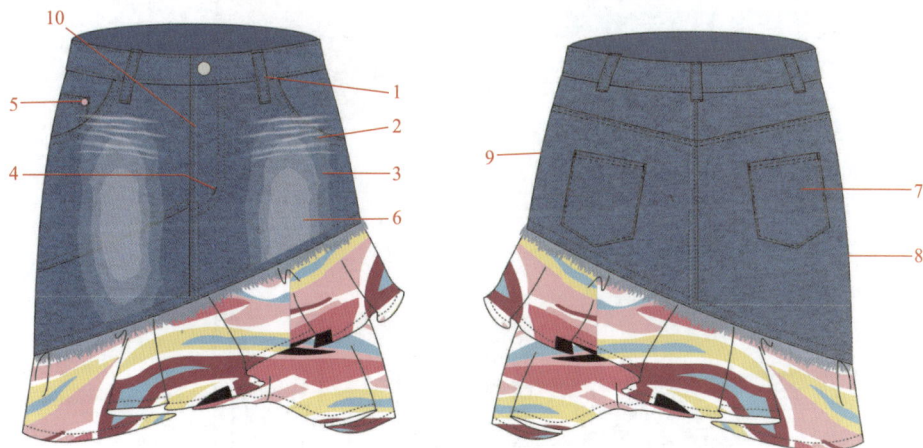

图4-2-9　牛仔裙

1—腰袢　2—双明线　3—猫须　4—打枣　5—撞钉　6—砂洗　7—飞机头　8—贴袋　9—侧缝　10—门襟

（1）腰袢：指装在腰部的，为了穿入皮带或腰带用的小袢。

（2）双明线：指缝在服装表面的线，服装完成后，一眼能看到的线迹，双明线指两条平行的线迹。

（3）猫须：指洗水效果像猫的胡须一样，一般用在商务牛仔服或休闲牛仔服上。

（4）打枣：又叫打套结，"枣"在服装中很常见到，特别是在牛仔服、工装中出现较多，主要起加固作用。

（5）撞钉：又叫角钉、铆钉、尖钉，它是由角钉帽和底钉两个部分组成，常用于较厚实的服装，例如牛仔裤、牛仔衣等。

（6）砂洗：指多用一些碱性，氧化性助剂，使衣物洗后有一定褪色效果及陈旧感。

（7）飞机头：指位于牛仔裤后袋上与腰头接驳。

（8）贴袋：指在衣服表面直接用车缉或手缝袋布做成的口袋。

（9）侧缝：又叫侧骨，指在服装侧面，裤子前后身缝合的外侧缝。

（10）门襟：指衣服、裤子或裙子正中朝前的开襟、开缝或开叉部位，通常装有拉链、纽扣、暗合扣、搭扣、魔术贴等可以帮助开合的辅料。

三、裤子基本术语

1. 裤子款式（图4-2-10）

（1）马裤：指骑马时穿着的裤子。

（2）灯笼裤：指裤管直筒宽大，裤脚口收紧，外形似灯笼状的一种裤子。

（3）喇叭裤：指裤腿呈喇叭形的西裤。

马裤　　　　　喇叭裤　　　　　灯笼裤

连衣裤　　　　　西裤　　　　　背带裤

图4-2-10　裤子款式图

（4）连衣裤：指上衣与裤子连为一体的服装。

（5）西裤：主要指与西装上衣配套穿着的裤子。

（6）背带裤：指裤腰上装有跨肩背带的裤子。

2. 裤子各部位名称（图4-2-11）

（1）上裆：又叫直裆或立裆，指腰头上口到横裆间的距离或部位。

（2）烫迹线：又叫挺缝线或裤中线，指裤腿前后片的中心直线。

（3）裤脚口：指裤腿下口边沿。

（4）横裆：又叫脾围，指上裆下部的最宽处，对应人体的大腿围度。

（5）侧缝：在裤子侧面，是裤子前后身缝合的外侧缝。

（6）中裆：指人体膝盖附近的部位。

（7）腰头：指与裤子或裙身缝合的带状部件。

（8）腰里：指腰头的里子。

（9）裤腰省：指裤前后身为了符合人体曲线而设计的省道，省尖指向人体的突起部位，前片为小腹，后片为臀大肌。

（10）裤裥：指裤前身在裁片上预留出的宽松量，通常经熨烫定出裥形，在装饰的同时增加可运动松量。

（11）小裆缝：指裤子前身小裆缝合的缝子。

（12）后裆缝：指裤子后身裆部缝合的缝子。

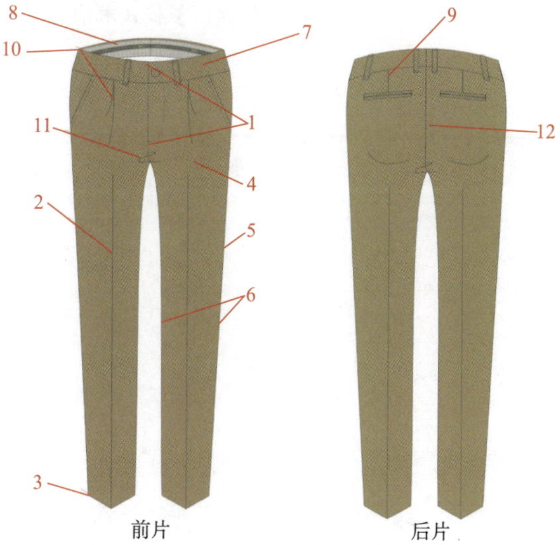

图4-2-11　西裤款式图

1—上裆　2—烫迹线　3—裤脚口　4—横裆　5—侧缝
6—中裆　7—腰头　8—腰里　9—裤腰省　10—裤裥
11—小裆缝　12—后裆缝

◎ 巩固训练

帮小李填一填西裤制作单（图4-2-12），把对应专业术语序号填写在〇内。

我的学习收获：＿＿＿＿＿＿＿＿＿＿＿

＿＿＿＿＿＿＿＿＿＿＿＿＿＿＿＿＿＿＿＿

＿＿＿＿＿＿＿＿＿＿＿＿＿＿＿＿＿＿＿＿

＿＿＿＿＿＿＿＿＿＿＿＿＿＿＿＿＿＿＿＿

＿＿＿＿＿＿＿＿＿＿＿＿＿＿＿＿＿＿＿＿

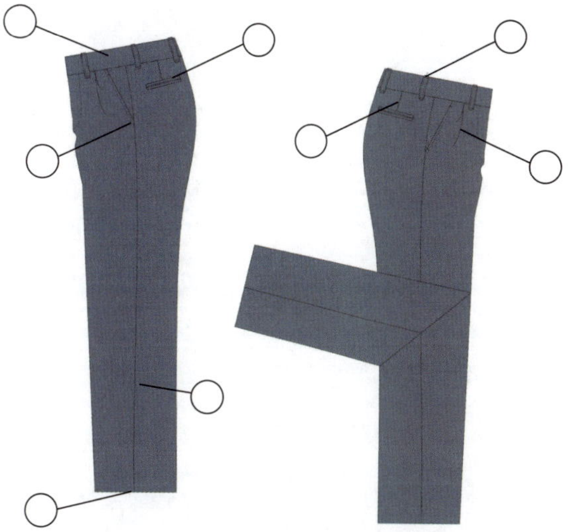

图4-2-12　西裤制作单

1—裤脚　2—腰头　3—腰祥　4—裤裥　5—打枣
6—双唇袋　7—烫迹线　8—裤腰省

◎ **任务评价**（表4-2-1）

表4-2-1 任务评价表

任务内容	评价关键点	分值	自我评价	同学互评	老师评价
成品专业术语	掌握上衣款式术语	20			
	掌握上衣细节术语	20			
	掌握裙子款式术语	15			
	掌握裙子细节术语	15			
	掌握裤子款式术语	15			
	掌握裤子细节术语	15			
合计		100			

模块二

服装企业生产基础

模块概述

目前，我国的服装企业较多，服装行业中的竞争非常激烈，如果在服装生产环节中缺乏服装生产质量控制和精益生产管理，会造成服装企业生产效率不高、产品质量不合格、成本高，从而造成企业严重亏损。

本模块从服装生产企业概况、服装生产原则、服装生产质量控制以及服装精益生产管理等方面来进行分析和探究，目的是使学习者熟悉服装生产企业架构、企业概况、成衣生产流程、工序划分、服装生产原则及要求、技术及质量管理，有利于了解服装企业的长远发展及更好地对接服装行业生产岗位工作。

项目五
服装企业生产基础知识

◎ **项目介绍**

　　服装工业在我国国民经济中占有很重要的地位，不仅担负着解决我国14亿人穿衣的重任，而且要出口创汇。随着经济政策的变化，我国各类服装企业遍及全国，行业间信息、技术交流和经营协作更加灵活多样。随着服装产品种类的增多，作业分工更加精细，生产内容繁杂，需要计划、组织、指挥、协调员工的集体劳动，进行科学合理的管理，才能高质、有效地完成任务。

　　本项目主要使学习者能够认识服装企业的概况和架构，了解服装大货生产计划表、熟悉成衣生产流程和服装工序划分，更好地掌握服装企业生产基础知识，成为具有高技能和现代管理知识的实用型人才。

◎ **思维导图**

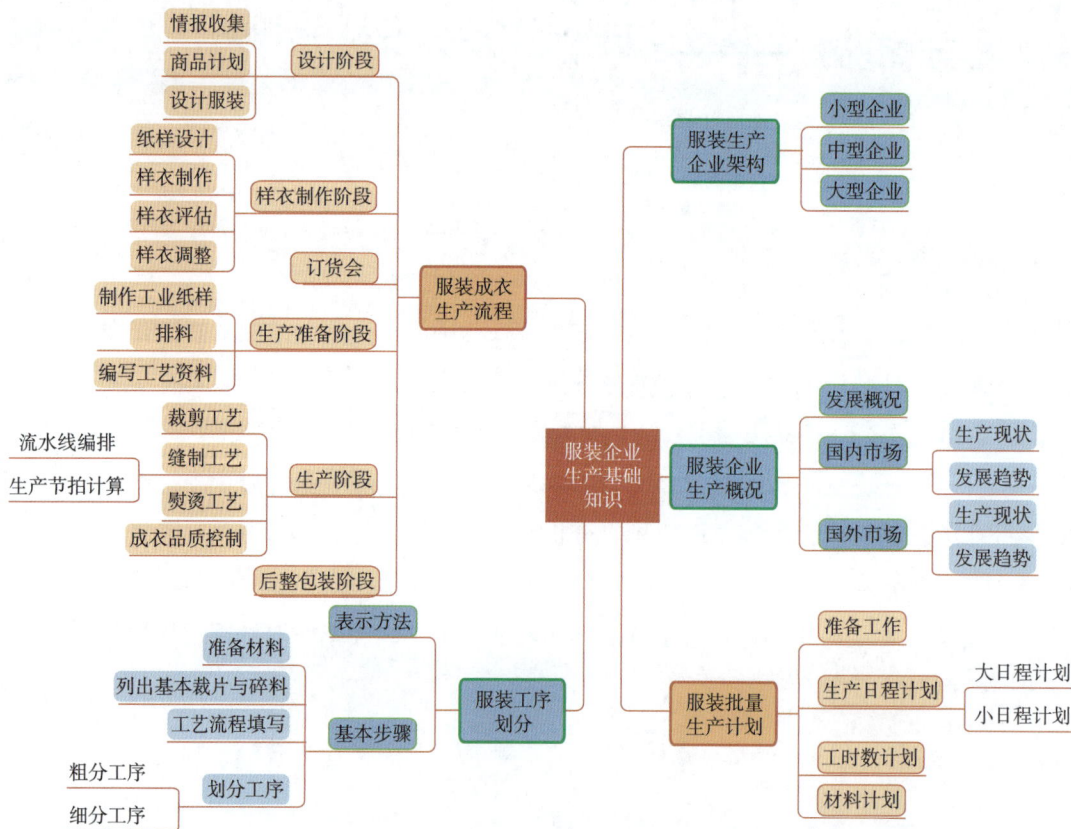

◎ 学习目标

知识目标

1. 了解服装生产企业的组织架构和生产概况。
2. 学会制作服装批量生产计划表。
3. 了解成衣生产流程和服装工序划分。

能力目标

1. 熟悉服装生产企业的架构和生产概况。
2. 熟练制作服装批量生产计划表。
3. 掌握成衣生产流程的环节和服装工序。

情感目标

1. 通过学习企业的架构和各部门职能，培养爱岗敬业的职业素养。
2. 通过学习服装生产流程，培养学生对专业的兴趣。
3. 通过学习服装工序的划分，锻炼独立分析问题、解决问题的能力和合作精神。

任务一　服装生产企业架构

服装生产企业架构

◎ 任务导入

刚从学校毕业的小琪几天前向岭南服装有限公司投了简历，应聘该公司的设计员。小琪接到该公司的电话让她明天去上班，小琪明天可能去哪个部门报到呢?

◎ 任务要求

1. 了解服装生产企业的组织架构。
2. 认识服装企业各职能部门。

◎ 任务实施

熟悉服装企业的架构和各部门的工作职责。

◎ 相关知识链接

根据服装生产企业的类型、规模和组织架构，可以分为小型企业、中型企业和大型企业三种，见表5-1-1。

表5-1-1　小、中、大型企业的组织架构

项目	小型企业	中型企业	大型企业
规模	60人以下	200~1000人	1000人以上
生产和销售方式	大部分是来料来样加工 少数为自产自销 无开发设计能力	流水线 以接订单，从事 出口贸易为主	流水线 以接订单，从事出口贸易 为主，部分内外销售兼顾
销售方式和对象	批发或零售 主要面向低收入阶层	品牌 主要面向大、中城市商场	品牌 主要面向大、中城市商场
组织架构	直线式组织架构	直线职能架构	直线职能架构

小型、中型、大型服装生产企业组织架构分别如图5-1-1~图5-1-3所示。

图5-1-1　小型服装生产企业组织架构

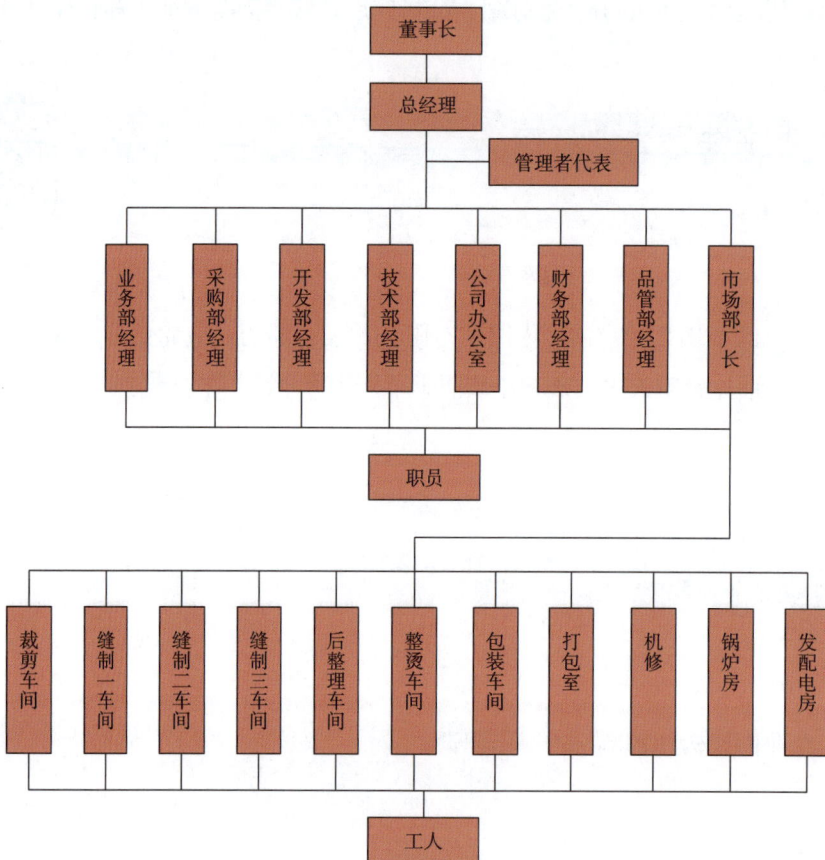

图5-1-2　中型服装生产企业组织架构

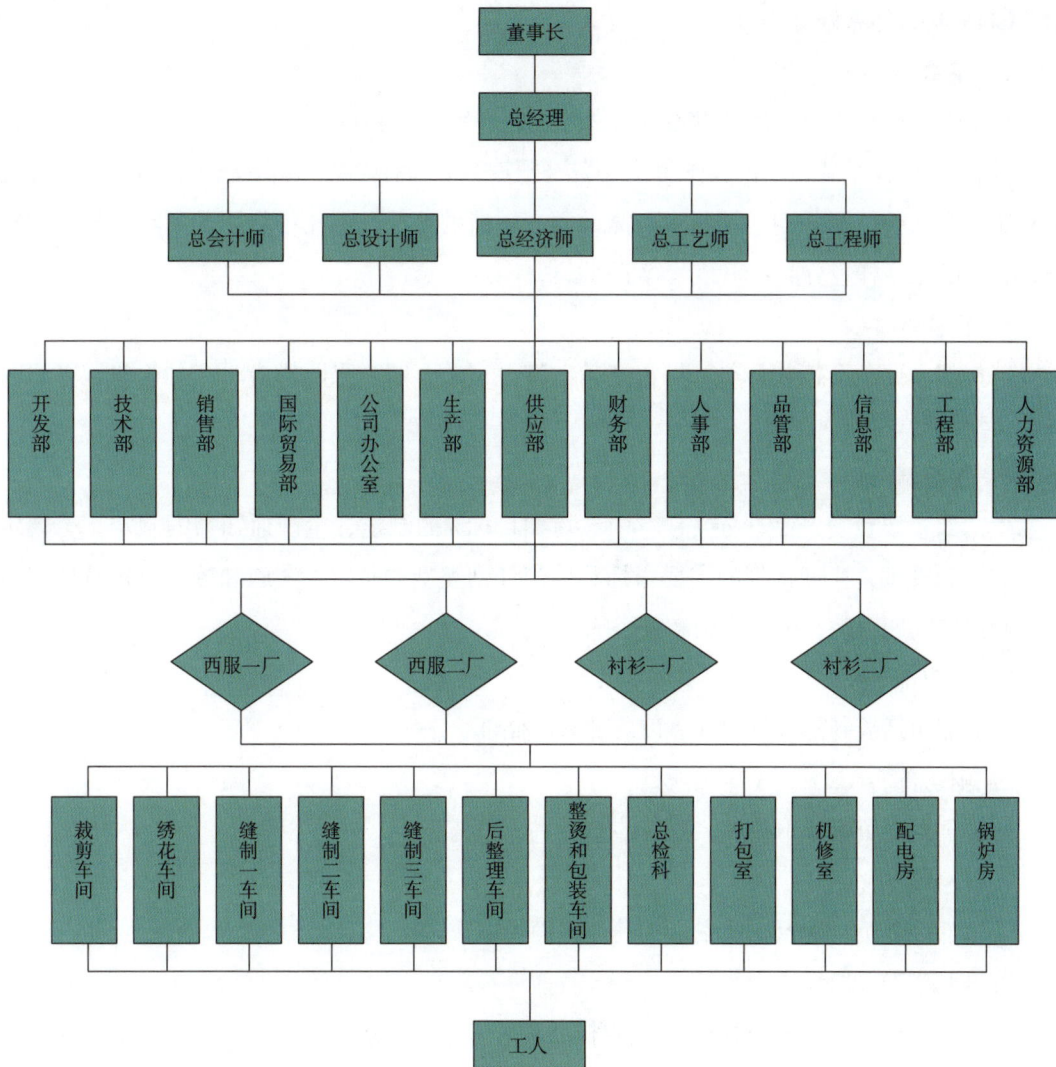

图 5-1-3　大型服装生产企业组织架构

◎ 边学边思考

大型、中型、小型企业组织架构的优缺点有哪些?

_____

_____

学习心得: _____

_____

一、各部门工作职能

1. 开发部

开发部主要负责市场调研（问卷调查），市场预测，产品策划（广告宣传活动、现场展示、CI活动），体系修订等。

2. 技术部

技术部主要负责服装的开发设计（设计表、外贸工艺和技术文件），系列样品的结构设计（制版），服装样品的生产，配饰的预算（预算表），制作工艺技术文件（处理卡），确定价格定位和报价，制作面、辅料卡，测试面、辅料的性能，制作排料图并制定原材料和辅助材料的配额，样板分类、审核、存储等。

3. 销售部

销售部主要负责接收订单、销售产品、签订订单合同、采购供应、产品检验、客户联系、货物进出口等。

4. 生产部

生产部主要负责产品计划（长、中、短期目标）的制定，生产通知书的制定，劳动定额的制定和管理，生产计划的主要指标和生产计划类型的制定、实施和控制，每月生产报告的制定和问题跟踪，生产协调和分类等。

5. 供应部

供应部包括缝制部、整烫部、设备部和仓储部。

6. 财务部

财务部主要负责成本核算、分析核算、进出口核算。

7. 外事部

外事部主要负责确保企业安全和其他方面的工作。

8. 质量控制部

质量控制部主要负责填写第一份密封样品表，车间第一份产品鉴定表、检验表，制定质量标准，进行ISO 9000质量认证，建立质量体系，组织质量控制小组活动，制作样品审查表等。

9. 人力资源部

人力资源部主要负责招聘培训、制定工资分配定额、成本核算、建立人才档案、开展劳动竞赛、支付工资等工作。

二、各级管理职责

通常大中型服装企业分公司级管理、车间管理和班组管理三级管理，各级职责见表5-1-2。

表5-1-2　服装企业三级管理职责

项目	内容
公司级管理职责	制定整个公司生产管理的项目或目标，制定相应的措施 向车间下达管理任务，组织车间落实各项措施 检查车间任务执行的情况和措施落实情况，及时发现和解决问题 任务完成后及时总结，做到扬长避短

项目	内容
车间管理职责	将公司下发的任务分配给各小组的车间 检查各小组任务和措施的执行情况，及时发现并解决问题 及时总结任务执行情况，发挥优势，总结经验教训，并与各团队进行沟通
班组管理职责	将从车间下发到团队的管理任务分解给生产工人执行 检查每个生产工人的任务和措施的执行情况，及时发现并解决问题 及时总结任务完成情况，发挥优势，吸取教训，并与生产工人沟通

◎ 边学边思考

小琪又有了新的困惑，上班第一天，设计总监把设计好的牛仔裤设计图交给小琪去安排生产，小琪应该交给哪个部门？

学习心得：

◎ 拓展阅读

商机无限的银发世界

1. 背景材料

经济全球化的趋势使少数大型企业和企业集团控制全球经济的实力不断增强，广大中小企业的生存与发展面临新的挑战。另外，随着经济总量的增加，买方市场的形成与确立，中小企业正面临着"二次创业"的艰巨任务。据原国家经贸委统计，我国各类中小企业数量超过1000万家，占企业总数的99%以上。在国民经济中，总产值的60%来自中小企业，销售收入占总额的57%，并为社会提供了70%以上的就业机会。在纺织服装制造业中，纺织服装中小企业同样占有十分重要的地位。故此，研究纺织服装中小企业具有现实意义。近年来，我国纺织服装市场消费不景气，纺织服装中小生产企业经营状况不容乐观。尽管国家采取降息、扩大内需等宏观调控办法，但纺织服装市场"供过于求"的问题依然没有得到根本缓解。一方面，各地各类档次的众多纺织服装品牌都出现了打折现象，致使厂家、商家所获销售利润极低，纷纷大叫"卖衣难"，相当一部分纺织服装企业陷入亏损困境；另一方面，仍有相当数量的消费者抱怨买不到合适的或称心如意的纺织服装产品，这一问题在老年纺织服装方面尤为突出。由于老年纺织服装市场品种款式的单调，对于众多老年人来说可选性不大，只好到裁缝店量身定做。在市场上常见的老年纺织服装被称作"婆婆衫""老头装"，也大多面料差、种类少、式样旧、做工粗，几乎没有叫得响的老年纺织服装品牌。针对这种现状，纺织服装企业有必要对开发老年纺织服装市场中面临的市场机会与环境威胁进行分析。

2. 纺织服装市场机会分析

国际上一般把一个社会人口总数中65岁以上人口占总人口的7%及以上，叫作老年型社会（另一种计算方法是，人口总数中60岁以上人口占人口总数的10%就是老年型社会）。2000年，我国举行了第五次全国人口普查。普查表明，我国65岁及以上人口占总人口的6.96%（2020年第七次全国人口普查时，这一比例为13.5%）。可以说，我国已基本进入老年型社会。老年人口的急剧增加，已成为一个重要的社会问题和理论课题。理论上，人口规模、购买能力、消费倾向是构成市场的三大要素，而人口规模是基础。我国拥有如此庞大的老年人群体，为形成巨大的老年消费市场奠定了基础。一方面，老年人有很强的购买力，为实现消费提供了可能性和前提条件。当前，全国老年人的退休金、再就业收入、子女孝敬的赡养费，每年约4000亿元，其中，仅退休金就达到1500多亿元。随着我国经济纵向发展，老年人的各种收入还会不断提高。庞大的老年人口基数、旺盛的需求和一定的收入水平，预示着我国已经形成了一个潜力巨大的老年纺织服装市场。另一方面，随着老年人口的增加，老年人在衣、食、住、行等方面的需求也在不断增加。"衣食住行"衣为先，随着生活水平的提高，老年人在纺织服装的选择上，无论对外在款式的美观，还是对内在质量方面，都和年轻人一样有着强烈的需求。目前，市场上纺织服装品种繁多，但老年人要买到称心如意的纺织服装仍然十分困难，老年人"买衣难"一直困扰着纺织服装市场。因此，开发老年纺织服装市场这块"大蛋糕"，对于纺织服装中小企业来说，蕴含着无限商机。

3. 纺织服装市场环境威胁分析

尽管我国已步入老年社会，但老年消费市场的开发还处于认识和起步阶段，老年纺织服装市场更是不尽如人意。开发老年纺织服装市场还存在一些环境威胁。一是当前倒挂式的社会消费结构制约了老年纺织服装市场的发展。"爱幼"甚于"尊老"，使老年纺织服装市场与丰富的妇女儿童纺织服装市场相形见绌，致使不少纺织服装经营者，把老年纺织服装市场定为商业盲区，不愿在此投资发展。二是老年人因年龄、体形等原因，对纺织服装有较特殊的板型需求，这就可能无法形成统一型号的制板，而不能统一制板就难上生产线，生产成本必然增加，成本增加使企业和商家都认为投资经营老年纺织服装不划算，没有效益。三是由于老年人之间的文化素质、心态观念、体形及个人收入等差异较大，导致老年人在选购纺织服装的要求上差异较大，未能形成一个稳定的消费群体，使纺织服装企业的产品很难定位和投资发展。

4. 应对措施

基于对开发老年纺织服装市场的机会与威胁的分析，纺织服装中小企业要想成功开辟这一广阔市场，具体的应对措施如下：一是从产品本身来说，在纺织服装板型方面，准确确定国内老年纺织服装的标准板型，并细化大、中、小号板型的差别，保证纺织服装款式合体；在面料方面，采用具有高科技成分的保健性能面料，体现老年人的时尚感；在色彩方面，一改过去蓝、黑、白穿四季的局面，多采用一些暖色系、亮色系，体现老年人健康向上、富有活力的精神面貌；在款式方面，注重老年人腰腹尺寸大的特征，打破陈旧观念，积极融入流行款系，将实用、方便、美观、舒适作为老年服装的设计定位。二是在服装价格方面，应该制定出高、中、低不同档次，其中，中间层次价格的服装所占的比例应大，以满足大多数老年消费者的需求。三是在销售渠道方面，采取多元化的流通渠道，既可在大型商场设专柜，也可在社区附近设立老年纺织服装专卖店、连锁店，又可采用邮购等方式。对于较高价格的老年服装，可采取分期付款的销售方式，以刺激老年人消费。考虑到老年人出行不便的特点，还可采取上门服务、包退包换、百换不厌等措施，真正为老年消费者着想。四是在促销方面，在老年人获取信息的主要媒介，如广播、电视、报纸、杂志等渠道进行一定的宣传。同时，选择特定的时间，如重阳节、父亲节、母亲节等，在特定的地点，如晨练场所、社区，开展以老人着装、老人健康为主题的宣传活动，还可不定期在社区内开展老年人座谈会。这样既给老年人提供了一个聚会、交流的机会，同时也宣传了纺织服装企业，在老年人心中树立起一个尊重老人、关爱老人的纺织服装企业形象，从而加强了他们对纺织服装企业的亲切感。

摘自《纺织服装企业生产与经营管理》方勇

◎ 巩固训练

某品牌服装公司的组织架构如图5-1-4所示，请根据图中信息并结合图下出现的问题重构企业的组织架构。

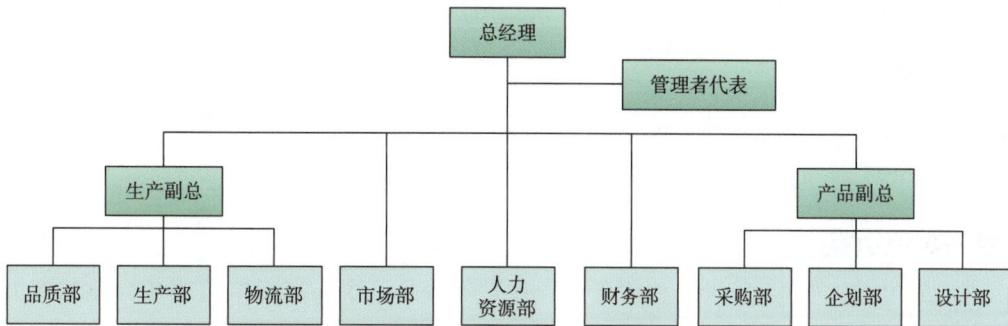

图5-1-4　某品牌服装公司的组织架构

（1）交货期不准，导致分销商投诉较多。

（2）客户管理系统不迅速。

（3）由于公司规模连年持续增长，公司内部新员工较多。

（4）企业没有建立成本核算体系，运作成本过高。

请帮该品牌服装公司重新构建组织架构。

我的学习收获：_____

◎ 任务评价（表5-1-3）

表5-1-3　任务评价表

任务内容	评价关键点	分值	自我评价	同学互评	老师评价
服装企业的组织架构	熟悉大、中、小型企业组织架构	20			
	比较大、中、小型企业组织架构	30			
服装企业各职能部门	熟悉各部门工作职能	20			
	熟悉各级管理职责	30			
合计		100			

任务二　服装企业生产概况

服装企业生产概况

◎ 任务导入

入职的第一个周末，设计总监安排给小琪一项任务，写一份广州服装行业发展现状分析与市场前景报告。

◎ 任务要求

1. 了解服装企业发展概况和生产现状。
2. 了解国内外服装市场。

◎ 任务实施

分析国内外服装市场。

◎ 相关知识链接

进入21世纪，经济全球化和信息化正在影响着每一个人，影响着服装行业的方方面面，从大型跨国服装公司到中小型服装企业都在适应不可预测的市场需求，一个全球化的舞台正在形成。中国已成为全球最大的纺织服装生产国、消费国和出口国。

一、服装业发展概况

世界公认的六大时装中心是法国巴黎、意大利米兰、英国伦敦、日本东京、德国慕尼黑、中国香港；世界八大服装生产国是美国、德国、意大利、法国、英国、荷兰、韩国、中国；世界十大服装出口国是美国、加拿大、中国、德国、奥地利、澳大利亚、荷兰、比利时、挪威、西班牙。

1．全球服装业发展概况

全球服装业的劳动密集型特征仍然非常明显。但是，信息技术的飞速发展和广泛应用，以及日新月异的流行趋势导致全球服装市场快速变化。服装行业的发展趋势如下：

（1）逐步构建简洁的供应链管理系统，包括快速响应的生产系统、敏捷的物流管理系统、生产和零售市场信息的标准化、供应计划的一体化，以及有效的垂直营销系统。

（2）随着服装市场的全球化，服装生产和经营将借助电子信息技术强化专业分工，生产和营销将出现新的业态。

（3）在激烈的市场竞争中，遵循优胜劣汰原则，将广泛使用服装公司、授权品牌和特许经营的资本管理方法，如合并、收购和重组。

（4）21世纪是人才竞争的时代。新材料、新技术、新工艺、新设备以及科学管理理念的推广和应用需要各种人才。服装公司除了要从社会上招聘合适的人才外，还必须增加教育和培训费用的投入，加强对企业内部人员的培训。

2．中国服装业发展概况

我国服装产量和出口额居世界第一，是主要的服装生产和出口国。目前，广东、浙江、江苏、山东、福建是我国服装生产大省，广东、浙江、江苏、上海、山东等是我国服装出口大省（市）。服装产业已成为我国国民经济重要的支柱产业，纺织服装业未来的发展前景和发展潜力是巨大的。

二、我国服装企业生产现状及前景（表5-2-1）

表5-2-1 我国服装企业生产现状及前景

项目	内容
生产现状	生产技术落后 工贸脱节 大批量生产，周期长，交货慢 生产管理落后 面辅料生产落后
发展趋势	成衣化生产 重视设计，小批量，多品种 出口创汇

三、国外服装企业生产现状及前景（表5-2-2）

表5-2-2 国外服装企业生产现状及前景

项目	内容
生产现状	广泛采用电子技术，提高生产效率，保证生产质量 设备具有连续化、汽烫化特点，向高速化、自动化、专业化方向发展 面辅料品种繁多，纺织、印染、服装一体化

项目	内容
发展类型	发达国家的服装业正在向高质量、高科技和先进的企业结构转变 中等发达国家在产业结构调整中无意放弃纺织服装业 发展中国家已转向服装出口
发展趋势	双向转移模式，即在服装生产结构中，知识和技术密集部分向高水平国家转移，劳动密集部分向低水平国家转移

◎ 边学边思考

阐述为什么服装企业大批量生产方式正逐渐丧失优势，多品种、小批量生产已成为必然趋势。

_____

_____

学习心得：_____

_____

◎ 巩固训练

帮小琪完成对广州服装行业发展现状分析与市场前景报告。

_____

_____

我的学习收获：_____

_____

◎ 任务评价（表5-2-3）

表5-2-3　任务评价表

任务内容	评价关键点	分值	自我评价	同学互评	老师评价
服装企业的概况	全球服装业概况	20			
	中国服装业概况	20			
国内外服装生产现状及前景	中国服装企业生产现状及前景	30			
	国外服装企业生产现状及前景	30			
合计		100			

任务三   服装批量生产计划

服装批量生产计划

◎ 任务导入

在岭南服装有限公司实习的小琪需要将刚接到的衬衫订单分配给人员，并安排生产。衬衫的订货量为5000件，公司的工厂实际作业人员为60人，每人每天工作时间为8h，日产量为1200件，其中，裁剪标准时间为82s/件，缝制标准时间为885s/件，整烫标准时间为115s/件。小琪该如何分配人员，安排生产呢？

◎ 任务要求

1. 掌握批量生产计划的准备工作。
2. 学会解读生产日程计划。

◎ 任务实施

编写日程计划，解读工时数计划。

◎ 相关知识链接

服装企业应根据客户的订单要求和市场需求，结合产品的数量、质量、成本和交货时间，制定合适的批量生产时间表。同时，要在较短的时间内落实计划的生产任务，并妥善安排部门、车间和个人，协调、组织和控制工厂内的所有生产环节，以获得最佳的经济效益。

一、批量生产计划准备工作

根据服装批量生产的款式图或工艺单，列出相关的裁片和零部件等待加工内容，确定最佳的作业方法、加工顺序和使用的机器设备等，如图5-3-1所示。

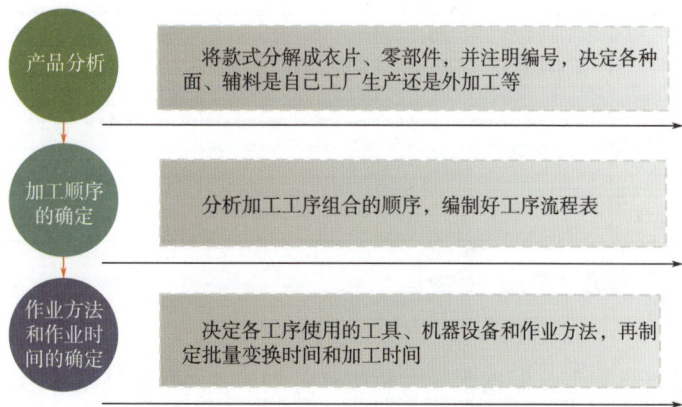

图5-3-1 批量生产计划准备工作

二、生产日程计划

生产日程计划是根据服装批量的生产任务及加工顺序，估算相关业务和各种操作的时间。不仅要制定从面、辅料入库检验到完成产品的各种操作细节（按产品、部件、工序和车间划分）的计划，还要安排与生产直接相关的业务计划，要保证生产和交货期。生产日程计划可分为大日程计划和小日程计划，也称长期计划和日计划。

1. 大日程计划

大日程计划指超过一个月的生产总计划。目的是掌握每个部门和每个车间所需的工作时间，以确保交货日期，并考虑必要的材料，月度生产计划见表5-3-1。

表5-3-1　月度生产计划表

车间：　　　　　　　　　　　　　　　　　　　　　　　　　　月份：

款名：				客户：			订单号：			
班组	色组	订单数	排产数	净生产天数	日产量	产前样确认期	开裁日期	上线日期	下线日期	出货日期

2. 小日程计划

小日程计划指服装企业按工作日或小时安排具体工作内容，明确各项工作的开始时间和完成时间，以便掌握服装生产情况，见表5-3-2。

表5-3-2　周日程生产计划表

车间：　　　　　　　　　　　　　　　　　　　　　　　　　　月份：

班组	人数	款名	款号	订单号	色组	订单数	投入工时	单价	目标小时工资率	目标总产值	目标人均产值	目标总产量
101A												
102A												
103A												

班组	周	第一周							第二周						
	天	1	2	3	4	5	6	7	8	9	10	11	12	13	14
101A	计划产量														
102A	计划产量														
103A	计划产量														

三、工时数计划

工时数计划指服装企业根据服装大货生产计划表（大日程计划），交货期和各种款式的产量，与现有的服装生产能力进行比较，做出调整。工时数是一个静态时间单位，代表工作量。通常，一个人完成一小时的工作，称为一个作业时间单位（一个工时）。在服装企业中，每个工位或工序的作业内容，通常以分钟或秒为单位计算。相关计算公式如下：

$$能力工时数 = 人数 \times 作业时间$$

$$负荷工时数 = 计划生产量 \times 标准时间$$

$$余力工时数 = 能力工时数 - 负荷工时数$$

四、材料计划

编写生产计划时，一方面，要根据服装企业生产日程计划，预测所需原材料的种类、数量和周期。另一方面，要进行一些材料计划的日常业务工作。例如，确认原材料的库存量与账面是否相符；确定里料、辅料尽量保持在最低库存量，这不仅可以保证生产加工的顺利进行，而且不会占用过多资金或产生大量库存。

◎ 边学边思考

根据下列条件分配人员、安排生产：

每天作业时间=7h30min（27000s），日产量=1800件，裁剪标准时间=100s/件，缝制标准时间=1000s/件，整烫标准时间=155s/件。

假如工厂实际作业人员只有70名，其他条件不变，应如何来安排生产人员？

学习心得：_____

_____

◎ 拓展阅读

纺织服装生产QR模式悄然兴起

随着社会经济的发展，现在的纺织服装除了最基础的使用功能外，还被赋予了时尚潮流的新概念，由此，国际纺织服装业出现了一系列新变化和新生产模式。一些企业采用的QR（quick response，快速反应）纺织服装生产模式就非常具有代表性。

所谓纺织服装生产的QR模式，就是根据市场和消费者的变化以及不同消费群体、不同消费层次的需求变化，及时、尽快地调整企业的产品生产数量、花色品种、款式，是一种应对市场需求变化的"快速反应"模式。

在意大利、法国、日本和韩国，很多纺织服装生产企业都在大力推行QR生产模式。传统的纺织服装生产制作方式是大批量生产，投放市场后长期流通销售。如今的纺织服装市场上，由于不同性别、年龄、职业、民族、国家的消费群体需求不同，纺织服装消费的层次越来越细化，消费者的个性化消费倾向更加凸显。在这样的市场条件下，如果纺织服装企业仍固守昔日大批量生产、长期投放市场的经营模式，必然会使产品积压在柜台上，烂在仓库里。

纺织服装企业现在推行的QR生产模式，其主要特征如下：一是新开发设计的纺织服装小批量制作投放市场，一般不超过500件，进入市场后跟踪销售状况，决定下一步的生产量。如果一个月后销售量达到30%左右，再生产第二批，仍不超过500件；两个月后销售率如能达到70%~80%，第三批再生产1000件以内，一般最终的销售率能达到95%左右，此后这批产品就撤离市场。如果市场销售状况不理想，可及时停止生产。二是在设计方面有前瞻预测性，保证任何时候都有新款式上市。三是纺织服装生产企业与销售流通始终保持紧密的信息沟通，销售流通环节的任何信息都能立即反馈到纺织服装生产企业的管理层和设计开发部门，为快速应对市场变化掌握第一手信息资料，及时作出正确决策。

纺织服装企业的QR生产模式为企业带来了高收益，使库存量大幅下降，高附加值的订单量也逐渐扩大。韩国纺织服装企业是QR生产模式的后来者。统计资料显示，韩国纺织服装企业推行QR生产模式后，库存率由过去的30%下降为5%左右；低附加值的订单比例由过去的70%~80%下降为55%~60%；高附加值产品的生产量由16%~20%上升为25%~35%。据LG纺织服装公司有关人士说，销量好的产品立即追加生产，销量不畅的产品立即减产或停产，仅此一项，LG纺织服装公司一年间节省压库费用1250万~2000万美元。

摘自《纺织服装企业生产与经营管理》方勇

五、案例分析

根据下列条件分配人员，安排生产：

工厂实际作业人员 =85名，每天作业时间 =7h30min（27000s），日产量 =1800件，裁剪标准时间 =100s/件，缝制标准时间 =1000s/件，整烫标准时间 =155s/件。

（1）能力工时数 =27000×85=2295000（s）=637.5（h）

（2）负荷工时数。

　　裁剪负荷工时数 =100×1800=180000（s）

　　缝制负荷工时数 =1000×1800=1800000（s）

　　整烫负荷工时数 =155×1800=279000（s）

　　总负荷工时数 =2259000（s）=627.5（h）

（3）余力工时数 =2295000−2259000=36000（s）=10（h）

　　裁剪所需人员 =180000/27000=6.67≈7（名）

　　裁剪余力工时数 =7×27000−180000=9000（s）=2.5（h）

　　缝制所需人员 =1800000÷27000=66.7≈67（名）

　　缝制余力工时数 =67×27000−1800000=9000（s）=2.5（h）

　　整烫所需人员 =279000÷27000=10.3≈10（名）

　　整烫余力工时数 =10×27000−279000=−9000（s）=−2.5（h）

从余力工时数看，可作如下考虑：

工厂实际人员 – 所需人员 =85 –（7+67+10）=1（名）

多余的1名工人可用作生产调度，以便随时帮助整烫工序。裁剪、缝制的余力工时数可用作中间检查。

◎ 巩固训练

帮小琪分配人员、安排生产。

工厂实际作业人员 =60名，每人每天作业时间 =8h（28800s），日产量 =1200件（订货量5000件），裁剪标准时间 =82s/件，缝制标准时间 =885s/件，整烫标准时间 =115s/件。

我的学习收获：_____

_____

◎ 任务评价（表5-3-3）

表5-3-3　任务评价表

任务内容	评价关键点	分值	自我评价	同学互评	老师评价
大货生产计划的准备	大货生产计划的准备工作	20			
生产日程计划	大日程计划的编写	20			
	小日程计划的编写	30			
	工时数计划的计算	30			
合计		100			

任务四　服装成衣生产流程

服装成衣生产流程

◎ 任务导入

刚参加工作的小琪所在的公司要将新开发的产品投入生产，小琪作为一名刚入职的员工去参观熟悉新产品的生产流程。在生产车间，小琪看到生产组长在为一条新的流水线计算节拍，那生产节拍是什么呢？

◎ 任务要求

1. 了解成衣生产流程。

2. 熟悉服装生产各流水线岗位以及流水线生产节拍的计算。

◎ 任务实施

熟悉服装生产流程的各个环节。

◎ 相关知识链接

成衣是根据人体类型测定系列标准尺寸，以一定批量生产的服装商品。在商品的流通方式上有高级成衣和普通成衣之分，成衣一般是根据不同季节提前3～6个月生产，有时甚至更早。成衣生产通常要经过以下生产流程。

一、设计阶段

1. 情报收集

根据市场销售情况、时装情报以及流行预测情报等，确定企业生产产品的种类，每种产品大致的生产数量等计划。情报收集内容见表5-4-1。

表5-4-1　情报收集的内容

项目	调查的内容
季节服装调查	收集下一季流行资讯以及各流行预测机构发布的色彩、面料等流行趋势 对收集的资料进行整理、研究，从中获取素材和流行趋势，结合企业自身的情况，按照市场需求和流行趋势进行设计
主流服装调查	关注每个季节中主流服装的款式、材质、色彩，以及穿着最多的款式和上下装的搭配，详细分析并整理出流行的款式和搭配
不同档次服装的调查	调查高、中、低档服装各自采用的典型款式、色彩、材质、搭配和价位
总体流行趋势调查	调查服装的总体流行趋势，如炫耀身材型，适身典雅正装型，宽松、夸张型，休闲随意型，突出个性型，民族服饰改良型等，归纳总结出服装的总体流行趋势

2. 商品计划

作为一家服装生产企业，很难得到全行业历年来各种服装的销售统计数字，所以较难对整体的服装市场需求进行预测。但本公司的需求量（即可能订货数）是可以预测的。将近五年来每年的销售量列成一张表，由[（当年销售量－上年销售量）／上年销量]×100%，算出近五年的年增长率，再算出平均增长率，根据平均增长率就可以预测下年度的市场需求，见表5-4-2。

表5-4-2　市场需求预测

年度	销售量/件	年增率/%
2016	600000	
2017	650000	8.33
2018	698000	7.38
2019	766000	9.74
2020	838000	9.40
2021（预测销售量与年均增长率）	960000	14.56

3. 设计服装

企业的服装设计大致分为两类：一类是成衣设计，根据大多数人的号型比例，制定一套有规律的尺码，进行大规模生产（图5-4-1）；另一类是时装设计，根据市场流行趋势和时装潮流设计服装款式。

图5-4-1　服装款式图

二、样衣制作阶段

样衣制作流程如图5-4-2所示。

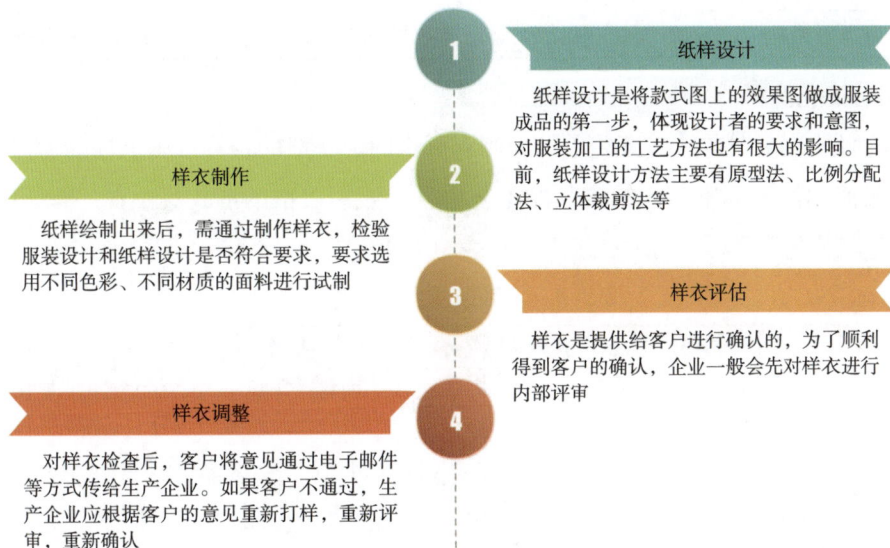

1　纸样设计

纸样设计是将款式图上的效果图做成服装成品的第一步，体现设计者的要求和意图，对服装加工的工艺方法也有很大的影响。目前，纸样设计方法主要有原型法、比例分配法、立体裁剪法等

2　样衣制作

纸样绘制出来后，需通过制作样衣，检验服装设计和纸样设计是否符合要求，要求选用不同色彩、不同材质的面料进行试制

3　样衣评估

样衣是提供给客户进行确认的，为了顺利得到客户的确认，企业一般会先对样衣进行内部评审

4　样衣调整

对样衣检查后，客户将意见通过电子邮件等方式传给生产企业。如果客户不通过，生产企业应根据客户的意见重新打样，重新评审，重新确认

图5-4-2　样衣制作

三、订货会

承接订单对于生产型服装企业来说尤为重要。开拓订单的渠道如下：

（1）保持与老客户的联系，主动介绍产品，征求订单。

（2）参加各种形式的服装周、交易会、服装节、博览会、订货会，全方位地接触新客户，多渠道征求新订单。

（3）通过服装进出口公司承接订单。

（4）通过服装贸易公司承接订单。

（5）通过互联网寻找客户并承接订单。

四、生产准备阶段

1. 制作工业样板

工业样板的设计与制作是由服装企业技术部门的样板师来完成的。样板师除了具有很强的技术能力外，还需要具备良好的审美能力，同样的款式、同样的尺码，由不同的样板师制作样板，可能会出现不一样的外观效果，这种差异就是因为样板师审美能力的不同。

2. 排料

排料需要注意的事项见表5-4-3。

表5-4-3 排料需要注意的事项

项目	内容
丝缕正直，方向正确	保证样板的经向与布料的经向完全一致，以免成衣出现衣襟歪斜、裤腿扭斜等病疵
正反面正确，衣片对称	服装面料有正反面之分，且服装上许多衣片具有对称性，如左右对称
避免色差	布料在印、染、整理过程中，可能存在色差
对条对格	对有倒顺毛、花、倒顺图案面料进行排料时，应特别注意对条对格

3. 编写工艺资料

不同的服装生产企业，其工艺单的编制有所不同。一般的企业以国家标准为依据，出口企业一般使用国际标准。内销产品的工艺单，一般用表格的形式集中在一张8开纸上，布样的颜色以及色号可附在另一张纸上，见表5-4-4。

表5-4-4 西装裙生产工艺单

名称	款号	客户	合约	布类	数量	交货日期
西装裙	QA100	一格公司	1-108	面料：花呢 里料：美丽绸	2160件	2020年10月20日 2020年12月12日

款式图	部位	测量方法	S	M	L	XL
	裙长	后中连腰	56	58	60	62
	臀围	后中连腰下20cm	90	94	98	102
	腰围		64	68	72	76
	摆围	平量	84	88	92	96
	腰高		3	3	3	3
	腰嘴		3	3	3	3
	衩高		18	8	19	19

品名	规格	数量	备注
主唛	6.5×1.3	1	
尺唛		1	
洗水唛		1	
线	40S/2		配色
扣	24粒	2	配色，每纽一粒
拉链	21cm	1	配色，隐形拉链
挂牌		1	
成分唛		1	
备扭袋		1	

胶袋	40×58	1	折装
拷贝纸	1/8	1	

工艺说明：

1. 黏合要求：拉链位，腰头

2. 缝份要求：中1cm，侧缝1cm，腰头1cm，裙脚折边4cm

3. 缝制要求：线迹顺直，拉链平服及开关灵活，颜色无差别，裙脚挑针间距保持1cm，里裙缝线松紧合适，不能起皱

4. 整理要求：无明显烫痕、过度光泽及云斑，无破损、油渍及污染，线屑毛头要清理完整

服装生产工艺单的内容包括：表头、规格表、单件（套）用料定额、装箱单、款式图、针距密度、主要部位规格极限偏差、经纬纱向技术规定、工艺要求、特别提示。

◎ 边学边思考

请编制西裤的生产工艺单。

学习心得：＿＿＿＿＿＿＿＿＿＿＿＿＿＿＿＿＿＿＿＿＿＿＿＿＿＿＿＿＿＿＿＿＿＿

五、生产阶段

1. 裁剪工艺

裁剪工艺是服装投产后的第一道工序，主要任务是将各种面料、辅料裁剪成所需的裁片，以供缝制使用。裁剪工艺流程如图5-4-3所示。

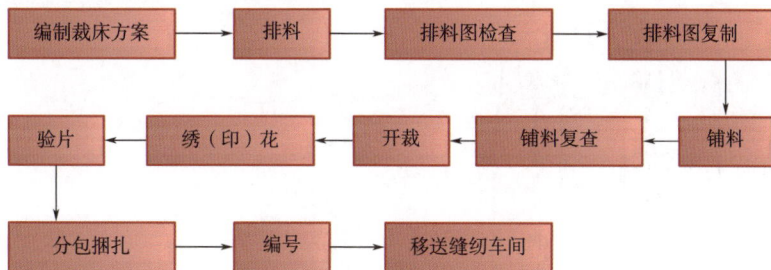

编制裁床方案 → 排料 → 排料图检查 → 排料图复制

验片 ← 绣（印）花 ← 开裁 ← 铺料复查 ← 铺料

分包捆扎 → 编号 → 移送缝纫车间

图5-4-3　裁剪工艺流程

2. 缝制工艺

缝制工艺是整个服装加工过程中技术性较强，也较为重要的加工工序。它根据不同的款式要求，通过合理的缝合，把各衣片组合成服装的工艺处理过程，缝制作业按流水线进行，生产流水线的合理组织与安排是提高生产效率的重要保证。

（1）流水线编排。小流水线编排指用10道以下的工序完成一件成衣缝制的流水作业，特点是工序调整简单灵活，适合款式多、数量少的订单，如图5-4-4所示。

大流水线编排指整件衣服分成几个主要的部件，将这几个部件分成几条分支流水线，再对每一条支线进行分工，分成的每一道工序只做一小道加工。部件工序分好后，再进

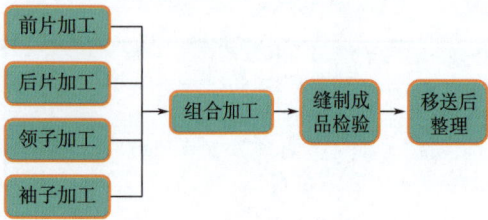

图 5-4-4 小流水线编排图

行组合分工，形成基本流水线，如图 5-4-5 所示。缝制作业可按编排的流水线先后进行生产。

（2）流水线生产节拍计算。生产节拍是指流水线上生产出一件产品的时间间隔，或半制

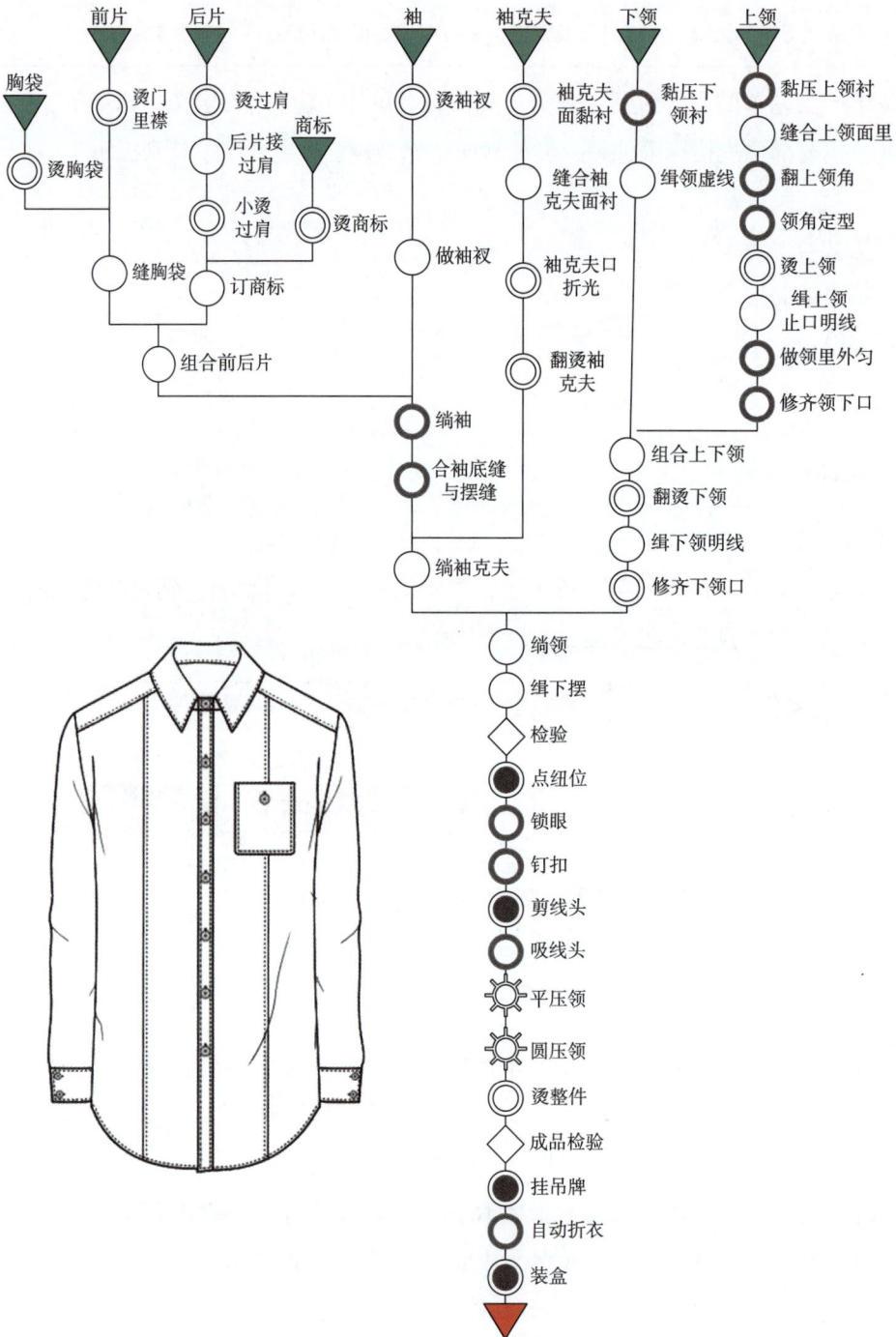

图 5-4-5 大流水线编排图

品从一个工地移至下一个工地的时间间隔。

流水线节拍的计算公式如下：

$$节拍＝总加工时间÷作业人员数（即工作地数）$$

或

$$节拍＝1天的作业时间÷目标日产量$$

例：某产品加工时间为1500s，流水线上作业人数为10人，则加工节拍为：

$$1500÷l0＝150（s）$$

注意：节拍过小，半制品传递过频繁，会影响生产效率；节拍过大，一个工作地要同时完成几道工序，操作难度加大，同样影响生产效率。流水线生产中通常合适的节拍值为100～300s。

◎ 边学边思考

1. 某流水线每班工作时间为7h，目标日产量100件，则加工节拍是多少？

_____

_____

2. 通常节拍值过小时，应怎样调整流水线？节拍值过大时，又如何调整？

_____

_____

3. 某服装总加工时间为47min，当流水线工作分别为8h和28h，流水线的平均节拍为多少，如每天工作时间为7.5h，则每天的产量为多少？

_____

_____

学习心得：_____

_____

3. 熨烫工艺

成衣制成后，经过熨烫处理，可达到理想的外观，使其造型美观。熨烫一般可分为生产中的熨烫（中烫）和成衣熨烫（大烫）两类。

4. 成衣品质控制

成衣品质控制是使产品质量在整个加工过程中得到保证的一项十分必要的措施。成衣品质控制主要研究产品在加工过程中产生和可能产生的质量问题，并且制定必要的质量检验标准。

六、后整理阶段

后整理包括包装、储运等内容，是整个生产过程中的最后一道工序。操作工按包装工艺要求将每一件整烫好的服装整理、折叠好，放在胶袋里，然后按装箱单上的数量分配装箱。有时成衣也会吊装发运，将服装吊装在货架上，送到交货地点。

◎ 拓展阅读

我国服装工业的新状态

一、21世纪服装的生产模式

1. 品牌服装生产

品牌服装是指具有一定市场认知度的、形象较完整并有一定商业信誉的服装产品系统。通俗讲，就是以品牌理念经营的服装产品。

服装的品牌首先代表着服饰的某种属性和风格。它是一种价值和一种资产，也是一种文化。

例如，印有LV图案（图5-4-6）的商品，无论是服装、鞋帽、皮包、围巾，还是各种配饰，不仅表明那是一个国际知名品牌，还是一种奢侈文化的定位，拥有LV产品，标志着此消费者是高端消费群体中的一员。如今，LV的品牌影响力已经跨越产品的界限而成为一种阶层的象征。LV品牌的成就在于，通过不断创新的设计、有效的管理、技术保证、市场开拓以及人才引进等手段，保证这一品牌获得上百年的延续和发展。

图5-4-6　LV标志

（1）品牌成功缘于特殊"DNA"。路易·威登的品牌传奇我们耳熟能详：路易·威登革命性地创制了平顶皮衣箱，并在1854年于巴黎开了第一间店铺，创造了第一代的LV图案。此后，它一直是LV皮件的象征符号，至今历久不衰。但就像今天一样，他的设计很快便被抄袭，此后，平顶方型衣箱随之成为潮流。从早期的LV产品到如今每年巴黎T台上不断变幻的服饰，路易·威登一直长久地屹立于国际精品行业翘楚的地位，业内专家认为，原因是它们有着自己特殊的品牌"DNA"。

首先，路易·威登高度尊重和珍视自己的品牌。品牌不仅以其创始人路易·威登的名字命名，也继承了他追求品质、精益求精的态度。从路易·威登的第二代传人乔治·威登开始，其后继者都不断地为品牌增加新的内涵。第二代传人为品牌添加了国际视野和触觉。第三代传人卡斯顿·威登又为品牌带来了热爱艺术、注重创意和创新的特色。至今，已有六代路易·威登家族的后人为品牌工作过。不仅是家族的后人，每一位进入企业的设计师和其他工作人员也都必须了解路易·威登的历史，真正地从中领悟它特有的"DNA"，并且，在工作和品牌运作中将这种独特的文化发扬光大。

路易·威登的另一个成功秘诀就是力求为顾客营造一种"家庭"的感觉。路易·威登可以为客户提供永久的保养服务。路易·威登品牌的产品可以由祖母传给妈妈，妈妈再传给女儿，可以代代相传，无论什么时候把产品拿来修理养护，专卖店都会尽心尽力予以帮助。让一家三代能持续地拥有一个品牌的产品，这对于一个品牌生命力的延续意义非常重大。

（2）保证质量。能在150年内维持一个品牌，它的每一步发展都无疑是质量和管理效率的积累。路易·威登品牌精益求精，其产品在实验室里的检测过程也十分严格。

一位国际资深品牌顾问指出，对大多数品牌而言，迅速寻找到新的分店、新的分销方式和价格是一种诱惑。而路易·威登却不同，这家百年老店一直延续着其特有的"血脉"，也从未放弃过对产品质量的关注，这正是路易·威登品牌长久不衰的关键。

2. 贴牌服装生产

贴牌服装生产是指一家企业根据另一家企业的要求，为其生产产品和产品配件，也称定牌生产或授权贴牌生产。既可代表外委加工，也可代表转包合同加工，国内习惯称为协作生产。

某件价格不菲的国际品牌服装，也许产地就在中国。因为世界顶尖的十大国际品牌中已经有五个在中国服装企业里授权加工，另外欧洲、日本以及国内的一些高档品牌也有产品在中国生产。由中国生产的男装已经更多地陈列在精品柜里，在国际同行的眼中，中国男装早已不是街头的"低档货"。

（1）高档贴牌加工利润空间更大。近年来，一些企业把目光转向高档贴牌加工，发现这个市场利润空间更大。目前，像报喜鸟、庄吉、乔顿等一批服装企业的贴牌加工费高达30~40欧元/件，而夏梦·意杰的加工费则更高，30~90欧元/件。

乔顿从三年前开始走高档加工路线，不久通过了英国某著名国际品牌的层层验审，成为其在中国的定点加工企业。乔顿的总经理沈应琴认为，高档贴牌加工的利润空间很大，而且对企业的发展也有很多益处，特别是一些国际品牌的管理更加规范，合作过程中对方注重的不是价格，而是企业的实力，所以一定要在管理、质量上达到对方的要求，才能合作。

（2）精加工促进管理精细化。如果生产过程中丢失一枚断针，一般企业的态度是想办法找到这枚断针即可，而国际品牌客商则就此延伸到更多的管理问题。断针是怎么产生的？为什么会丢失？是怎么找到的？企业生产过程中是如何管理断针的？乔顿服饰在接受英国服装品牌考察时遇到很多与此类似的细节。管理学家认为，企业原来的管理虽然建立了完善的制度体系，但都偏向粗糙，与这样的国际品牌合作，能让企业看到自身的不足，意识到在管理上还需要做得更精、更细，同时也让管理更规范化、产品更人性化。

目前已经有许多中国服装企业认识到，企业内部的精细化管理还有待提高。庄吉集团总裁吴邦东表示，美国的工人工资要比国内高出许多，但流水线的效率却绝非国内所能比拟，中国加工业的管理还很粗放，这种管理不只表现在生产、工艺、质量上，还包括企业流程控制、人才管理等方面。他认为，目前中国的加工企业缺的不是流程，不是粗线条，而是精细。正如有人说的，目前国内许多企业的流水线，还有很多问题，虽然每道环节上都有流程控制，但在执行过程中却很难保证每个流程都被很好地执行，无法真正做到环环相扣。

3. 外发加工生产

出口服装厂家，因利润微薄，所以他们都是采用拼数量的方式，有单就接，常常因无法按时交货，只好找协作单位帮忙，将服装外发加工。这派生出一种新的小企业，也就是专门接外发服装来加工。他们可以不要开发部，甚至不要技术部，不要裁剪车间，只要买十几台或几十台平缝机，招一些车工，就可以生产了。这些厂的老板大都是一些规模厂的技术人员或者高层生产管理人员，积累了最基本的本金，就开始自己创业。因为做外发服装加工投资少，见效快，风险也不大，所以发展很快。但这种服装企业，工作十分辛苦，利润更加微薄，依赖性更强。

4. 服装出口贸易企业

服装出口贸易企业是专门接国外服装订单的贸易企业，接到订单后，会外发或外包给各种服装制造企业进行加工，再付给加工费或收购，生产的产品卖给国外客户。长期以来，服装出口贸易企业一直徘徊在没有品牌和专利优势、没有完善的销售网络、几乎没有附加值的三无状态。它们遭到了欧美等国的设卡、设限与反倾销。

二、21世纪服装的销售模式

20世纪90年代，我国的服装销售模式还是以批发和零售（在百货商场设专柜）为主，进入21世纪以后，销售方式出现了多种方式。

1. 订单销售

订单销售也称期货销售，销售商对制衣商现有的品种和款式下订单、签合约，制衣商按交货日期销售发货，货到销售后按约定时间付款。外商则以来样订单为主，供样订货为辅。

2. 加盟销售

加盟商向制衣商提出加盟申请，交纳约定的加盟费，再在加盟商所在地设立品牌专卖店，制衣商按约定形式向加盟商发货，销售后按约定的期限和形式向制衣商结算货款。

3. 代理销售

实际上是批发的一种特定形式。代理商向制衣商申请在某一城市、乡镇独家代理批发某一品牌的代理权，大城市可按区设立代理商，代理商向制衣商缴纳约定数额的资金，代理制衣商在某区域的批发业务。按约定的期限和形式向制衣商上交货款。制衣商按代理商的要货清单不断发货，代理商赚取批发零售价。

4. 国外代理商

随着"中国制造"在国外（特别是发展中国家）的影响力越来越大，原来在中国订货的外商，在2016年的广州商品交易会上纷纷要求制衣商为其在所在国做制衣商的品牌代理，这一新现象为我国服装品牌更快更多占领国际市场提供了良好的机会。

摘自《纺织服装企业生产与经营管理》方勇

◎ 巩固训练

请帮小琪列出新产品的生产流程。

_____

_____

我的学习收获：_____

_____

◎ 任务评价（表5-4-5）

表5-4-5　任务评价表

任务内容	评价关键点	分值	自我评价	同学互评	老师评价
服装成衣生产流程	设计阶段	10			
	样衣制作阶段	10			
	订货会	5			
	生产准备阶段（编写工艺资料）	35			
	生产阶段（生产节拍计算）	35			
	后整理阶段	5			
合计		100			

任务五　服装工序划分

服装工序划分

◎ 任务导入

岭南制衣有限公司承接了一款女西裤的纸样制作订单，如图5-5-1所示。公司要求小琪今天作出工序划分流程图，小琪应该怎么做呢？

◎ 任务要求

1. 认识工序划分的符号。
2. 掌握工序划分的步骤。

图5-5-1　女西裤

◎ 任务实施

1. 编写服装工序流程图。

2. 解读服装工序流程图。

◎ 相关知识链接

工序划分是描述服装生产过程中生产步骤和所花费时间的过程。一般情况下，应尽量使用图表和分析符号，必要时采用文字说明，使人一目了然。如果每件服装在批量缝制前都有一个全面的分析图，并配合工厂现有的机械和人员进行合理调配，不仅可以缩短每一步的操作时间，而且可使工作顺利进行并提高工作效率。此外，过程分析图还可以用来估计日、周、月的产量，然后估计交货期，以达到准时交货的目的。

一、工序划分的表示方法

1. 工序符号

为使工序分析图表更详细、更易于理解，产生了许多工序符号。服装生产中常用的工序符号见表5-5-1。

表5-5-1　服装生产中常用的工序符号

符号	说明	符号	说明
▽	裁片等待	◎	熨烫作业
○	平缝机作业	¤	压烫作业
□	专用机作业	◇	检验作业
⊙	手工作业	△	全部作业完成

2. 一道工序的表示方法（图5-5-2）

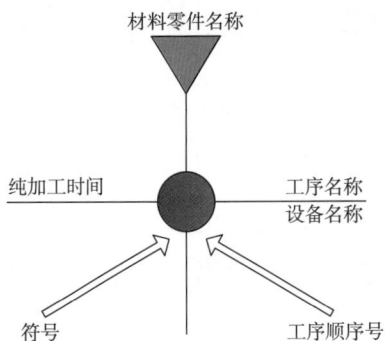

图5-5-2　一道工序的表示方法

二、工序划分的基本步骤

1. 准备材料

工序划分需要准备产品款式图（图5-5-3）、与缝制相关的工艺文件、成衣样品等，明确所生产服装的制作工艺及加工顺序。

2. 列出基本裁片及碎料

详细列出西服裙基础裁片、零部件裁片及附件的名称和数量，确保在后续工序分析时不遗漏任何项目，见表5-5-2。

图5-5-3 西服裙

表5-5-2 西服裙的基本裁片及碎料

基本裁片（大）	零部件裁片（小）	附件
前片（面）	腰头	主唛、尺唛、成分唛、纽扣、拉链
后片（面）		
前片（里）		
后片（里）		

◎ 边学边思考

请根据女衬衫自述列出基本裁片及碎片。

我是一款普通款女衬衫，出生在广州一格服装有限公司，款号是B1001，号型是160/84A，我的款式如图5-5-4所示，大家能帮我列出基本裁片和碎片吗？

_____

_____

学习心得：_____

_____

图5-5-4 女衬衫

3. 填写工艺流程图

在工艺分析中，基本裁片一般设定为大部件，碎料则为小部件（填写好的工艺流程图如图5-5-5所示）。

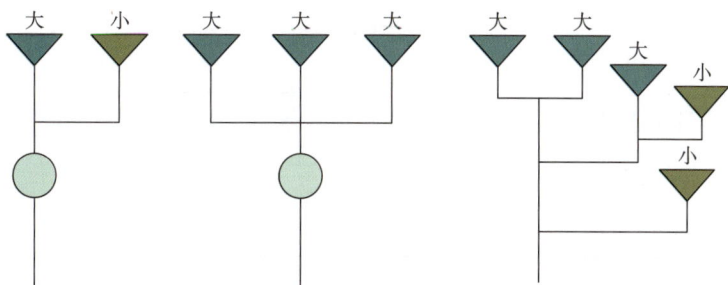

图5-5-5 工艺流程图

4. 划分工序

工序是指将服装的制作过程划分为多个操作单元。工作性质相同或相似的工序应尽量相对集中，以减少生产过程中半成品的传递。工序划分的程度与服装的种类、生产方法、操作人员的水平和机器设备有关，以西服裙为例，可以分为粗分工序和细分工序。

（1）粗分工序。粗分工序如图5-5-6所示。

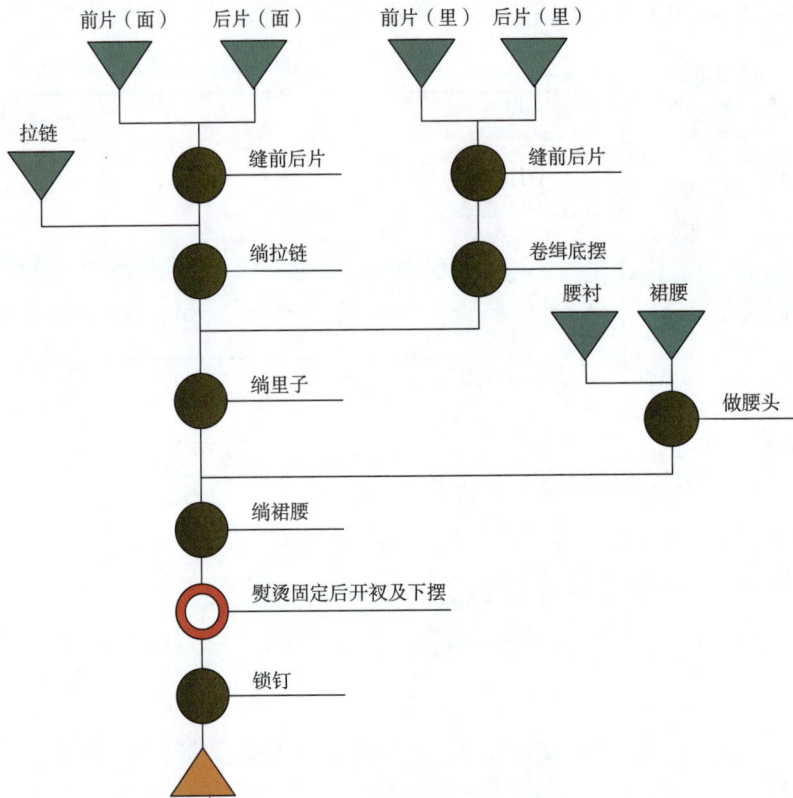

图5-5-6　西服裙的粗分工序

（2）细分工序。细分工序如图5-5-7所示，细分工序时间明细见表5-5-3。

表5-5-3　细分工序时间明细表

工序	时间/s
平车作业	
手工作业	
小烫作业	
特殊作业	
整烫作业	
总加工时间	

① 编写工序号。可根据工艺流程的复杂性和流水线的组织形式编制，常见编写方式有两种，一种是对整个工艺流程图顺序进行统一编号，另一种是按各大部位分别编号。

② 核对检查。核对检查工艺流程图加工顺序是否正确，是否漏序、漏件等。

前片（面） 　　后片（面） 　　前片（里） 　　后片（里）

45″ 1	包缝 包缝机	
43″ 2	缉省 平缝机	
45″ 3	烫省、归拔 烫斗	

后片（面）

75″ 4	包缝 包缝机
66″ 5	缉省、合 后中缝 平缝机
90″ 6	烫省、归拔后 中缝、开叉 烫斗
60″ 7	绱拉链 平缝车
25″ 8	做叉角 平缝车

拉链

前片（里）

后片（里）

22″ 12	后包中缝 包缝机
30″ 13	合后中缝 平缝机
10″ 14	烫后中缝 烫斗

45″ 9	合侧缝 平缝机
60″ 10	烫侧缝、下摆 烫斗
105″ 11	缲下摆 暗缝机

50″ 15	合前、后片 平缝机
28″ 16	包侧缝 包缝机
70″ 17	熨烫底边 平缝机
12″ 18	卷缉底边 平缝机

腰衬　裙衬

60″ 19	绱里子 平缝机
115″ ●	固定后开衩、 缝线袢 手工

主唛、尺唛

28″ 21	黏衬 黏合机
45″ 22	缝主唛、 尺唛 平缝机
52″ 23	缉腰头 平缝机
45″ 24	烫腰头 烫斗

100″ 25	绱腰 平缝机
30″ 26	锁眼 锁眼机
27″ 27	钉扣 钉扣机

扣

28	检验
80″ 29	整烫 烫斗

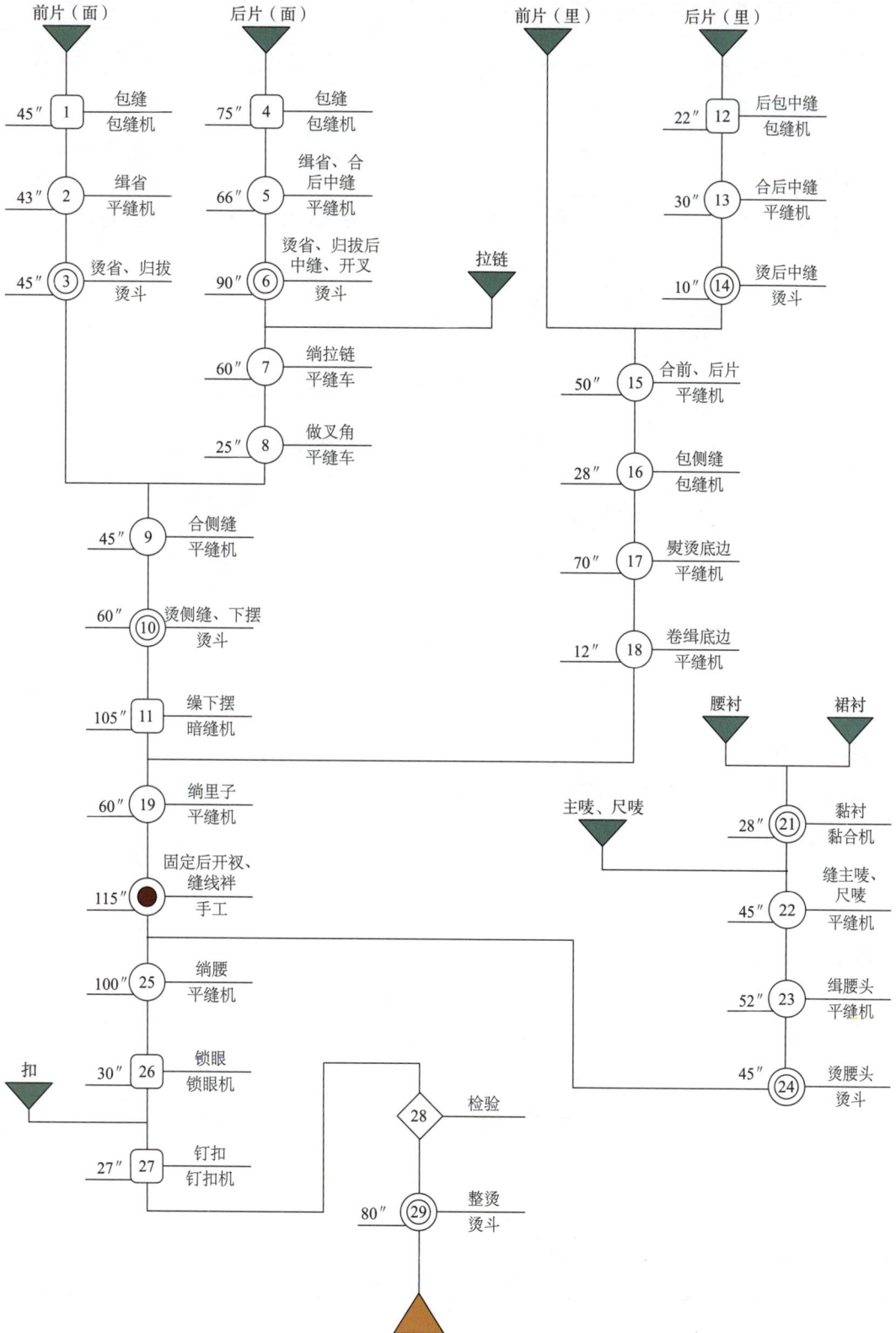

图5-5-7　西服裙的细分工序

◎ **边学边思考**

制作女衬衫粗分工序的流程图。

学习心得:＿＿＿＿＿＿＿＿＿＿＿＿＿＿＿＿＿＿＿＿＿＿＿＿＿＿＿＿＿＿＿＿

＿＿＿＿＿＿＿＿＿＿＿＿＿＿＿＿＿＿＿＿＿＿＿＿＿＿＿＿＿＿＿＿＿＿＿＿＿＿＿

◎ **案例分析**

请根据以下男衬衫的工艺流程图（图5-5-8），制作男衬衫的粗分工序流程图。

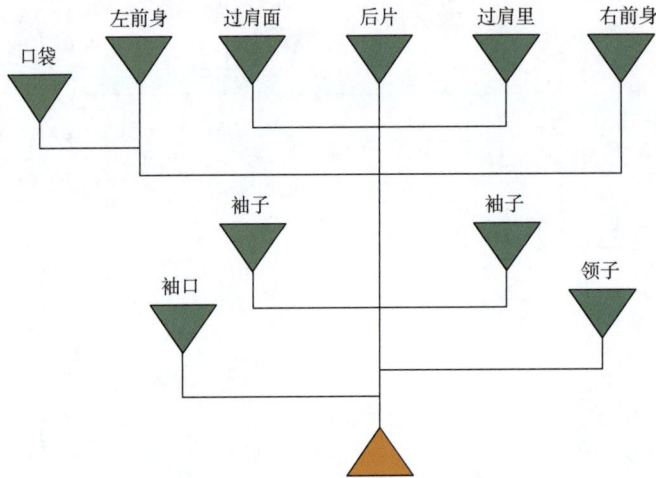

图5-5-8　男衬衫的工艺流程图

◎ **巩固训练**

帮小琪完成女西裤的细分工序流程图，再根据需要用的时间、设备等列出时间明细表。

我的学习收获:＿＿＿＿＿＿＿＿＿＿＿＿＿＿＿＿＿＿＿＿＿＿＿＿＿＿＿＿＿＿＿

＿＿＿＿＿＿＿＿＿＿＿＿＿＿＿＿＿＿＿＿＿＿＿＿＿＿＿＿＿＿＿＿＿＿＿＿＿＿＿

◎ **任务评价**（表5-5-4）

表5-5-4　任务评价表

任务内容	评价关键点	分值	自我评价	同学互评	老师评价
工序划分的表示方法	熟悉工序划分的符号	10			
	工序的表示方法	20			
面料的编号和含义	基本裁片及碎料	20			
	工艺流程图的填写	20			
	划分工序	30			
合计		100			

项目六
服装生产原则

◎ 项目介绍

随着市场经济的不断完善，纺织服装企业的经济效益直接关系到企业的生存和发展，因此，服装生产原则就成为企业工作的指导方针。在纺织服装企业生产管理中，注重经济效益，具体体现为生产的产品品种要多、质量要好、交货要及时、成本要低等。注重经济效益是要注重综合经济效益，也就是说，要对纺织服装产品的质量、数量、成本、交货期进行综合考虑，在分别满足不同要求的基础上，使经济效益最优化。

◎ 思维导图

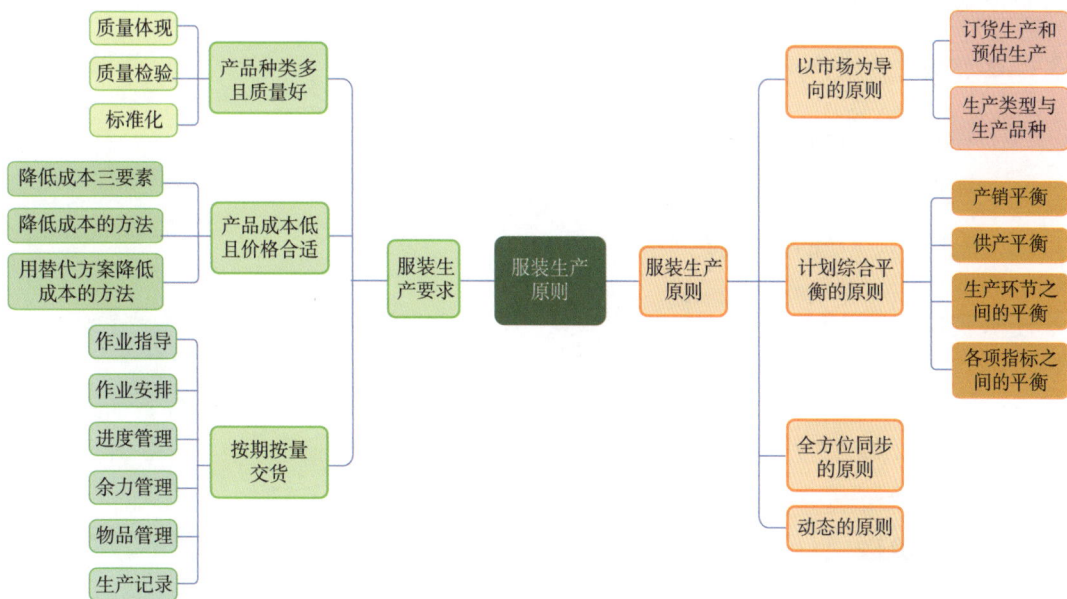

◎ 学习目标

知识目标

掌握服装生产的原则和要求。

能力目标

通过学习和训练，了解服装生产原则初始并熟悉服装生产要求。

情感目标

1. 通过学习服装生产原则初始，培养爱岗敬业的职业素养。
2. 通过学习服装生产要求，锻炼独立分析和解决问题的能力。

| 任务一 | 服装生产原则概述 |

服装生产原则

◎ 任务导入

在服装缝纫车间，生产组长小琪向生产主管王厂长反映，正在生产线上的一批产品急需进行质量确认，以便及时出货。王厂长让她去找质量管理部的张经理。小琪联系了张经理，张经理却让她找王厂长处理，说是工厂QA有权处理。小琪不知所措，生产线上的产品应该如何处理呢？

◎ 任务要求

1. 了解服装生产原则。
2. 熟悉服装的订货生产和预估生产。
3. 掌握服装生产的计划综合平衡。

◎ 任务实施

1. 熟悉服装生产的四大原则。
2. 熟悉生产类型与生产产品的关系。

◎ 相关知识链接

一、以市场为导向的原则

服装不同于一般日常消费品的使用，它受到年龄、性别、体型、爱好及职业的影响，风格化比较强，如果生产计划没有紧跟商业计划，就可能出现异常现象。一方面，大量服装卖不出去；另一方面，许多消费者买不到合适的服装。企业生产的产品无论是脱销或积压，都会给企业带来经济损失和信誉损失。

为了防止盲目生产，提高服装产品对市场快速适应能力，开发新产品，确保交货期，缩短生产周期，需要了解以下内容。

1. 订货生产和预估生产

由客户决定产品规格的来料来样加工称为订货生产。根据市场需求，由企业自行决定产品规格的生产称为预估生产。订货生产是"以销定产"，所以不存在生产过剩（产品库存）的问题。但工作量不稳定，有时为了确保交货日期，需要更多的人员或设备，易造成浪费。但是，预估生产是"以产定销"，所以工作量可以在一定的生产水平上保持稳定，但是如果市场预测失误，则会导致严重的库存和资金积压。

2. 生产类型与生产产品的关系

通常服装的生产类型可分为三种（图6-1-1），服装生产类型与品种的关系见表6-1-1。

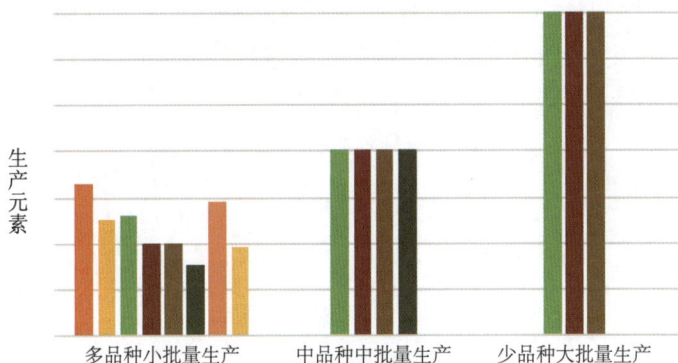

图6-1-1　服装生产类型

表6-1-1　服装生产类型与品种的关系

生产方式	生产类型	工艺流程	机器配置	品种
订货生产	多品种小量	个别生产	按机种布置	女装、童装、时装等 大衣、工作服等
		批量生产	按机种布置	
			按部件布置	
	中品种中量	批量生产	按机种布置	
			按部件布置	
预估生产	中品种中量	批量生产	按机种布置	大衣、工作服等 衬衫、西服、裤子等
			按部件布置	
	少品种大量	批量生产	按机种布置	
			按部件布置	
		大量生产	按部件布置	
			按工序布置	

二、计划综合平衡的原则

生产计划往往给人一种数量的概念，认为编制生产计划就是要发展生产、提高产品数量。在服装行业，许多企业都陷入了这种误区。一些企业单方面追求产量，导致产品大量积压，严重影响资金周转，造成企业亏损甚至破产。

有的企业喜欢生产简单的、大批量的单一产品，忽视了品种计划的发展，违背了服装市场发展的规律，失去了生产多品种的能力，结果不能适应市场的发展。

有的企业重视产量，忽视质量，错误地认为产量多了，销售额可以上升，利润就可以增加，认为服装质量不会涉及人身安全。这样的企业忽视了产品质量的价值，看不到高附加值产品给企业带来的利润和荣誉。

从以上情况不难看出，在编制生产计划时，必须做到产量、质量、品种和效益四者兼顾，才能使企业健康发展。

计划综合平衡，是计划管理的基本方法，也是计划管理必须坚持的基本原则。这种综合平衡是指在工厂生产活动中正确处理各种生产要素以及各专业计划与各生产环节之间的关系，使它们互相衔接、互相协调、互相促进，以最经济的方式实现工厂的计划目标。计划综合平衡的主要内容见表6-1-2。

表6-1-2　计划综合平衡的主要内容

项目	内容
产销平衡	以销定产
供产平衡	生产任务与面、辅料供应之间的平衡
生产环节之间的平衡	生产任务与生产能力之间的平衡 生产任务与生产资金之间的平衡 生产任务与劳动力之间的平衡 上工序出产与下工序需求之间的平衡
各项指标之间的平衡	服装产品的数量与产量之间的平衡 服装产品质量与面、辅料消耗之间的平衡 服装产品销售与贷款回收之间的平衡 劳动组织与定员定额之间的平衡 库存物资与修旧利废之间的平衡

三、全方位同步的原则

企业制定的生产计划必须坚持全方位同步的原则，企业要发展，就必须考虑发展生产的各种因素。不仅要考虑产量、质量和品种的发展，还要考虑其他经济指标的实现。如国家统计局统计项目中的商品产值、工业总产值、工业净产值等指标的实现情况，同时，完成这些指标所需的人力、物力和财力，以及改善操作条件、更新工艺设备等也不容忽视。

四、动态的原则

服装企业在编制生产计划时，必须掌握动态的原则，考虑季度计划与月度计划的衔接，对于一些跨期的生产品种或订单，在安排生产计划和组织生产时，必须以动态的、系统的观念进行准备。同时，还要注意生产期、交货期、生产数量、生产能力、生产成本等指标之间的相互影响或相互转换。

在生产计划的实施过程中，市场也在不断变化，有可能发现了新的行情和新的机遇。此时，需要对生产计划中的品种、数量、规格、颜色及搭配等进行及时调整。有时由于企业内部的问题，产生了不可抗的突发事件，使原计划不能如期完成，需要对原有的生产计划进行修改，以确保产销平衡。

◎ 边学边思考

服装生产的四大原则有哪些？

_____

_____

学习心得：_____

_____

◎ 拓展阅读

与服装生产组织和管理相关的名词解释

1. 工时（man-hour）

企业计算工人劳动时间、制定劳动定额、编制各项计划及衡量劳动生产效率水平的计量单位。工时主要用于安排生产计划、下达生产任务、监测生产进度、编制劳动计划、平衡劳动力、调配劳动力、核算生产成本、评价工人生产成绩、反映工作时间利用程度和工人劳动效率等。

一个工人劳动一小时称一个工时，而服装企业通常用人/分或人/秒表达工时定额。

2. 生产周期（production cycle，production circle，lead time）

生产周期又称生产循环期。产品从原材料投入生产开始到成品出产为止的全部时间。生产周期是编制生产计划和作业安全的重要指标之一，是确定产品各工艺阶段，如样板、裁剪、缝纫、外加工、整烫等的投入期和出产期的重要依据。生产周期的长短反映了企业的工艺技术水平和生产管理水平，缩短生产周期能更好地保证产品的交货期，加速资金周转速度并提高经济效益。

3. 在线品（goods in process）

在线品也称在制品、半成品，指生产过程中尚未制造完成的产品。广义的在线品是指从原材料投入生产至制成成品前的各种制品，如各种面辅料、裁片或未经整烫的衣裤件等；狭义的在线品是指各生产阶段加工中的制品，如裁片、衣片部件、未整烫的衣件等。通常，在保证生产过程连续进行，有效协调各车间之间生产衔接关系的同时，应减少在线品的储备量、杜绝浪费，由此提高生产效率，减少流动资金压力。

4. 坐式操作（sitting operation）

坐式操作指作业工人坐着加工劳动对象的工作方法，服装企业缝纫车间衣片缝合加工、检验等作业方法以坐式操作为主。

5. 立式操作（standing operation）

立式操作指作业工人站立加工劳动对象的工作方法。服装企业裁剪、熨烫及整烫采用立式操作。通常，缝纫车间加工以坐式操作为主。但在吊挂长裤、时装生产线有时缝纫车间采用立式操作，这时应避免一个工人长期操作一道工序的作业方法，而采用多工序轮换作业的方法，使工人身体各部位劳动强度合理，保证劳动者健康和对工作的满足感。

6. 平行加工（parallel processing）

由一台或几台设备同时平行完成若干作业的加工方式称为平行加工。

7. 主流工序（main process）

主流工序是加工服装主要衣片结构的工序，如前身衣片、后身衣片、男西装上装、下装的组合加工等都属于主流工序。

8. 支流工序（branch process）

支流工序是加工服装零部件衣片的工序，如衣倾、袖口、袋盖等都属于支流工序。

9. 瓶颈工序（bottleneck process）

瓶颈工序也称隘路工序，指生产线上负荷量最大的工序或工作地。瓶颈工序影响服装流水生产线的效率，可采取工序同期化（同步化）降低瓶颈工序时间，提高流水线编制效率。

10. 工作地（work place）

工人运用劳动工具，对劳动对象进行加工制作的场所称为工作地，工作地的基本内容有：合理装备和布置工作地；保持良好的工作环境和工作秩序；组织好工作地的供应服务工作。服装流水线生产的工作地是指一名工人用一台或若干台服装设备加工若干道工序所占用的工作范围，这种工作地可以是单独并列配置的，也可以相互交叉配置。

摘自《服装生产管理》杨以雄

◎ 案例分析

百丽仅自产自销的鞋子，年销售额就可达30多亿元人民币，而代理的知名品牌，年销售额更高，可达50多亿元人民币。在纺织服装企业中，连续六年排名第一，市场占有率连续三年排名第一。百丽坚持生产原则，是其成功的秘诀。

首先，是广告投入地的选择。一般纺织服装企业把宣传广告挂在商场里，而百丽的宣传广告首选地是生产工厂。百丽每年会把设计的最新款式的产品宣传图片挂在工厂里，让工人们了解到他们在生产产品的同时，也是在创造美。其次是采用小生产流水线混合生产。百丽的工厂，一个订单，尽管产品的款式不同，仍放到一个生产线上混合生产，大大加快了生产速度。销售公司拿到订单，如果要求百丽生产5000件，但百丽只生产其中的50%，其余的一律补货生产。再次，取消成品仓库。一般企业拿货配货是到成品仓库去，而百丽直接取消了成品仓库，车间生产出来的产品直接装箱发货，大大降低了库存成本。最后，采用三天的滚动式计划。车间采取三天内就要把产品生产出来，第四天就可进行补货生产，大大加快了生产速度。此外，百丽拥有众多的时尚设计师，立志要做时尚的追求者，绝不做时尚的抄袭者。百丽的设计师经常到各个"时尚之都"去寻找潮流和时尚灵感。目前，百丽有两百多名设计师，他们分布在法国、意大利的各个工作室，每年都会设计出一定量的时尚作品以供工厂生产。因此，百丽在设计方面的能力非常强大，产品也非常时尚。

可见，以服装市场为导向，产量、质量、品种、效益相兼顾进行服装生产，是成功的服装企业必须遵循的原则。

◎ 巩固训练

计划综合平衡的主要内容是什么？

_____

_____

我的学习收获：_____

_____

◎ 任务评价（表6-1-3）

表6-1-3　任务评价表

任务内容	评价关键点	分值	自我评价	同学互评	老师评价
服装生产的原则	了解服装生产的四大原则	40			
以市场为导向的原则	了解服装生产类型与品种的相互关系	30			
产量、质量、品种、效益相兼顾的原则	了解计划综合平衡的主要内容	30			
合计		100			

任务二　服装生产要求

服装生产要求

◎ 任务导入

岭南服装有限公司接到了一份欧洲客户的服装来样加工订单，公司很快按时完成了服装产品生产任务，报关出货。

最后的装箱抽检是在双方QC见证下进行的，但结果却令公司大吃一惊，五分之一的抽检产品尺寸不合格，客户拒绝收货付款。这是怎么回事呢？在经过多方面的技术调查后发现，是公司最近一次生产工具的采购出了问题，新购买的一批卷尺，竟然和标准尺寸有偏差，一组工人领用了这批卷尺后，生产的服装产品尺寸出了问题。

后来，公司吸取教训，进一步完善企业生产管理，并通过企业经营管理解决了公共危机，挽回了信誉，使客户重新认可并接受了公司的订单和产品。

◎ 任务要求

1. 了解服装生产的质量控制。
2. 掌握服装生产降低成本的方法和按期按量交货的注意事项。

◎ 任务实施

掌握服装生产的要求。

◎ 相关知识链接

服装企业生产的产品供给市场时，必须保证数量和质量，同时应按时交货。作为消费者，总想购置"价廉物美"或者自己满意的服装款式。因此，服装生产应满足以下三项要求。

一、产品种类多且质量好

服装的质量主要体现在以下三个方面（表6-2-1）。

表6-2-1 服装质量的体现

项目	内容
设计质量	实用性、装饰性、时尚性和购买吸引力
制造质量	精细性、时代性和新颖性
服务质量	便利性和周到性

1. 质量检验

质量检验是用感官判断、理化数据分析等方法，对原料、半成品、在制品、成品等进行测定，并与产品技术标准进行比较，判断被检对象是否合格，据此决定被检对象能否投产、转入下道工序或出厂等。

2. 服装质量检验的工具、内容和方式

（1）服装质量检验的工具和内容（表6-2-2）。

表6-2-2 服装质量检验的工具和内容

检验工具	服装企业常用的测量工具有公尺或市尺、钢制尺子、钢卷尺、弯尺、皮尺（软尺）和比色卡等
检验内容	原、辅料及外购物的检验 生产设备的检验 量具、退色样的检验 生产环境的检查 工艺过程的监督和检查 生产过程中直接对服装产品本身进行检验

（2）服装质量检验的方式（表6-2-3）。

表6-2-3 服装质量检验的方式

种类	检验方式
按工艺阶段划分	预先检查：检查原、辅料的色泽、疵点、自然收缩、质地等性能是否符合技术标准，半成品的尺寸、形状是否正确 中间检查：对半成品加工过程的检查，见表6-2-4
按检查地点划分	固定检验：在固定的地方由操作人员将产品送检 流动检验：由检验人员定时到工作地去检验
按检查数量划分	普遍检查：对每件产品逐一进行检查 抽样检查：在所有服装产品中随机抽取一些进行检查

男西裤半成品质量检验见表6-2-4。

表6-2-4 男西裤半成品质量检验表

制品		男式西裤	制品中间检查					
检查数		件						
不良数		件			检查时间		年 月 日	
检查项目		检查部位	裁剪不良	缝制不良	整烫不良	外观尺寸	合计	
裤前片	侧袋	袋口尺寸						
		袋口明线						
		袋布						
		垫袋布						
	褶	褶裥量						
		褶位						
	拉链	门襟明线						
		拉链						
		门襟						
裤后片	后袋	袋布						
		袋口尺寸						
		垫袋布						
		袋布						
	省	省位						
		省量						

检查项目		检查部位	裁剪不良	缝制不良	整烫不良	外观尺寸	合计
前后片缝合	侧缝	侧缝线迹					
		侧缝熨烫					
	裆线	前后裆线					
		裆线熨烫					
	脚口	脚口折边					
		脚口熨烫					
腰	腰头	腰头宽					
		腰明线					
		串带袢					
熨烫	半成品	烫迹线					
		口袋					
		腰头					
		门襟					
		脚口					
		裆线					
		侧缝线					
其他	部位	缺点件数					
		不良理由					
		处理					

服装缝制成品的质量检验见表6-2-5。

表6-2-5　缝制成品质量检验表

订单号		工厂		日期	
款式		数量		交货期	
颜色		面料		搭配	
生产状况　初期：　　中期：　　末期：					

检查要点		疵点		详细说明
1.面料	A色/质量　B布疵 C克重　　D结构			
2.色差	A单件　　B搭配			
3.尺寸	A错误　　B未按规格 C尺码标/吊牌挂错			
4.水洗/砂洗	A无效果　B过重 C洗痕　　D破损			
5.印花	A颜色　　B位置/大小 C质量　　D背面			
6.绣花	A颜色　　B位置/大小 C质量　　D划粉			

检查要点			疵点		详细说明
7. 清洁度	A 污损　　B 线头 C 浮线　　D 漏缝/跳针				
8. 缝纫	A 色/质量　B 针距/针眼 C 起皱　　D 漏缝/跳针				
9. 辅料	A 色/质量　B 位置/尺码 C 次品/牢度 D 生锈				
10. 袖口/下摆	A 松紧　　B 里衬 C 起皱				
11. 填充料/里料	A 色/质量　B 重量 C 次品　　D 尺寸				
12. 商标/吊牌	A 色/质量　B 位置/大小 C 条形码　D 手写				
13. 整烫	A 起皱　　B 极光 C 烫痕　　D 湿度				
次品率：次品数量/检验数量＝　　　　%			船期：　　　年　　　月　　　日		
水洗测试：　差：　　一般：　　好：			缩水率：经　　% 纬　　%		
色牢度：　差：　　一般：　　好：			日照测试：　差：　　一般：　　好：		
检验结果：　接受：　拒绝：			重新检验日期：　　年　　月　　日		
签字：　　　　　　工厂：			公司经理：　　　检验员：		

◎ 边学边思考

服装质量检验的内容有哪些?

_____

_____

学习心得：_____

_____

二、产品成本低且价格合适

服装产品成本是在生产过程中耗费的生产资料价值和需要支付给劳动者的报酬等，是以货币形式表现的。

首先要对产品进行成本核算。购买面、辅料和准备投产之前，生产企业对服装产品的各个部位的成本预算必须十分准确。如果事先没有精准计算，产品畅销带来的利润也不一定大。服装设计师设计出产品后，会有大致的成本预算，在正式生产前，这些预算需要转换成准确的成本核算。只有经过精确的计算，生产企业才能向零售商提出合理的报价。

服装产品成本包括：面、辅成本，里料成本，饰物辅料成本，运输成本，人工费成本和分销费用。

1. 降低成本的三要素（表6-2-6）

表6-2-6　降低成本的三要素

三要素		内容
材料费	直接成本	面里料费、缝线费、衬料费、附属品费
	间接成本	缝纫机针、缝纫机油费、缝纫机零件费等
劳务费	直接成本	计件工资、计时工资
	间接成本	休假日工资、临时工资、退职金、退休津贴、奖金、法定福利费、健康保险金、其他费用
制造经费	直接成本	样品试制费、工艺卡制作费、设备租赁费、外协作加工费
	间接成本	福利卫生费、租金、折旧费、电费、水费、煤气费、税费、差旅、交通费、保险费、通信费、事务用品费、易耗工具费、搬运费、杂费、仓储损耗费、保管费

2. 降低成本的方法

对于服装产品成本实际发生额比预先的估算标准高时，需寻找原因，采取具体措施。主要从降低成本的方法入手，常见方法见表6-2-7。

表6-2-7　降低成本的方法

方法	具体措施
降低材料费的方法	降低购买价格，开发新型的服装材料 减少铺料失误、布料卷边和布料门幅布局，同时尽量利用剩余材料，提高布料的利用率 防止裁剪和缝纫加工时出废品 利用服装CAD改善样板，提高排料的效率
降低劳务费的方法	培养工人的操作能力，训练一些多面手，提高工人工时的利用率 设定工作准则，进行定员管理，控制薪资额度 加强工作地的现场管理
降低制造经费的方法	设法节约动力，降低燃料费 充分利用设备和企业，提高利用效率

3. 用替代方案降低成本的方法

服装产品的制作方法不止一种。如果服装产品成本过高，需要降低成本时，可考虑采用不同的制作方法制作产品，选择各方面都比较合适的方法应用。为了寻找最合适的制作方式，可以不采用现有的制作方式，先用其他方式试做，再与现有的成本对比，以寻找最佳的方案并采用。

◎ 边学边思考

降低成本的方法有哪些?

学习心得：＿＿＿＿＿＿＿＿＿＿＿＿＿＿＿＿＿＿＿＿＿＿＿＿＿＿＿＿＿＿＿＿＿＿

＿＿

三、按期按量交货

1. 进度管理

进度管理以保证交货日期为目的。在制作过程中，要随时掌握生产进度与日程计划是否一致，如果有不同则需要调整。另外，若实行提前生产，产品的库存量和在线品的数量也会增加。因此，在保证准时交货的同时，要维持规定的生产速度（进度）。进度检查的方法见表6-2-8。

表6-2-8　进度检查的方法

项目	数量
检查生产到达何道工序	单件或小批量
检查完成了多少产品	大批量生产

对每一作业人员或工序虽可实施进度检查，但比较有效的是部门与部门之间设立检验点的管理方法，如图6-2-1所示，记号"○"为检验点。

通常，品种数量越多，越不易准确制定计划，而且需要比较大的富余时间。在线品量的多少对生产管理的影响见表6-2-9。

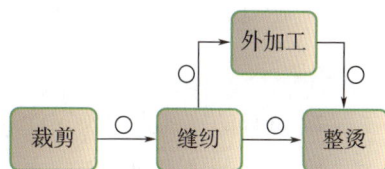

图6-2-1　各部门检验点

表6-2-9　在线品的多少对生产管理的影响

项目	在线品量多	在线品量少
出勤管理	方便	困难
流动资金	耗费多	耗费少
作业场地	空间大	空间小
搬运管理	困难	方便
操作等待	少	有时较多

2. 余力管理

余力是指某一工序的生产能力与分配在该工序的工作量之间的差。

准确掌握车间、工序、工作人员等的生产能力，掌握当前的作业量、分配的作业量完成情况、加工任务保证在规定时间内完成、没有富余时间并不做过份的作业量，这是余力管理的主要目的。

余力要调整时，可按下列方式进行：① 余力为正时。有游闲时间，可超前安排预定的工作，或增援其他班组。② 余力为负时。负荷过重，会引起进度延迟。这时应对作业重新安排，采用加班、增加直接生产人员或利用外加工等进行调整。

3. 生产记录

作业实施后必须告知加工结果，并做好详细记录。整个工作过程应始终按工艺要求进行工作，并报告结果才算完成任务。

完成某项作业或一天的工作时，必须在工作日表格中填写有关内容，见表6-2-10。各车间的表格尽管形式各异，但都要求有记入的项目，有工作的开始时间和结束时间以及工作量，有时也可按分束单据等方法进行处置。

表6-2-10　作业日报表（个人）

产品名称：		班组：	姓名：		月	日
工序名称	时间		生产量	标准时间/s	备注	
	开始	结束				
装袖（包缝）	8：30	15：00	650	30		
袖片联锁缝	15：00	17：00	250	30		

对于正在作业的进度状况，值得商议的有以下内容：

（1）服装产品的交货日期是否延迟，如延迟会延迟到何时，是不是找到了原因，采取了什么措施。

（2）每月的实施生产预定计划是否已完成，是否延迟或追加工作的完成状况。

（3）工作的进度情况用什么方式控制，是否经常将预定值实际值与预定值进行比较。

（4）是否通过一个连贯的数据系统，掌握从原料进厂、铺料、开裁、分束、压衬、加工零部件、组装作业、产品检验、外加工检验、后整理直到出厂的整个流程。

（5）发觉延迟是否及时，是否实时上报。

（6）现场负责的班组长是否掌握了工作进展状况和耽搁的实际情况，采用的补救措施是否合适。

（7）各车间是否彻底履行逐日讨论方式，掌握工作进展情况和防止延迟的有关工作协调会议。

另外，提高全体员工对生产进度管理的意识，培养员工的社会责任感很有必要。

◎ 边学边思考

如何保证按期按量交货？

_____

_____

学习心得：_____

_____

_____

◎ **拓展阅读**

波司登勇夺质量大奖

在全国追求卓越大会上，波司登荣获我国质量领域的最高奖——全国质量奖，这是波司登继获得"世界名牌"荣誉之后，攀登又一新的里程碑式的高峰，成为继海尔、格力、钱潮之后，国内同时获得"世界名牌"和"全国质量奖"的企业之一。

波司登股份有限公司多年来始终坚持推行卓越绩效管理模式，秉承"追求卓越、永不满足"的核心价值观，在企业经营、管理等方面取得了优异的成绩。波司登连续13年全国销量遥遥领先，在争创全国质量奖过程中，公司经历了一个从单纯的产品质量管理，到产品、服务、过程、资源、战略、企业文化及相关方面管理的重大转变。全国质量奖评审组专家对公司的领导、战略、顾客与市场、资源、过程管理、测量、分析和改进、经营结果等方面，进行了全面评审之后，对波司登的工作给予了一致好评，"世界名牌"波司登摘得"全国质量奖"桂冠。

在质量管理方面，波司登始终坚持质量是企业的立身之本，全面推行ISO 9001质量管理体系。公司还建立了羽绒服行业首家原辅料检测中心——波司登测试中心，并通过了国家实验室认可委员会的认可。在品牌建设方面，波司登坚持不懈创名牌，走出了一条民营企业实施名牌战略的成功之路。自从波司登羽绒服被认定为中国驰名商标后，又连续两次被认定为中国名牌产品、国家出口免检商品。现在公司拥有1个世界名牌产品，1个出口免检产品，4个中国名牌产品，5个中国驰名商标；在售后服务方面，"最大可能地满足消费者的需求"是波司登的服务宗旨，"宁可自己吃亏，也不让消费者受损"的服务理念，是波司登羽绒服"世界名牌"的信誉所在。波司登羽绒服如图6-2-2所示。

波司登股份有限公司董事长高德康表示，参与全国质量奖的评审，既帮助波司登系统的总结提炼了许多行之有效的好经验、好做法，也指出了波司登在生产工作中存在的问题和不足，提出了许多好的建设性意见，明确了下一步改进的方向。在获得"全国质量奖"后，波司登将以此为契机，在新的起点上，深入推行卓越绩效模式，全面提升公司经营管理质量，在改进中提高，在创奖中升华，以综合管理水平的提高来促进企业的健康可持续发展。

图6-2-2　波司登2020秋冬羽绒服

◎ **案例分析**

美国服装有限公司是美国著名的妇女时装专业公司，总部设在俄亥俄州，在全美拥有

4623家专业时装店。这4623家零售店的收款机通过"信息高速公路"与有限公司俄亥俄总部的计算机联网。每个商店、每个品种、每天的销售和库存情况，公司总部的计算机都可以随时查出。公司根据计算机汇总的每周销售情况，通过租用的通信卫星，向公司在韩国、中国香港、新加坡和斯里兰卡的服装企业发出订单，这些加工企业按公司要求的面料、款式加工后，运到香港，公司用专门租用的专机，每周四次从香港直飞俄亥俄州。

在总部，设有耗资5000万美元的近乎全自动的服装分拣系统。每件服装上都有条形码，每个工人都有计算机。从卸货、分拣、标价、记账到各零售店的配货分装的全过程，都由全自动设备操作。从飞机空运货物到达俄亥俄州开始，到完成上述全部程序，装上货运卡车，直运零售店，历时总共不超过48小时。从某州某一零售店发现新流行式样、新面料，到总部向亚洲生产厂商订货生产，空运运回，从发出订单至运到零售店，摆上货架，整个过程不超过60天。而绝大多数零售商要在6个月才能完成同样的过程。

请思考：美国服装有限公司的成功之处。

_____

_____

◎ 巩固训练

服装生产的三大要求是什么？

_____

_____

我的学习收获：_____

_____

◎ 任务评价（表6-2-11）

表6-2-11　任务评价表

任务内容	评价关键点	分值	自我评价	同学互评	老师评价
产品种类多且质量好	了解服装质量检验的工具、内容和方式	40			
产品成本低且价格合适	了解降低成本的三要素和方法	30			
按期按量交货	了解进度管理和生产记录	30			
合计		100			

项目七
服装生产质量控制

◎ **项目介绍**

21世纪是质量的世纪。质量是市场竞争中的重要因素之一，是服装企业生存和发展的重要组成部分。随着我国加入世界贸易组织（WTO），服装企业深刻地认识到，产品的质量保证是打开国内、国际市场的通行证。随着市场的成熟化和规范化，服装企业质量控制的重要地位和不可替代性越来越明显。

本项目主要使学习者能够认识生产质量控制的内容及要求、了解生产质量控制的部位及标准，为将来融入服装企业的生产质量控制做准备。

◎ **思维导图**

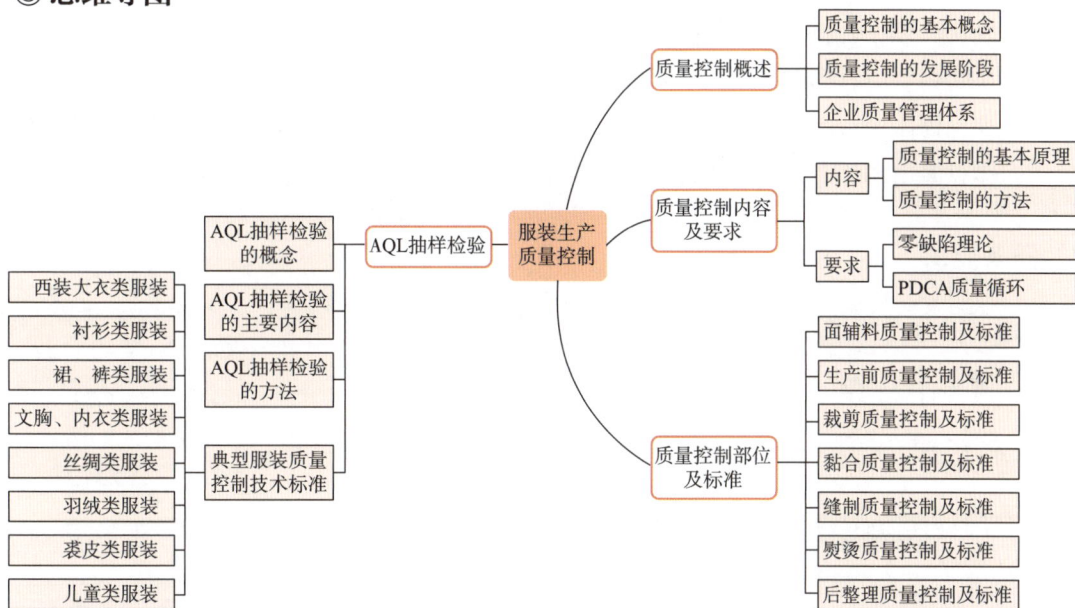

◎ **学习目标**

知识目标

1. 了解服装生产质量控制的基本概念、管理体系等。
2. 了解AQL抽样检验的概念、主要内容、方法及要求。
3. 掌握AQL抽样检验典型服装质量控制技术标准。

能力目标

1. 掌握服装生产质量控制的内容及要求。

2. 熟悉服装生产质量控制的部位及标准。

3. 熟练运用AQL抽样检验的知识。

情感目标

1. 培养良好的职业道德和职业责任感。

2. 培养独立分析和解决问题的能力。

任务一　质量控制

质量控制

◎ 任务导入

近年来，我国的服装业发生了翻天覆地的变化，从单件操作的手工作坊到大批量生产的集团运作，从生产加工型企业到自主品牌的建立。

由于我国的服装生产自动化程度还有待提高，再加上服装生产工艺比较复杂、工作流程长。要保证服装产品的质量，不仅要关注人与机器的配合，面、辅料的搭配及相关缝纫技术，还要采用新的理论加强质量管理，才能生产出合格的产品，并获得较好的经济效益。

◎ 任务要求

1. 掌握服装生产质量控制的内容。

2. 熟悉服装企业质量管理体系。

◎ 任务实施

1. 了解造成服装质量缺陷的原因。

2. 掌握服装生产质量控制的流程。

3. 掌握服装检验员应具备的知识和技能。

◎ 相关知识链接

一、质量控制的基本概念

1. 服装质量的概念

美国质量管理专家朱兰（J M Juran）说："质量就是产品的适用性。"日本小松制作所则认为："质量不仅是产品的质量，而且包括产量、交货期、成本和一切工作的质量。"

国际标准 ISO 8402—1994 中对质量的定义为："反映实体满足规定和潜在需要能力特性的总和。"定义中的实体指"可单独描述和研究的事物"，如工作、过程、产品、组织或人以及它们的任何组合，如图 7-1-1 所示。

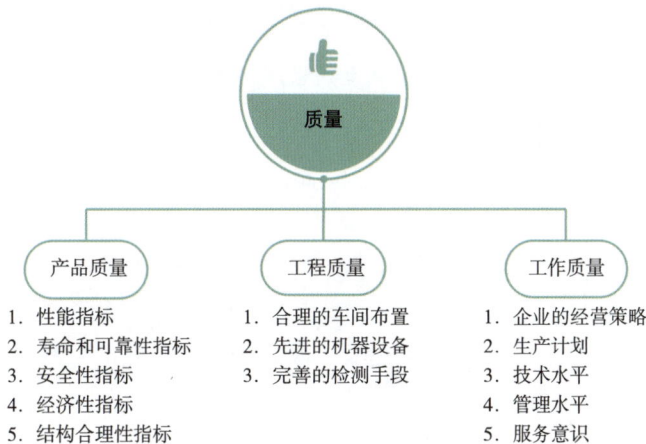

图 7-1-1　质量的概念

在服装企业的生产过程中，可能受到人、机、物料、操作方法、生产环境等因素的影响而产生质量缺陷，相关问题产生的原因及处理方法见表 7-1-1。

表 7-1-1　质量缺陷的处理方法

质量缺陷原因	处理方法
人	人员操作不当，需进行上岗培训
机器	机器设备老化，需要更新
物料	生产物料疵品较多、缩率较大等，造成成品报废率较大，需加强生产物料的质量控制
方法	质量控制的方法操作不当，造成管理混乱影响生产的质量，需建立质量管理体系
环境	生产环境较脏，造成产品污渍较多，需及时打扫生产车间，并进行 8S 质量管理

2. 服装质量控制的概念

国际标准 ISO 8402—1994 对质量控制作了如下定义：质量控制是确立质量方针、目标和职责，并通过质量体系中的质量筹划、质量控制、质量保证和质量改进来使其实现所有管理职能，如图 7-1-2 所示。

质量控制是指与产品有关的全过程始终处于受控状态，以预防为主，不使产品质量产生问题，若发现问题也能在生产过程中得以纠正，不使其造成不良后果。具体来讲，企业生产质量管理的方法主要就是对生产过程进行质量控制和检验。

图 7-1-2　质量控制的概念

◎ 边学边思考

简述造成服装质量缺陷的原因。

_____

_____

学习心得：_____

_____

二、质量控制的发展阶段

1. 质量检验阶段

传统的质量检验流程如图7-1-3所示，这种质量管理方法是"事后检验"，只能"把关"，预防作用弱，而且不适合生产节奏快且大批量的产品，或需进行破坏性检验的场合。但是，事后检验的方法，对于保证产品质量，防止废品混入和出厂能起很大的作用。目前，它仍然是质量管理中最基本的内容。

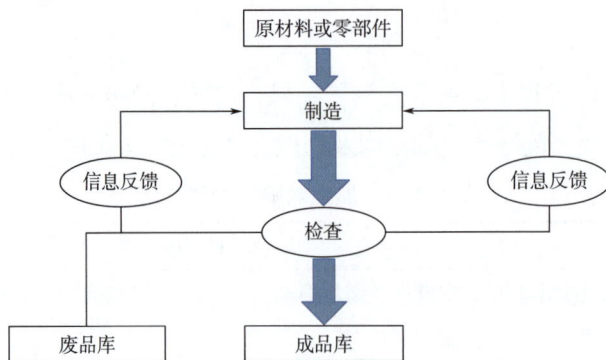

图7-1-3　传统的质量检验流程

2. 统计质量控制阶段

工序统计过程控制的基本模式如图7-1-4所示。这一阶段质量管理的主要特征为：从

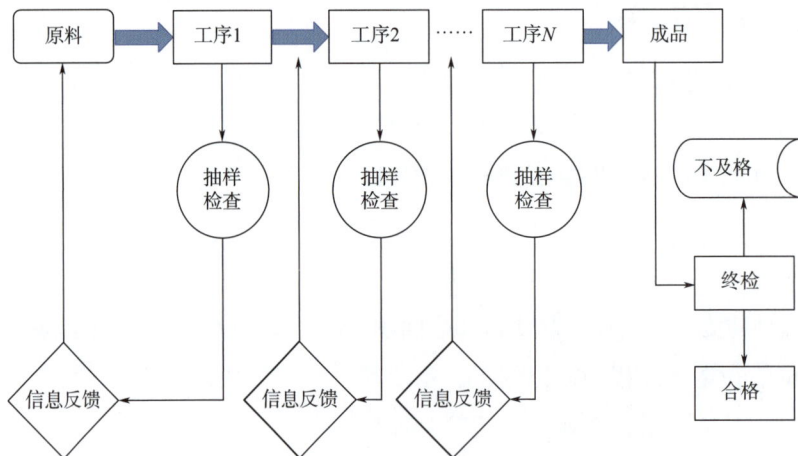

图7-1-4　工序统计过程控制的基本模式

单纯依靠检验把关逐步进入检验把关和工序管理预防相结合，并在工序管理中应用数理统计方法，预防不合格品的产生。在管理方式上，质量责任者也由专职的检验人员向专门的质量控制工程师、质量保证工程师以及有关技术人员转移。这一基本统计控制理论和方法称为工序统计过程控制。

3. 全面质量管理阶段

GB/T 19000—ISO 9000 质量环如图 7-1-5 所示。全面质量管理指企业的所有组织、所有部门和全体人员以产品质量为核心，把专业技术、管理技术和数理统计结合起来，建立一套科学的、严密的、高效的质量管理体系，控制生产全过程影响质量的因素，以优质的工作、经济的方法，提供满足用户需要的产品或服务的全部活动。这个阶段的质量管理不再以质量技术为主线，而是以质量经营为主线。

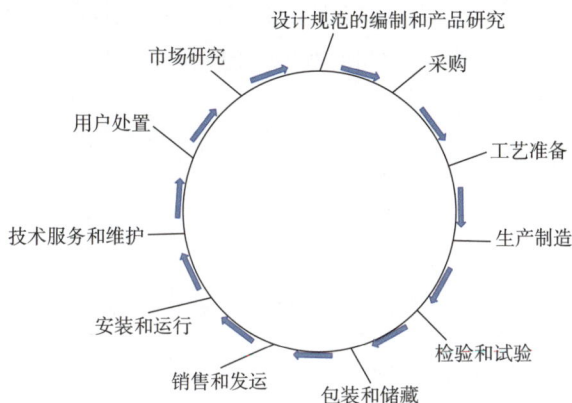

图 7-1-5 GB/T 19000—ISO 9000 质量环图

全面质量管理的核心内容可以概括为"三全一多"，即全面的管理、全过程的管理、全员参加和多种管理方法并用。

4. 服装生产质量控制流程

服装企业通过建立完善的质量管理体系，确保服装企业生产过程有序进行，相对完整的服装质量控制如图 7-1-6 所示。

◎ 边学边思考

服装生产质量控制的流程是什么？

_____

_____

学习心得：_____

_____

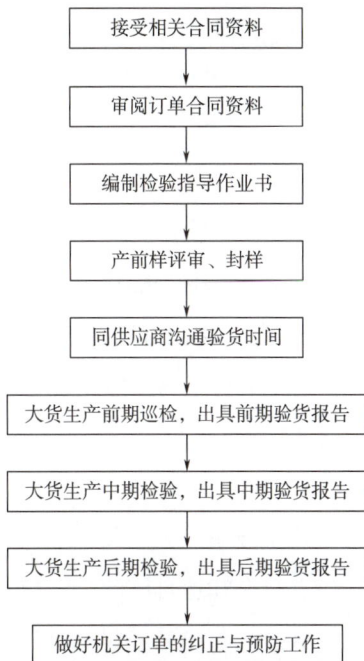

图 7-1-6 服装生产质量控制流程图

三、企业质量管理体系

1. 质量管理的基本原则

2000年12月15日，ISO颁布了2000年版ISO 9000系列标准。明确了质量管理的八项基本原则是改进组织的业绩框架。八项质量管理原则是在总结质量管理实践经验的基础上提出的，是制定、实施标准的理论基础，见表7-1-2。

表7-1-2　质量管理的八项基本原则

序号	基本原则	内容
1	以顾客为关注焦点	理解顾客当前和未来的需求，满足顾客需求并争取超过顾客的期望
2	领导作用	创造并保持使用员工能充分参与实现组织目标的内部环境
3	全员参与	各级人员充分参与，发挥他们的才干为组织带来收益
4	过程方法	将相关的资源和活动作为过程进行管理，可以更高效地实现预期效果
5	管理的系统方法	识别、理解和管理作为体系的相互关联的过程，有助于实现目标
6	持续改进	业绩的持续改进应是组织永远追求的目标
7	基于事实的决策方法	有效决策是建立在数据和信息分析基础上
8	与供方互利的关系	组织与其供方的互利的关系可增强双方创造价值的能力

质量管理八项原则的应用包括：测定顾客的质量要求、设定质量方针和目标、建立并实施文件化质量体系，最终确保质量目标的实现。

◎ **拓展阅读**

割草的男孩

一个替人割草的男孩打电话给陈太太问："您需不需要割草？"陈太太回答说："不需要了，我已有了割草工。"男孩又说："我会帮您拔掉花丛中的杂草。"陈太太回答："我的割草工也做了。"男孩又说："我会帮您把草与走道的四周割齐。"陈太太说："我请的那人也已做了，谢谢你，我不需要新的割草工人。"男孩便挂了电话，男孩的室友问他："你不是就在陈太太那割草打工吗？为什么还要打这电话？"男孩说："我只是想知道我做得有多好！"

摘自 阿尔伯特·哈伯德《自动自发》

这个故事反映了质量管理八项原则的第1条，即以顾客为关注焦点，不断探询顾客的评价。只有知道自己的长处与不足，再改进自己的工作质量，才能牢牢抓住顾客。

这个故事也是质量管理八项原则的第6条——"持续改进"思想实际运用的一个例子。每个员工都可结合自己的岗位工作持续改进。对于营销人员来说，这样可以得到忠诚度极高的顾客，并且改变一下沟通的方法，就可以得到公正、客观的评价。

做质量的大多数时候都是被动的，只是延续出现问题然后去解决问题的模式，如果能主动查找问题并解决问题才是完美的质量管理模式。

汽车"秀逗"的故事

一天，美国通用汽车公司收到一封客户抱怨信：我们家有一个习惯，每天在吃完晚餐后，都会买冰激凌来当饭后甜点。由于冰激凌的口味很多，所以我们家每天在饭后投票决定要吃哪一种口味，等大家决定后我就会开车去买。但自从最近我买了一部新的庞帝雅克后，在我去买冰激凌时，车就会出问题。

每当买的冰激凌是香草口味时，我从店里出来车子就无法发动。但如果我买的是其他口味的冰激凌，车子就可以顺利发动。庞帝雅克的总经理对这封信虽心存怀疑，但还是派了一位工程师去查看。当工程师去找这位客户时，很惊讶地发现这封信是出自一位事业成功且受过高等教育的人。工程师安排与这位客户的见面时间刚好是在用完晚餐的时间，于是两人开车前往冰激凌店。

那天晚上的投票结果是香草口味，当买好香草味冰激凌准备开车返回时，车子果然熄火了。这位工程师之后又依约来了三个晚上。第一晚，购买巧克力味冰激凌，车子可以发动。第二晚，购买草莓味冰激凌，车子也可以发动。第三晚，购买香草味冰激凌，车子又"秀逗"了。这位有逻辑的工程师，还是无法相信这位客户的车子对香草味"过敏"。

因此，他仍然不放弃寻找原因，继续安排相同的行程，希望能将这个问题解决。工程师开始记下所发生的种种现象的详细资料，如时间、车子用油的种类、车子开出及开回的时间。根据资料，他得出一个结论，这位客户买香草味冰激凌所花的时间比其他口味要少。

为什么呢？原因是这家冰激凌店的内部设置。因为，香草味冰激凌是所有口味中最畅销的，店家为了让顾客每次都能很快地购买，将香草味冰激凌特别分开，陈列在单独的冰柜，并将冰柜放置在店的前端；至于其他口味冰激凌则放置在距离收银台较远的后端。

现在，工程师的疑问是，为什么这部车会因为从熄火到重新发动的时间较短时就会"秀逗"？原因很清楚，绝对不是香草味冰激凌的原因，工程师很快地浮现出答案"蒸汽锁"。因为当这位客户买其他口味冰激凌时，由于时间较久，引擎有足够的时间散热，重新发动时就没有太大的问题。但买香草味冰激凌时，由于花的时间较短，引擎太热以至于产生"蒸汽锁"，导致汽车无法正常发动。

摘自搜狐网

质量管理原则第7条"基于事实的决策方法"思想在此例中也有所体现。即使有些问题看起来匪夷所思，但是有时候它却真的存在。看待任何问题时，应秉持冷静的态度思考，找寻解决的方法，这些问题看起来会比较简单。碰到问题时不要直接说那是不可能的，而是要投入一些努力。

天堂

一位行善的人去世后想见天堂与地狱究竟有何差异，天使就带他到地狱参观。在他们面前出现摆满了佳肴的餐桌。他感慨道："地狱的生活还不错嘛。"天使说："不用急，你再继续看下去。"一会儿，只见一群骨瘦如柴的"饿鬼"鱼贯入座。他们每个人手上拿着一双长五六米的筷子。

可是由于筷子实在是太长了，每个人都夹得到，但吃不到。来到天堂，同样的情景，同样的满桌佳肴，每个人同样用一双长五六米的筷子。不同的是，围着吃饭的人们，他们互相喂对面的人吃菜，因此每个人都吃得很愉快。

摘自搜狐网

这则故事体现了质量管理原则的第8条"与供方互利的关系"。在经济全球化程度不断深化的今天，与供应商之间建立起牢固的合作关系，加强对供应商的质量控制，建立互利共赢的合作关系已经成为企业必须认真做的事情。

2. 质量管理体系的认证

ISO 9000质量管理体系的实施和认证已成为企业在世界范围内保证产品质量、提高市场竞争力和提升企业对外形象所追求的目标之一。

质量管理体系认证是由第三方认证机构对企业质量管理体系进行评定并颁发认证证书，证明其符合ISO国际标准要求的技术活动。由于"第三方"是独立于企业与企业的顾客之间的一方，因此质量体系认证实际上是一种公正行为，能够得到社会广泛认同，见表7-1-3。

表7-1-3　ISO 9000质量管理体系认证的步骤

序号	认证步骤	内容
1	策划阶段	建立和实施ISO 9000质量管理体系，要进行周密的策划，包括人力、物力、资金、时间等计划
2	实施阶段	包括安排员工的培训工作，文件的编制，体系试行等。通过试运行对暴露的问题采取改进方法和纠正措施，以达到完善质量管理体系文件的目的，这个阶段要在专职顾问的指导下进行
3	检查阶段	包括检查或内部审核、管理评审和第三方认证审核。主要是检查或评审企业所建立和实施的质量管理体系，是否满足ISO 9000质量管理体系的要求，并能否得到有效的运行，才能够获得ISO 9000质量管理体系认证证书
4	持续改进阶段	严格按照已经建立的质量管理体系规定保持运行，不断发现问题并解决问题

3. 质量保证体系的内容

质量保证体系是一种系统的质量管理活动，为了保证质量，就必须在组织上保证和健全质量管理制度，并在生产过程中切实地执行和落实。

（1）要设立专职的质管机构，此机构应直属企业最高级领导，不受各车间部门的影响；

（2）要规定各部门的质管权限、任务和职责，避免各部门相互推诿、扯皮；

（3）要有一套质管的业务标准和工作程序；

（4）设置灵敏高效的质量信息反馈系统，这是质量保证体系得以运行的技术保证；

（5）如果产品需要外协厂配合生产，还应组织外协厂的质量保证活动；

（6）开展质量控制（QC）小组活动，即由现场第一线人员以各自的负责人为中心收集现场第一线的各种质量问题，进行自主管理及采取改进措施。

4. 服装质量检验员应具备的知识和技能（表7-1-4）

表7-1-4 服装质量检验员应具备的知识和技能

序号	专业知识	岗位技能
1	检验标准、方法	熟悉各类服装的国际标准、行业标准、企业标准 掌握检验要求和方法
2	服装面料、辅料知识	掌握服装面料、辅料的质量检验，具备服装相关疵点的认识能力和归类判断能力 了解面料、辅料的单耗、用料、质量评判等
3	服装工艺制作知识	了解服装工艺制作相关知识和工艺要求 掌握工艺制作的检验要求、方法和质量评判
4	服装测量知识	掌握服装测量的方法和技巧 掌握各部位误差范围和质量评判
5	整体质量评判和验货报告填写	掌握整体质量的评判要求，具备整体质量评判能力 掌握验货报告的编制要求和填写技巧
6	职业素养	具备良好的职业道德，遵守职业规则 具备较好的协调沟通能力、处理突发事件的能力

◎ 边学边思考

服装质量检验员应具备哪些能力？

_____

_____

学习心得：_____

_____

◎ 拓展阅读

戴明博士质量管理14条

《领导职责的14条》（以下简称《14条》）是戴明先生针对美国企业领导者提出来的。

美国各刊物所载原文无论是次序还是用语，都各有差异。这可能是因为在十多年里，戴明在不同场合，强调不同的缘故。

第1条，要有一个改善产品和服务的长期目标，而不是只顾眼前利益的短期想法。为此，要投入和挖掘各种资源。

第2条，要有一个新的管理思想，不允许出现交货延迟或差错，不生产有缺陷的产品。

第3条，要有一个从一开始就把质量保证体现在产品生产中的办法，而不仅依靠检验去保证产品质量。

第4条，要有一个最低成本的全面考虑。在原材料、标准件和零部件的采购时，不要只以价格高低来决定。

第5条，要有一个识别体系和非体系原因的措施。85%的质量问题和浪费现象是由于体系的原因，15%是由于岗位的原因。

第6条，要有一个更全面、更有效的岗位培训。不只是培训现场操作者应该怎样操作，还要告诉他们为什么要这样操作。

第7条，要有一个新的领导方式，不只是管，更重要的是帮，领导自己也要有新风格。

第8条，要在组织内建立一个新风气。消除员工不敢提问题、提建议的恐惧心理。

第9条，要在部门间养成协作的态度。帮助研制开发部门和销售部门的人员多了解制造部门的问题。

第10条，要形成一个激励、教导员工提高质量和生产率的好办法。不能只对他们喊口号、下指针。

第11条，要建立一个随时检查工时定额和工作标准有效性的程序，并且观察它们是否真正帮助员工干好工作，还是妨碍员工提高劳动生产率。

第12条，要把重大的责任从数量上转到质量上，使员工都能感到他们的技艺和本领受到尊重。

第13条，要设定一个强大而有效的教育培训计划，以使员工能够跟上原材料、产品设计、加工工艺和机器设备的变化。

第14条，要在领导层内建立一种结构，推动全体员工都来参加经营管理的改革。

摘自搜狐网

◎ 巩固训练

质量控制的概念是什么？

_____

_____

我的学习收获：_____

_____

◎ 任务评价（表7-1-5）

表7-1-5 任务评价表

任务内容	评价关键点	分值	自我评价	同学互评	老师评价
服装生产质量控制概述	掌握质量的基本概念	20			
	掌握生产质量控制的基本概念	20			
服装生产质量控制的发展阶段	掌握服装生产质量控制流程	40			
服装企业质量管理体系	掌握服装质量检验员应具备的知识和技能	20			
合计		100			

任务二 质量控制内容及要求

质量控制内容及要求

◎ 任务导入

某服装企业实行了一项新规定：由质检处统计各工组的返修件数，每月数据据实公布，工厂严格考核。上道工序的问题，如果下道工序没有及时发现，而在交货时发现，不仅要考核上道工序，还要考核下道工序。如果产品的质量问题被用户发现，就要"罪加一等"，双倍考核。质检处的职能也进行了调整，只负责产品的最终检查和全厂的质量管理制度、流程的设计和监控，隶属质检处的各工组产品检查的质检员的人事关系归各工组，其业务由相关工组负责。

各分组组长成了质量的第一责任人，全组每个职工都要承担相应的质量责任，责任可以无限期追溯，哪怕用户用了10年的产品，出了质量问题，一样追责。

"产品质量是做出来的，不是检查出来的。"这一理念在工厂内逐渐生根发芽。

◎ 任务要求

1. 了解质量控制的内容。
2. 掌握服装质量控制的方法和要求。

◎ 任务实施

1. 理解质量控制的零缺陷理论。
2. 有效运用PDCA质量循环。

◎ 相关知识链接

一、服装质量控制内容

1. 质量控制的内容

服装质量控制主要由服装企业的质量部门负责，服装企业质量控制主要内容如下。

（1）加强生产现场的质量管理，做好生产过程中的巡检、指导、监督工作，提前发现问题、解决问题。

（2）及时跟进生产过程中的产品质量，处理生产过程中出现的质量问题，防止产品出现大批量的不良产品和严重的质量问题。

（3）不断改进生产技术的标准，改善产品的生产工艺和生产设备，提高生产效果和工作效率，提高服装企业的经济效益。

（4）制定和不断完善服装产品质量的检验标准及检验方法，做好落实和实施工作。在实际生产过程中，还要进行相关员工检验培训工作。

（5）要协调好各个生产部门、各工序之间的质量控制工作，合理控制生产的进度，避免出现交货延期的现象。

（6）加强产品质量管理部门的工作，不断提高产品的质量；加强品质安全生产、质量控制工作的开展；要定期或不定期开展质量评比工作，提高员工的质量意识和检验技术。

（7）认真做好各种检验报表、检验报告的记录和存档工作。

2. 质量控制的方法

（1）六道检验把关制度。六道检验把关制度必须从原辅材料开始，至产品出厂为止，实行全过程的检验把关，而不是只把精力放在最终检验上。六道检验把关制度内容见表7-2-1。

表7-2-1　六道检验把关制度的内容

制度	主要内容
不合格原辅料不进仓	专职人员对原辅材料进行数量和质量验收，质量检验包括颜色、幅宽、色差、色档、纬斜、疵点等，发现问题应及时与质检科、技术科联系，把好产品质量第一关
不合格的原料不裁剪	裁剪车间领料后，首先要了解原料检查和测试情况。在辅料时，要注意原料的色差、色档、疵点、纬斜、污迹等，如遇质量问题，应停止铺料开裁，并及时与质检科和技术科联系，以确保裁片质量
不合格的裁剪不发片	划样：做到划样正确，排料紧密。划样后经检验合格才同意铺料 铺料：铺料后要检查平服、松紧、整齐，铺料后经检验合格才同意开裁 不合格的裁片不缝制：开刀后的裁片，由检验员检查核对签名后才能打包编号，送缝纫车间
不合格的在制品不往下流	由质检科专人对车间班组的在制品、半成品进行巡回检查，使质量隐患消灭在流水线之中 车间班组组织对半成品、在制品进行自查、互查、倒查、专查，贯彻以防为主，消灭质量事故

制度	主要内容
不合格的成品不包装	车间成品检验员对产品按程序进行全面检查，做到不让一件废、次品流入包装车间。质检科长或专职检验组长要对每个环节检验过的产品进行复查，如发现质量问题，则退回返修，且做好记录，考核其漏验率
不合格的产品不出厂	产品打包装箱后，由质检科或厂检对产品开箱抽验，查看成品质量，核对规格搭配、包装及箱号唛头是否符合要求，签名盖章后，同意出厂或报商检、外贸检验。经商检或其他验收单位检查发现质量问题而退货、索赔，应追究质检科和厂检责任

注 1. 自查指按工艺文件规定，对本人操作的在制品进行自查，确保不合格的在制品不往下流。

2. 互查指同工序个人之间，同产品班组之间，在质检科的组织下，定期对口互查，对查出的质量问题，做好记录，作为班组质量考核的依据。

3. 倒查指由下道工序对上道工序的质量进行检查，发现不符合质量要求的则应退回上道工序返修，若对上道工序的质量问题视而不见者，则根据个人质量考核评分细则规定扣分。

4. 专查指每组设检验员一名，对小组半成品逐件检验，严格把关，检验后加盖检验员工号。

（2）次品隔离制度。为避免废品、次品与合格品、优质品混在一起，影响企业质量信誉，实行次品隔离制度，内容如下。

① 检验操作台旁设废品专放箱、次品专放箱。

② 经检验发现可以返修的次品，登记以后退回原生产车间、小组返修，返修后检验合格的产品，才可以放在合格品处，并在返修登记一栏中注销。

③ 对不能返修的废品，填写产品报废单，通知所在车间、小组重做补足。

④ 对外单位退回的废品处理，由厂检跟踪解决，不使其流入合格品之中。

（3）质量考核与经济效益挂钩。企业质检部对生产班组和车间的在制品及成品随机抽查，每月对每个班组的产品质量作出评价，不同的产品等级，分别享受不同的工时单价，质量工时单价关系见表7-2-2。

表7-2-2　质量工时单价关系表

质量评分	返修率	评级	工时单价
100分	0	优质品	100%+20%
95分以上	＜2%	一级品	100%
90~95分	2%~5%	合格品	100%−20%
90分以下	＞5%	责令停止生产	限期改进

（4）实行厂检质量责任制。厂检员就是产品出厂前负责具体检验工作的专职检验人员。厂检员受厂长委托，被赋予具有质检科长的同等权力。

◎ 边学边思考

质量控制的内容是什么？

学习心得：＿＿＿＿＿＿＿＿＿＿＿＿＿＿＿＿＿＿＿＿＿＿＿＿＿＿＿＿＿＿＿＿＿＿

＿＿

二、服装质量控制要求

1. 零缺陷理论

有的企业认为，只要进行"严格检验"就可以将班组的产品质量提上去，其实"严格检验"是既昂贵又不切实际的做法，作用很小。生产过程中必须提前预防可能出现的产品质量问题，做到防患于未然。而在班组中推行零缺陷管理，就可以起到防止低质量的发生，它可以让班组成员看到管理者所期望的质量结果，然后班组成员按照管理者所期望的结果去做，就可以使班组达到改进质量的目的。

"零缺陷"管理是班组通过发挥班组成员主观能动性的经营管理方式，班组成员必须经过努力使自己所负责的产品、业务没有缺点，并向着"零缺陷"质量的目标奋斗。主要目的是让班组成员抛弃"缺点难免论"，这样才能以树立"无缺点"的哲学观念为指导，要求班组各部门的班组成员本着精细化的理念，从一开始就要严肃认真地将自己所负责的产品做得准确无误。

◎ 拓展阅读

质量管理的零缺陷管理实践

1962年美国马丁·马里塔公司的奥兰多事业部为提高产品的可靠性，解决"确保质量"与"按期交货"的矛盾，首先在制造部门实施零缺陷计划并获得成功。第二年美国通用电气公司在全公司范围内实施零缺陷计划，并增加了消除错误的原因的建议这一重要内容，从而使零缺陷管理更加完善。1964年初，美国国防部正式要求其军工系统的企业采用零缺陷计划，许多民用工业企业也相继实施。1965年5月，日本某电器公司首先在日本开展了零缺陷管理。零缺陷质量管理正在发达国家的企业中广泛地推行。

摘自《国家注册审核员网》

2. PDCA质量循环

PDCA由美国质量管理专家休哈特博士首先提出，由戴明博士采纳、宣传，并在全世界进行普及，又称戴明环。

PDCA指的是计划（plan）、实施（do）、检查（check）、处理（action）四个管理阶段，并构成一个工作循环，称为PDCA工作循环。

PDCA循环涉及质量管理活动的全过程。利用它可以不断发现问题，研究问题产生的原因，并采取措施加以解决。在实施过程中发现新的问题则通过第二次、第三次循环不断地进行，这样每一次循环都能使质量管理活动向前推进一步。PDCA的四个阶段如图7-2-1所示。

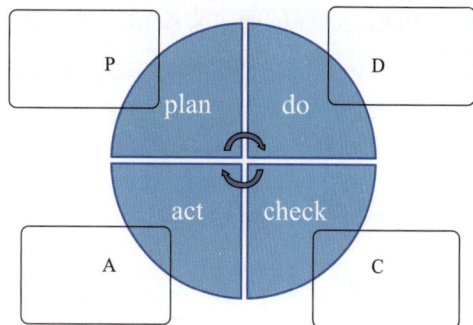

图7-2-1　PDCA工作循环

（1）计划阶段（P阶段）。它包括方针、目标、活动计划等内容。有四个步骤：

① 分析现状，找出存在的质量问题；

② 分析产生质量问题的原因和影响它的因素；

③ 找出影响质量的主要因素；

④ 针对影响质量的主要因素制定对策，提出具体行动计划，并预计它的效果。对于对策和计划，应明确说明：为什么要制定这样的对策和计划；要达到什么样的预期目的；在什么部门和地方具体落实；由谁去完成；什么时候开始，什么时候结束；用什么样的方法去完成等一系列问题。

（2）执行阶段（D阶段）。按预定的计划认真执行。在执行前应向有关人员讲清它的目的、方法、标准和要求。

（3）检查阶段（C阶段）。对采取对策后的实际效果进行检查，查看是否按要求进行，以便及时发现问题。

（4）处理阶段（A阶段）。一是总结经验、巩固成果，把成功的经验和失败的教训规定到相应的标准和制度上去；规定和标准要成文，防止失败再度发生。二是提出尚未解决的问题，作为下一个PDCA循环的起点。

3. PDCA循环的特点

PDCA循环的大圆圈按照四个阶段不停地转动，如图7-2-2所示。大圆圈里面套小圆圈，如全厂的工作质量是一个大圆圈，车间、科室、班组的工作质量就是大圆圈中的小圆圈，大小圆圈一起转动，如图7-2-3所示。

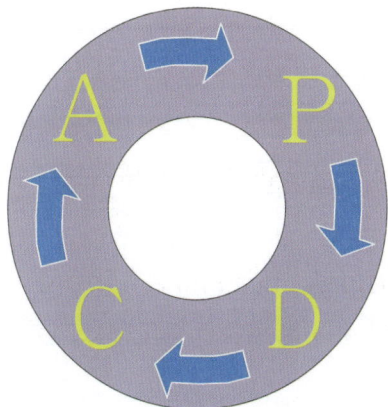

图7-2-2　PDCA循环特点1

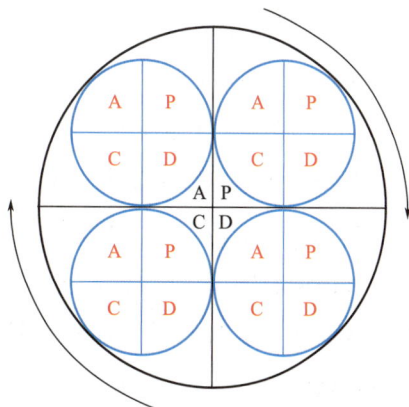

图7-2-3　PDCA循环特点2

PDCA循环的四个阶段紧密接连在一起的，像一个"车轮"，相互衔接，不停地向前转动，不停地前进，使工作效率更高，如图7-2-4所示。

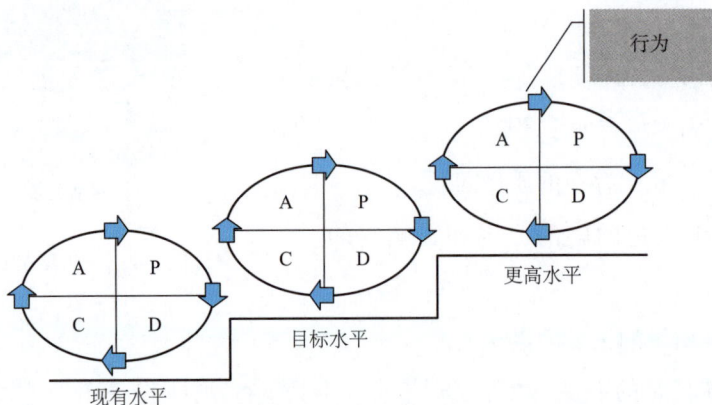

图7-2-4　PDCA循环特点3

PDCA循环要求做一件事，要有目标和计划，照此执行，执行过程中有检查、问题发现，再将问题进行处理，会对下一步计划产生积极的影响。PDCA循环是一个闭环，不断循环往复，向上攀升。

◎ 案例

某公司要举行年度客户答谢会，维系客户关系，加深新客户对公司的良好认知。由负责人做计划，主要内容有：

① 确定预算；② 确定场地；③ 制作邀请函；④ 准备物料（易拉宝、横幅等）；⑤ 准备礼品；⑥ 确定主持人及参会领导；⑦ 发送邀请函；⑧ 现场实施；⑨ 抽奖颁发礼品；⑩ 答谢晚宴。

这样的计划模块，看似完整，但实际上只是流程的大致罗列。但是好的工作计划是分解，不是罗列。把事情做好有一个很重要的手段叫分解。分解是不断地把笼统的事物分解到可控制、可管理的单元为止，形成一个结构，清楚地看到如何完成一项工作，并尽可能保障工作的完成。

例如，针对礼品准备这项工作，要思考的事情有：

① 客户的层次是否一致；② 每个客户的礼物预算平均为多少？③ 有没有特别的礼物需要准备？④ 选择的礼品需要达到什么目的？是为宣传新产品，还是只需要强化公司品牌？礼物可以方便客户随时能用，还是放置起来？⑤ 礼品给到客户的价值感知怎么样？能不能使成本200元的礼品产生1000元的价值感知？

针对具体问题的思考，恰恰是计划中应该存在的内容，让计划指导实际行动，在进行检查的时候，才能有迹可循，而不是靠想象。计划也会不断完善，每年都做同类的工作，但却能越做越好。

PDCA循环就是从当下的事实出发，找到改善点，不断完善，不断提升的过程。

◎ 边学边思考

1. PDCA是指_____。

2. 质量控制的零缺陷理论的主要内容是什么?

_____

_____

3. 如何运用PDCA质量循环?

_____

_____

学习心得:_____

_____

◎ 拓展阅读

降落伞的真实故事

这是一个发生在第二次世界大战中期,美国空军和降落伞制造商之间的真实故事。当时,降落伞的安全性能不够,即使经过制造商努力改善,使降落伞的良品率达到了99.9%,这个良品率即使现在许多企业也很难达到。

但是美国空军却对此说"No",他们要求降落伞的良品率必须达到100%。于是降落伞制造商的总经理便专程去飞行大队商讨此事,看是否能够降低这个标准?因为制造商认为,能够达到99.9%已接近完美了,没有必要再改进。美国空军当然一口回绝,因为品质没有折扣。后来,军方要求改变了检查品质的方法。那就是从制造商前一周交货的降落伞中,随机挑出一个,让制造商负责人装备上身后亲自从飞行中的飞机中跳下。这个方法实施后,不良率立刻变成零。

日本"经营之神"松下幸之助有句名言:"对产品来说,不是100分就是0分。"任何产品,只要存在一丝一毫的质量问题,都意味着失败。许多人做事时常有"差不多"的心态,对于领导或是客户所提出的要求,即使是合理的,也会觉得对方吹毛求疵而心生不满。

对待产品质量应该保持精益求精的态度和严谨细致的工作作风。换位成消费者,如果买回的酵母做的馒头里吃出一根头发,心里是什么滋味?也许我们会认为10万(或10亿)袋酵母里才有一袋里有一根头发无须大惊小怪。但是对生产者来说是十万分之一,对于吃到头发的消费者来说就是100%。

试想,如果什么事情只有99.9%的成功率,那么每年会有20000次配错药事件,会有15000个婴儿出生时会被抱错,每星期会有500宗手术发生失误,每小时会有2000封信邮寄错误。看了这些数据,我们都希望全世界所有的人都能在工作中做到零缺陷。因为我们既是生产者也是消费者。这就是零缺陷管理。

◎ **巩固训练**

零缺陷管理能给企业带来怎么样的效益？

_____

_____

我的学习收获：_____

_____

◎ **任务评价**（表7-2-3）

表7-2-3　任务评价表

任务内容	评价关键点	分值	自我评价	同学互评	老师评价
质量控制的内容	质量控制的内容	20			
服装质量控制的方法	六道检验把关制度	10			
	次品隔离制度	10			
	质量考核与经济效益挂钩	10			
	实行厂检质量责任制	10			
服装质量控制要求	PDCA质量循环	20			
	零缺陷理论	20			
合计		100			

任务三　质量控制部位及标准

质量控制部位及标准

◎ **任务导入**

某服装企业是一家经营了10多年的订货型服装加工企业，产品销往国内外市场。该企业设立较完善的组织机构，主要部门有营业部、采购部、物流部、资料部、生产部、工程部、品质控制部等，其中生产部门有裁剪部、缝纫车间、洗水车间、整烫车间、包装车间等部门。为了保证产品质量和提高客户的满意度，该企业已认证了ISO 9000质量管理体系。

近年来，该企业生产的产品经常出现一些质量问题，如品质管理部门进行一批产品的质量检查，检查合格后即可让客户确认收货，但品质管理部在抽样检查24件样品时发现其中有2条裤子的裤长不一样。此外，一张编号T-4367的休闲裤订单中规定布料是没有弹性的T/C府绸布，但该订单休闲裤在洗水后发现前后浪缩水度分别是1.30cm和1.50cm，成品尺寸不能达到客户要求，遭到客户的投诉。

◎ **任务要求**

熟悉服装质量控制的标准。

◎ **任务实施**

1. 了解面料的检验内容。
2. 了解面辅料的管理流程。
3. 能确定裁床方案。
4. 熟悉服装检验的流程。

◎ **相关知识链接**

一、面料质量控制

1. 面料检验项目和内容（表7-3-1）

表7-3-1 面料检验项目和内容

项目	内容
外观质量	规格尺寸（长度和幅宽）、颜色、疵点、色花色差、缸差、纬斜等
物理指标	经纬密度、克重（每平方米重量）、纱支规格、断裂强度、撕破强度、抗滑移、水洗尺寸变化率、干洗尺寸变化率、起球、色牢度（水洗色牢度、耐光色牢度、耐汗渍色牢度、耐烫色牢度、耐摩擦色牢度）
安全性能	甲醛含量、pH、可分解芳香胺致癌染料、异味等

2. 面料检验标准（表7-3-2）

表7-3-2 面料检验标准

检验项目	检验方法	判定合格标准
幅宽	尺量	用尺子测量，幅宽差为-1~2cm
外观	目测	无污染、破洞等
克重	卡码器	标准克重±5g以内
色牢度	测试	三级以上
备注：		

二、辅料质量控制

辅料进厂后立即进行检查和复核辅料的规格型号、数量和外观质量，目的是尽早发现质量问题，尽早处理，使企业处于主动状态。

辅料质量控制应该从以下几方面着手：

1. 里料

里料与面料测试类似，主要检验缩水率与面料是否相吻合，颜色与面料是否相配，并检查里料的色差、色牢度及静电性能等，检验标准见表7-3-3。

表7-3-3　里料检验标准

检验项目	检验方法	判定合格标准
幅宽	尺量	用尺子测量，幅宽差为 –1 ~ 2cm
外观	目测	无污染、破洞等
克重	卡码器	标准克重 ±5g 以内
色牢度	测试	三级以上
备注：		

2. 黏合衬

黏合衬检验主要测试剥离强度、缩水率、热缩率、耐干、耐水洗性能、渗胶性能等，检验标准见表7-3-4。

表7-3-4　黏合衬检验标准

检验项目	检验方法	判定合格标准
幅宽	尺量	用尺子测量，幅宽差为 –1 ~ 2cm
外观	目测	无污染、破洞等
克重	卡码器	非织造布黏合衬标准克重 ±2g 以内，布质黏合衬 ±5g 以内
黏合牢度	加热压烫	指甲稍用力挖后未开裂、脱落、渗胶
备注：		

3. 填充材料

填充材料检验测试重量、厚度、压缩弹性等，填充物为羽绒时还要测试含绒量、蓬松度、微生物检测指标、耐洗色牢度等。

4. 纽扣类

普通纽扣需要测试色牢度、耐热性，金属纽扣需要测试抗腐蚀性、镍含量等，检验标准见表7-3-5。

表7-3-5　纽扣类检验标准

检验项目	检验方法	质量要求	抽检数	允许标准
规格	对照采购订单	整批规格须和辅料采购订单一致	各色、各规格抽5袋(盒)，每袋(盒)不少于10个	在抽验数量中不良产品大于或等于2个，判整批不合格
颜色	对照样卡	整批颜色须一致，不能有色差		
外观	目测	金属扣不得有生锈、污点、破裂、颜色不均、脱漆等现象，平面与扣面、针脚不能偏心与歪斜，塑料扣须正确光滑，严禁有裂痕、刮痕		
色牢色	水洗	水洗后不能褪色(在40℃温水中加适量洗衣粉浸30min)。此项依客户需要进行	各色、各规格抽5个	若1个不合格，判整批不合格
备注：				

5. 拉链

拉链根据需要测试手拉强度、折位强度等，检验标准见表7-3-6。

表7-3-6　拉链检验标准

检验项目	检验方法	质量要求	抽检数	允许标准
规格	按订单要求规格型号（尺子）	长度误差在±0.3cm以内	各色、各规格各抽3个	若1个不合格，判整批不合格
颜色	对照样卡	各色与样卡要求一致		
外观	目测	齿整齐，不能有毛边及伤痕，金属配件无生锈，油漆无脱落现象，拉链码带不得有油污、破损、扭曲不平等现象，要左右对称		
功能	拉合测试	拉头与链齿的配合密合，拉时顺滑无阻碍；码带与链齿应坚固，拉合后不得有齿不平、脱落等现象，要有反锁功能		
色牢度	水洗	水洗后不能褪色（在40℃温水中加适量洗衣粉浸30min）。此项依客户需要进行	各色2个	
备注：				

6. 线带类

线带类辅料一般需要测试染色牢度、缩水率等，如橡皮筋，在加工到成衣上之前要预先缩水和松弛。缝纫线还需要测试断裂强度、断裂伸长率、可缝性等。

7. 标识类

不同标识要求不同，洗涤标应当具有持久性。印上的字要能耐水洗，日常洗涤后仍能识别清楚。

三、面辅料的管理流程

服装面辅料的管理必须规范严谨，确保面辅料管理有序，面辅料最终的出入库数量一致。服装面辅料仓储管理的工作重点主要由以下几点构成。

（1）服装面料的堆放要整齐、规范，应按照类别、缸号、颜色等进行分类管理和统计工作，并做好防潮、防霉等工作。

（2）严格检查、记录面辅料入库实际数量，核对其是否与来货单据数量、采购计划数量一致。

（3）严格按照实际的单件用量及损耗，完成裁剪车间等相关生产部门面辅料领用工作，并做好记录和核对工作。

（4）对相关部门退回的余料和疵品面料，要进行数量和质量的核实。

为了保证服装的生产进度，应严格控制面辅料订单的交货期和交货数量，仓库管理员

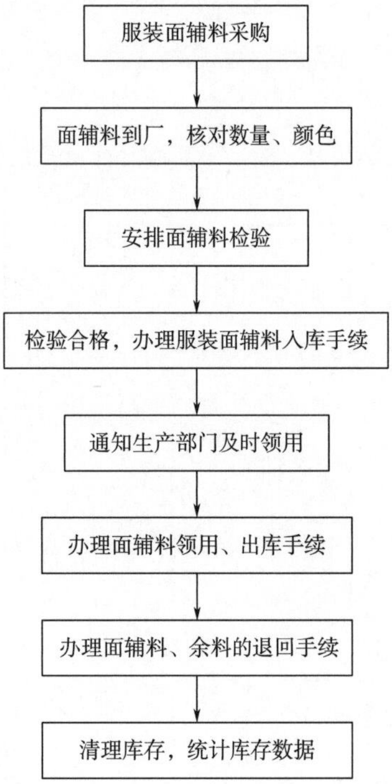

服装面辅料采购

面辅料到厂，核对数量、颜色

安排面辅料检验

检验合格，办理服装面辅料入库手续

通知生产部门及时领用

办理面辅料领用、出库手续

办理面辅料、余料的退回手续

清理库存，统计库存数据

图7-3-1 面辅料的常规管理流程

和采购员要相互配合，做好服装面辅料的生产进度的跟进工作，面辅料的常规管理流程如图7-3-1所示。

◎ 边学边思考

1．简述面料的检验内容。

_____

_____

2．简述面辅料的管理流程。

学习心得：_____

_____

_____

四、生产前质量控制

服装产品正式生产前，需要进行服装样品试制，流程如图7-3-2所示。

试制完后应进行样品鉴定，服装样品鉴定是由企业设计开发、生产加工、质量管理、供销等部门共同组成样品鉴定小组审核，审核内容见表7-3-7。

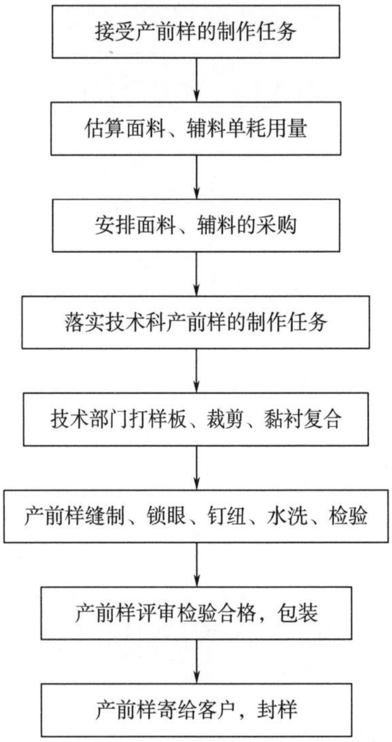

接受产前样的制作任务

估算面料、辅料单耗用量

安排面料、辅料的采购

落实技术科产前样的制作任务

技术部门打样板、裁剪、黏衬复合

产前样缝制、锁眼、钉纽、水洗、检验

产前样评审检验合格，包装

产前样寄给客户，封样

图7-3-2 服装产前样的样衣制作流程图

表7-3-7 样品的审核内容

审核项目	审核内容
款式造型与样品实样审核	主要鉴定样品造型、服装结构、材料、尺寸规格和号型设置组合是否符合客户及设计要求
样板、工艺及装备审核	主要鉴定服装样板是否准确齐全，各组各部件是否吻合，样板标注及说明有无漏缺，各档档差及推档是否有误；生产加工流程、工序分析与编制是否符合生产条件，是否是最佳工艺设计，工艺参数及技术质量要求应准确无误；服装加工设备能否保证产品质量，设备状态应正常，辅助工具应齐备并保证顺利进行批量生产
封样	在企业鉴定合格的基础上，送交客户进行最终确认存档，即所谓封样。对于客户提出的要求、来样来料的产品、新产品、服装某些因素或要求较含糊、易混淆、不易表述等，则需封样来澄清

五、裁剪质量控制

裁剪是服装生产"三大工艺"之一，裁剪的质量不仅影响服装产品的质量、服装产品的成本，也直接影响服装的生产效率。裁剪质量不良涉及的不只是一件成品，而是一批成品，因而对服装企业来说关系重大。

1. 裁剪方案的检查

裁剪方案包括四部分的内容。

（1）整批生产任务分几床，即床数。

（2）每一床铺多少层织物，即铺布层数。

（3）每一层排几个规格，即规格数。

（4）每一层每个规格排几件，即件数。

裁剪方案的检查包括核对尺码、颜色、数量是否与订单一致，还要考虑裁剪方案是否能够使面料的利用率最高，使损耗最小。

2. 排料画样的质量控制

排料画样的品质控制的主要内容有以下几点。

（1）检查排料图上的样板号型、规格及面料的品号、色泽、门幅等与生产通知单是否相符。

（2）面料正反面无误，各层正反面是否相同，各裁片方向是否一致。

（3）大小样板有无漏画或错画。

（4）排料图上衣片经纱方向是否偏斜，是否超出允许公差。

（5）衣片的倒顺向、拼接、对条、对格等是否符合技术要求。

（6）排料利用率是否低于技术科制定的额定耗用标准。

（7）画样线条是否清晰、宽窄一致，每个裁片的规格是否准确。

（8）省位、口袋位等车缝标记有无漏画、模糊不清或错位。

（9）排料图上各衣片之间是否留有空隙，如果余量不足，会影响裁剪的精度。

3. 铺料质量控制

铺料时，要求布面要平整，一侧布边对齐，铺料张力应均匀，还应注意面料上的疵点，包括验布时未标出的疵点是否在排料图的裁片位置上，并尽量避开。如果不能避开，应做出明显标记，并用剩余布料补裁。

4. 裁剪质量控制

（1）裁剪的质量控制主要反映在切口的质量上，切口应整齐清晰，干净利落。

（2）裁剪后应将底层裁片和最上层裁片与样板尺寸核对，若发现裁片尺寸略小于样板尺寸，应及时通知缝制车间通过缩小缝头予以弥补。

（3）对于面料色泽有严重差异的，验布时要做好标记。排版时必须坚持缝合衣片就近原则，对于左右存在色差的面料，应将同一件衣服顺一边排。对于有段色差的面料，排版时尽量缩小纵向距离并应避免版长过长，同时不能双向铺布。排版时，应首先考虑重点部位（如上衣的前片），然后将贴边、领里、贴袋、腋下等隐藏部位放在色差无法避免的地方。这样，即使面料有轻微色差，在服装成品上也不易看出。

5. 案例

（1）裁剪方案。

任务要求：

某服装企业接受一批衬衫生产任务，衬衫的数量为5000件，其中S码1000件，M码1000件，L码1000件，XL码1000件，XXL码1000件，请制订合适的裁剪方案。

任务解答：

先确定裁床长度为15m，以L码单耗为1.4m计算，每层只能裁10件，每层段长为1.4×10=14（m）。需要铺布的总层数为5000÷10=500（层）。裁剪表示方法见表7-3-8。

表7-3-8　裁剪方案的表示方法

| 订单裁剪分配 | 订单数量5000/件 | | | | | 每床的拉布层数/层 |
	S码	M码	L码	XL码	XXL码	
第一床裁剪数量	500				500	100
第二床裁剪数量		500		500		100
第三床裁剪数量			1000			100
第四床裁剪数量	500				500	100
第五床裁剪数量		500		500		100

（2）裁剪生产配比表。

任务要求：

服装数量配比见表7-3-9，根据表中的相关信息，编制一份服装企业裁剪生产配比表。要求3个颜色同时铺料，每一层排料4件，最多一床铺150层，按6种方式轮流搭配裁剪见表7-3-10，请问几床可裁完？

表7-3-9　服装数量配比表

| 服装颜色 | 各规格数量/件 | | | | | |
	S码	M码	L码	XL码	XXL码	合计
红色	200	400	600	400	200	1800
白色	100	300	500	300	100	1300
米色	300	500	700	500	300	2300
合计	600	1200	1800	1200	600	5400

表7-3-10　6种方式轮流搭配裁剪表

| 裁剪方式 | 各规格数量/件 | | | | | 数量/件 |
	S码	M码	L码	XL码	XXL码	
方式1	1		2		1	4
方式2		2		2		4

裁剪方式	各规格数量/件					数量/件
	S码	M码	L码	XL码	XXL码	
方式3		1	2	1		4
方式4	1	1		1	1	4
方式5			4			4
方式6	1		2		1	4

任务解答：

倍数＝每床的层数÷订单总数的前2位数＝150÷54≈2.78。

每个颜色每层的排料裁剪件数＝每个颜色的总数前2位数×倍数。

红色每层的排料裁剪件数：18×2.78＝50.04，取整数50。

白色每层的排料裁剪件数：13×2.78＝36.14，取整数36。

米色每层的排料裁剪件数：23×2.78＝63.94，取整数64。

每个颜色排料裁剪合计件数＝每个颜色的总数÷每一层的排料件数。

红色排料裁剪合计件数＝1800÷4＝450。

白色排料裁剪合计件数＝1300÷4＝325。

米色排料裁剪合计件数＝2300÷4＝575。

编制服装企业裁剪生产配比表（表7-3-11），可知完成裁剪任务需要裁剪9床。

表7-3-11　服装企业裁剪生产配比表

床数	各规格数量/件					数量/件	颜色			层数/层	数量/件
	S码	M码	L码	XL码	XXL码		红色	白色	米色		
1	1		2		1	4	50	36	64	150	600
2		2		2		4	50	36	64	150	600
3		1	2	1		4	50	36	64	150	600
4	1	1		1	1	4	50	36	64	150	600
5			4			4	50	36	64	150	600
6	1		2		1	4	50	36	64	150	600
7		2		2		4	50	36	64	150	600
8		1	2	1		4	50	36	64	150	600
9	1			1	1	4	50	36	64	150	600
合计	4	8	12	8	4	36	450	325	575	1350	5400

（3）裁剪铺布单。

任务要求：

裁剪车间接受一个裁剪生产任务，并从仓库领取裁剪的面料，其具体数量见表7-3-12。根据该表编制一份服装企业裁剪铺布单（段长为8m，每层排料件数为4件）。

表7-3-12　服装面料织造公司送货清单

匹数	订单号	货号	品名	颜色	缸号	米数/m
1	14-11	A-008	色织布	白色	1	81
2	14-11	A-008	色织布	灰色	1	82
3	14-11	A-008	色织布	蓝色	1	82
4	14-11	A-009	色织布	白色	1	81
5	14-11	A-009	色织布	灰色	1	81
6	14-11	A-009	色织布	蓝色	1	82
7	14-11	A-010	色织布	白色	1	83
8	14-11	A-010	色织布	灰色	1	83
9	14-11	A-010	色织布	蓝色	1	87
10	14-12	A-020	色织布	白色	1	83
11	14-12	A-020	色织布	灰色	1	85
12	14-12	A-020	色织布	蓝色	1	87
13	14-12	A-021	色织布	白色	1	82
14	14-12	A-021	色织布	灰色	1	86
15	14-12	A-021	色织布	蓝色	1	83
16	14-12	A-022	色织布	白色	1	84
17	14-12	A-022	色织布	灰色	1	83
18	14-12	A-022	色织布	蓝色	1	86
合计						1501

任务解答：

根据表7-3-13服装企业裁剪铺料记录单，可以知道每卷布的实际利用率和损耗情况以及实际的裁剪数量等信息。

表7-3-13　服装企业裁剪铺料记录单

客户：_____　款号：_____　数量：_____件 单位：_____m　　日期：_____

面料名称：_____　门幅：_____　排料件数：_4_件 段长：_8m_

匹数	颜色	米数/m	各规格数量/件					层数	余布/m	损耗/m
			S码	M码	L码	XL码	XXL码			
1	白色	81	1	1		1	1	10	0.5	0.5
2	灰色	82	1	1		1	1	10	0.5	0.5
3	蓝色	82	2		2			10	1	1
4	白色	81		2		2		10	0.5	0.5
5	灰色	81			4			10	0.5	0.5
6	蓝色	82		2		2		10	4	4
7	白色	83	2				2	10	2	1

匹数	颜色	米数/m	各规格数量/件					层数	余布/m	损耗/m
			S码	M码	L码	XL码	XXL码			
8	灰色	83		2	2			10	1	5
9	蓝色	87		1	2	1		10	4	3
10	白色	83	1	1	1	1		10	1	2
11	灰色	85	1		2		1	10	2	3
12	蓝色	87		2		2		10	3	4
13	白色	82			4			10	1	1
14	灰色	86	1	1	1	1		10	3	3
15	蓝色	83	2		1		1	10	2	1
16	白色	84		2		2		10	2	2
17	灰色	83			4			10	1	2
18	蓝色	86	1		2		1	10	2	4
合计		1501						108	32	39

◎ 边学边思考

裁床方案如何确定？

_____

_____

学习心得：_____

_____

六、黏合质量控制

1. 黏合衬的选择

黏合衬的品种、规格、特性及底布的组织结构和性能、热溶胶的种类。例如，聚酰胺热镕胶耐干洗，耐40℃水洗，黏合性较好，适合做西服和外衣用衬；聚酯热熔胶，耐干洗，耐60℃水洗，适合做涤纶纯纺织物用衬。

（1）服装。黏合衬选择时应考虑服装款式、服用性能、穿着年限以及洗涤方式。例如，童装、衬衣应选用良好的耐水洗的衬布。

（2）面料。黏合衬选择时应考虑面料的组织结构、手感、厚度、弹性、热学性能、尺寸稳定性。例如，对真丝类薄型面料，为防止产生渗料和色差，应选用细小颗粒的黏合剂，同时因真丝不耐高温，应选用低熔点的黏合衬布。对光滑面料，应选择胶粒细小而黏合力强的黏合衬；对厚重面料，应选择胶粒较大的黏合衬；对弹性面料，应选择与面料弹性相似的黏合衬；对尺寸不稳定面料，应选择与面料的伸长和收缩类似的黏合衬。天然纤维的黏合温度为160℃，合纤为140℃。一般机织物的黏合压力为0.03MPa，编织物为0.02MPa。

（3）用衬部位。黏合衬选择时应考虑服装的不同部位，对用衬要求不同，大衣、西装等服装的前身部位，黏合面积大，要求具有良好的保形性，应选择黏合牢度大的黏合衬；领、袖口、袋口、袋盖等小部位的黏合，黏合牢度可稍低，但手感和耐洗性应与前身部位相同；领头、驳头和门襟部位，应选用具有较好的保形性能的黏合衬。

2. 黏合质量的检验

（1）黏合牢度。黏合牢度一般用剥离强度来表示，需要用剥离试验仪、强力机等相应的测试设备来测试。

（2）外观。

① 黏合后面布是否起泡起皱；

② 面布表面是否有黏胶溢出；

③ 面布黏衬后是否产生变色现象；

④ 黏衬后面布是否表现出所希望的风格。

（3）尺寸的变化。尺寸的变化可以通过黏合前后或黏合后熨烫、摩擦、洗涤等处理前后尺寸的测量来反映。一般可用缩率、缩水率、热缩率等指标表示。

七、缝制质量控制

1. 缝制工艺单的编制

服装企业相关人员需制定缝制工艺单，见表7-3-14，以确定缝制工艺要求，并以此作为生产和检验的依据。编制缝制工艺单应注意以下方面：

（1）确定缝制工艺的步骤。应对每个产品的缝制工艺进行分析，制定符合缝制工艺的操作步骤和流程；同时，要明确缝制工艺的各项要求及检验标准，便于缝制过程中自查。

（2）统一水洗标的缝制方法。缝制中不能因辅料的缝制位置、方法等不一致而影响产品的外观效果。因此，在缝制辅料时应严格按照订单要求进行缝制，避免出现成品缝制的水洗标距边位置、方向不一致的情况。

（3）注意裁片是否有色差。服装产品在缝制时经常会使用面料拼接的工艺手法，相同颜色、相同材质的面料拼接时，其色差必须在允许范围内。

（4）控制缝制针距。这是保证产品外观质量的一个重要环节，针距的长短影响产品的使用性能，所以不能随意调整，应严格遵循工艺单上的针距要求。

2. 缝线张力和针距的每日检查

一般情况下，设备的工艺参数由技术人员事先调节好，操作工只需进行每日生产前的清洁设备工作。

3. 缝制过程中检验点的设置

检验点设置得合理可以大幅减少返修工作量，减少生产成本，而且可即时发现质量问

表7-3-14　工艺单的编制

款式名称：女上衣	样板号：20-55	订单号：20-1800	生产数量：1000	交货日期：2021.9.18

款式和细节图

袖山顶顶部抽褶

串口上领面抽褶

领口为V形分割通到肩部

袖口分割处抽褶

口袋到侧缝　前片弧形开衩到不通到抽褶　分割部分下面抽褶

正面

背面

工艺质量要求

1. 针距：13～14针/3cm
2. 前片：先在腰部分割处横向分割，抽褶均匀，拼合公主线和横向分割处抽褶，缝份1cm，大小一致，公主线缉0.6cm明线。装袋盖，圆角方向朝上。做驳头、大小驳头外弧线缉0.6cm明线。根据刀线，根据刀线压0.6cm明线。领口V形弧线缉0.6cm明线
3. 后片：拼合后中和公主线，缝份1cm，大小一致，熨烫平整，缉0.6cm明线，下摆折边4cm，拼合肩缝线、熨烫平整，拼合肩缝
4. 领子：缝合领面至0.6cm，领面串口处抽碎褶，拼合领面领底，外弧线缉0.6cm并修剪0.6cm，领面窝势自然，领面领底明线。装领时刀眼对齐，领圈无抽缩拉正现象。左右领子对称，外松里紧，平服
5. 袖子：在袖山顶根据刀眼抛0.6cm缝缉线抽褶，缝合袖侧缝，并缉0.6cm明线；袖口处抽褶，在褶口弧线缝部重叠1.5cm，并装袖口。先根据刀眼将袖山和袖窿进行吻合，装袖时缝份0.8cm，大小一致，刀眼对齐，装袖圆顺饱满
6. 下摆：用三角暗针撬牢，正面无针印，熨烫平整无起涟
7. 整烫要求：衣服整烫平整，无烫黄、烫焦，烫死，无水花烫印。褶皱不可烫死，要保持微用蒸汽定型即可，分割线整烫顺直，平服线整烫顺直，平服不起皱

部位	规格/cm			档差
	155/80A	155/80A	155/80A	
胸围	89	92	95	3
腰围	71	74	77	3
摆围	93	96	99	3
后衣长	49	51	53	2
肩宽	36	37	38	1
袖长	37.5	39	40.5	1.5
袖口	24	25	26	1
袖口高	7.5	8	8.5	0.5
袋盖长	13	13	13	0

颜色配比

颜色	规格/cm			总数
	155/80A	160/83A	165/86A	
白色	300	300	400	1000

续表

结构造型说明		面辅料用料说明				
		布料名称	成分	规格	门幅/cm	单耗/cm
1. 本款为女士时尚合体上衣，整体造型为X型，两粒扣，第一粒扣在腰节处。 2. 前片为弧形分割，不通到下摆，在腰节处装袋盖，口袋盖为假袋，盖上翻，且袋盖一边通到圆角缝处，另一边为圆角造型，缉明线。 3. 后片弧形分割，线条走势符合人体曲线，收腰强烈。 4. 领型为V字领开法，大小两个驳头按图示相叠，串口处领面有抽褶，圆角驳头和圆角领头，并挖领脚。 5. 袖子为中袖，袖山顶部抽细褶，袖口处有分割，并在袖口下部抽细褶，袖口相叠加，为圆角	面料小样	面料	棉		144	100
		里料	塔夫绸		144	90
	里料小样	辅料		规格	部位	
		配色线	9.7tex（60英支） 白色			
	纽扣小样	非织造布衬	25g 白色		领面 下摆 挂面	
		纽扣	包扣 直径3.5cm		扣眼处	
		主标	长3cm 高1cm		后领圈中下 2cm	

制单人：　　　　　　　日期：
审核人：　　　　　　　日期：

题，也可及早找出问题的根源，减少不合格品的产生。

4. 操作工的自查

操作工的自查，一方面要求其熟练掌握本工序的操作技巧，领会技术质量要求；另一方面要求操作工应有一定的责任心。通过操作工的自查，可以在第一时间减少不合格品的产生，避免大的返修量。

5. 各工序的倒查

为确保不合格的在制品不流入下道工序，要进行工序倒查，由下道工序对上道工序进行检查，不合格品要退回上道工序返修。

6. 断针管理

在服装检验中，出现断针就意味着产品的安全得不到保证，在日本、美国等国家，衣服上如存在断针，一根断针的处罚额度高达5万美元。

为了保证成衣中无残留断针，除了通过验针机进行检验外，更重要的是通过严格的管理来杜绝断针。一般断针管理的措施如下：

（1）由专人负责缝针的发放、调换及记录。

（2）操作工应持旧针去换新针，如果某一截断针找不到，就需对有关的在制品进行检针。

（3）负责缝针的管理人员做好调换记录，并将断针粘贴到记录表上。

八、熨烫质量控制

1. 熨烫安全技术操作规程

（1）扣烫衣片和配裁零料时，要整洁顺直，严禁乱号，要严格按照小样板操作，不得走样，各处的标准印点要划准确。

（2）要保证裁片清洁，无破损，不烫糊，不变色，生产及时，满足缝纫工的生产要求。

（3）在配零料时要求配准。在熨烫时，要正确识别面料的正反面，发现裁片问题及时向班长反映。

（4）操作过程中，对扣配好的衣片要整齐堆放，不得乱丢乱扔。

（5）熨烫工具要放在支架上，不得直接放在案板上，以免烧坏案板。

（6）操作人员离开烫台时要及时拔掉电源插头。

2. 半成品熨烫的质量检验

（1）半成品的熨烫外形质量是否符合设计要求。

（2）有无烫黄、变色、变焦、极光、沾污、熔孔等熨烫疵点。

（3）是否把衣片或部件熨烫变形、缝口熨歪扭。

（4）是否有熨错位置、漏熨现象。

3. 成品熨烫的工艺要求

上装和下装的熨烫工艺要求分别见表7-3-15和表7-3-16。

表7-3-15　上装熨烫的工艺要求

部位	工艺要求
胖肚	要平服、丰满、自然
双肩	肩线要平整、对称
里襟、门襟	平整、圆润、丰满
侧缝	平服、丰满
后背	圆润、平直、不起吊
驳头	平直、有窝势，且不能太死板
领子	平服、有圆势
袖窿	圆顺、美观
袖山	丰满
腰身	平服
口袋等其他部位	要正确地烫平

表7-3-16　下装熨烫的工艺要求

部位	工艺要求
腰身	平服
褶裥	左右对称、平整
挺缝线	挺直
下裆	下裆缝摊平，后臀部位圆顺平直，基本无涟形
口袋	直口袋顺直，袋布平服
门里襟	门襟平直，门里襟长短相符，拉链松紧适宜
前后裆	裆缝圆顺，无松紧
裤口	平直

4. 成品熨烫的质量检验

（1）外形是否符合造型设计的要求。

（2）外观是否平整，顺服。

（3）是否有明显的烫黄、烫焦、水印、变色、极光等疵点。

（4）是否把服装拉变形，绒面熨硬，纽扣等附件压坏。

（5）是否未熨平或熨出皱痕。

（6）是否漏烫。

（7）线头、污渍是否清除。

（8）折叠形式是否符合要求。

九、后整理与包装质量控制

1. 去污

后整理时的去污，一般是一种局部洗涤。对于棉、麻、黏胶纤维及其混纺织物，应选用碱性去污材料，而丝、毛及其混纺织物，要选用中性或弱碱性去污材料。服装上的污渍大体可分为油污类、水化类、蛋白质类三种，根据服装的材质和污渍种类，选用合适的洗涤去污方法。

2. 线头整理

（1）手工处理：用手将线头拿掉，放置在一个存器内，以防线头再次粘上产品。

（2）粘去法：用不干胶纸或胶滚轮将产品上的毛梢粘去。

（3）吸取法：目前最通用的方法，既省工，效率也高。与吸尘器原理相同，将产品上的线头、灰尘吸干净。

3. 检针

目前常用的检针设备有手持式检针机、台式检针机、输送带式检针机、隧道式检针机等。

4. 包装

包装车间所用材料主要有纸箱、胶带、隔衣纸、衬板、防潮纸、吊牌、袋卡等。在满足客户要求前提下，应通过考虑使用环境、服装材料的性能、服装产品的档次、运输方式等来选择包装材料。例如，包装材料要防止金属纽扣生锈，防止产品受潮发霉。

包装细节包括以下几个方面：

（1）最终成衣的折叠方法。

（2）衣架的质量、类型、尺寸以及尺码夹。

（3）胶带的材料、厚度、尺寸、封口、内容以及是否需要气孔等。

（4）硬纸板和防潮纸的质地形状和尺寸。

（5）其他应有的包装材料。

（6）颜色、尺码的搭配比例。

（7）纸箱的尺寸、重量、箱盒内容以及装箱方法，包括货物在纸箱中的放置方法，纸箱的封口方法等。

十、服装检验的流程

成衣生产中容易出现很多的质量问题，所以服装企业应建立一套相对规范、完整的服装检验流程，这是成衣大货生产过程中进行质量控制的有效手段之一，可以确保生产的有序进行，提高生产效率，服装检验流程如图7-3-3所示。

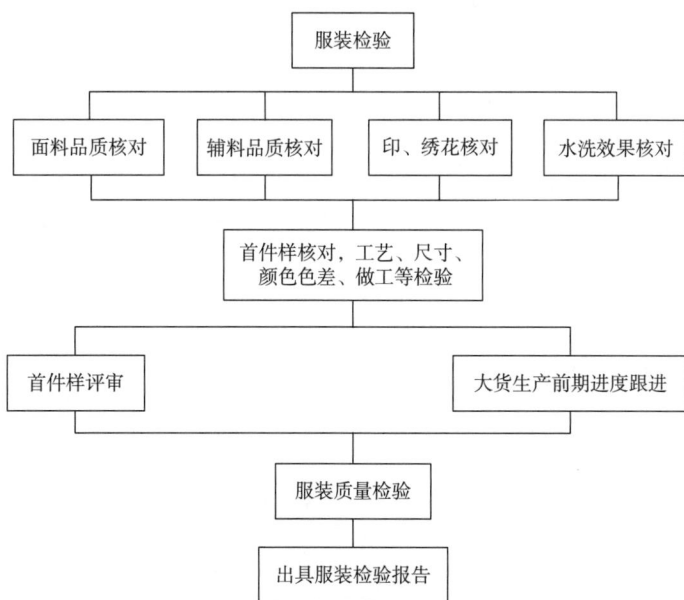

图7-3-3　服装检验流程图

◎边学边思考

服装检验的流程是什么?

_____

_____

学习心得:_____

_____

◎巩固训练

编制一份服装企业缝制工艺单。

_____

_____

我的学习收获:_____

_____

◎任务评价(表7-3-17)

表7-3-17 任务评价表

任务内容	评价关键点	分值	自我评价	同学互评	老师评价
质量控制部位及标准	面料质量控制	10			
	辅料质量控制	10			
	面、辅料的管理流程	10			
	生产前质量控制	10			
	裁剪质量控制	15			
	缝制质量控制	15			
	黏合质量控制	10			
	熨烫质量控制	10			
	后整理与包装质量控制	10			
合计		100			

任务四　AQL抽样检验

AQL抽样检验

◎任务导入

　　某公司有一次接到客户投诉,内容是某产品的外观不良率达7.2%,于是质量工程师安排在公司内部的库存产品中抽取一整箱(340件/箱)产品并100%全检,结果发现不良率是6.2%。怀疑成品质量检验人员在产品入库之前的检验工作失职，要求成品质量检验人员加强检验，加强管理等。成品质量检验人员说，他们在抽检时发现不良品已全部退回生产部重新全检，再抽检，直至抽检的产品全部为良品才能入库出货，因此客户投诉应该与成品质量检验人员无关。当时的实际情况是，成品质量检验人员对每箱产品（340件/箱）按照AQL4.0的标准抽取48件，0收1退，当批产品共62箱，有13箱不合格，当批退率21%。质量工程师和成品质量检验员之间为这个问题争论不止，还造成了双方的互不信任。

这次公司找到一个精通统计的人员来了解情况，该人员说这可能是概率问题，并建议再抽取一箱进行全检。于是质量工程师和成品质量检验人员照办，再多抽取1箱并全检，结果不良率是0.59%。为了验证是否有其他原因导致仓库某些箱的产品不良率很高以及客户投诉，成品质量检验员和质量工程师建议继续做验证：共同全检两箱产品，入库24h后再全检，看不同段的不良率究竟是多少。结果如下，即使成品质量检验人员和质量工程师双方对两箱产品进行全检之后入库（为保证入库品全部为良品），静置24h后再全检，仍然发现了不良品。这说明包装可能存在质量隐患，后来对该产品的包装材料进行更换，外观不良现象就消失了。

◎ 任务要求

1. 了解AQL抽样检验的内容和方法。
2. 了解典型服装的质量控制技术标准。

◎ 任务实施

1. 应用AQL抽样检验对服装进行检验。
2. 了解衬衫的质量检验过程。
3. 了解服装的严重疵点？

◎ 相关知识链接

服装产品的质量不是通过检验获得的，但是检验可以查看服装产品的质量好坏。检验可以分为全数检验和抽样检验。但是全数检验的时间成本、经济成本较高，操作困难，所以除一些特殊情况外，一般采用抽样检验。

一、AQL抽样检验的概念

AQL（acceptance quality limit）是可接受的质量水平的英文缩写，即客户明确规定检验的方法和疵点的范围，只有这批产品中的疵点百分率小于所指定的标准，客户才会接受供应商提供的货物。

抽样检验就是从交验的每批产品中随机地抽取预定样本数量，对照标准逐个检验样本的性能。如果样本中所含不合格品数不大于抽样方案预先最低规定数，则判定该批产品合格，予以接收；反之，则判定该批产品不合格，予以拒收。简言之，按规定的抽样方案随机地从一批或一个过程中抽取少量个体进行检验称为抽样检验。

一般情况：

批量：N=1000（个或件）

抽样样本：n=20（个或件）

合格判定数：Ac=2

不合格判定数：Re=3。

二、AQL抽样检验的方法和步骤

AQL抽样检验的步骤和方法见表7-4-1。

表7-4-1　AQL抽样检验的步骤和方法

序号	样品抽检步聚	样品抽检方法
1	决定抽样检验方案	由客户决定或者客户和供应商协商决定
2	查找并确认抽样检验表	检索抽样方案表格，对应不同的品质水平，抽样检验的样本数，得出允收数（Ac）和拒收数（Re）
3	产品检验	从所要检验的产品中随机地抽取样本数，100%检验所抽取的样品。即使在检验若干件后，发现有疵点产品数已超过拒收数，仍应继续检验所剩余的样品。因为检验的目的除了决定接受或拒收外，还需了解货物整体品质水平
4	统计疵点和不合格产品数	统计所有的疵点和不合格产品的数量
5	判断合格与否	对照抽样方案表格中的Ac和Re，就可决定是否接受该批货物

三、案例分析

1. 案例一

（1）任务要求。某服装企业生产2500件衬衫，验货员需要对这批次产品进行抽检，并判断该批次产品是否合格。

（2）任务解答。

① 验货员应从表7-4-2中产品总数量栏找到1201～3200一栏，样品抽检数量一栏对应的是50，AQL2.5对应的是Ac为3、Re为5。

② 验货员抽取50件衬衫进行质量检验，并统计检验结果。如果产品不合格数量≤3，则接受该批次产品；如果产品不合格数量≥5，则判定不接受该批次产品；如果产品不合格数量等于4时，那么此订单需要返工后重新验收。

表7-4-2　AQL抽样检验表

单位：件

产品总数量 N	样品抽检数量 n	AQL2.5		AQL4.0		AQL6.5	
		Ac	Re	Ac	Re	Ac	Re
1～8	2	0	1	0	1	0	1
9～15	2	0	1	0	1	0	1
16～25	3	0	1	0	1	0	1
26～50	5	0	1	0	1	1	2
51～90	5	0	1	0	1	1	2
91～150	8	0	1	0	2	1	2
151～280	13	1	2	1	2	2	3
281～500	20	1	2	1	3	3	4
501～1200	32	2	3	2	4	5	6
1201～3200	50	3	5	3	6	7	8
3201～10000	80	5	7	5	8	10	11
10001～35000	125	7	10	7	11	14	15
350001～150000	200	10	11	10	15	21	22
150001～500000	315	14	15	14	22	21	22
500000以上	500	21	22	21	22	21	22

2. 案例二

（1）任务要求。服装企业完成一批3000件衬衫的生产，其中灰色1000件，蓝色1000件，白色1000件。检查发现2件灰色衬衫有破洞，2件蓝色衬衫脱线，2件白色衬衫跳针，2件白色衬衫线头未剪。请设计编制一份服装后期验货报告。

（2）任务解答。服装后期验货报告见表7-4-3。

表7-4-3　服装后期验货报告

企业		订单号	20-0123	客户	A12
产品描述	衬衫	颜色	灰色、蓝色、白色	成分	100%棉
款号	20-410	订单数量/件	3000	出运数量/件	3000
生产进度	100%包装完成并成箱				
规格尺寸	基本符合要求				
查货瑕疵记录			严重/件	主要/件	轻微/件
破洞			2		
脱线			2		
跳针				2	
线头					2
验货评语： 发现2件灰色衬衫有破洞，2件蓝色衬衫脱线，2件白色衬衫跳针，2件白色衬衫线头未剪					
验货总数/件	125		不合格数/件		8

处理意见：返工，重新查验		
□接受	☑返工	□重新检验
□同意出货	□不接受	□担保出货

现经我公司抽查成品后，发现仍有以上误点，请工厂必须马上返修全部误点，否则一切责任概由工厂负责

四、服装成品质量控制

服装成品质量控制包括规格或尺寸控制、疵点控制、色差控制、工艺控制和外形品质控制。

1. 规格或尺寸控制

由品质检查员用量尺测量衣服各部位尺寸，对照生产制造单检查是否符合要求，服装需测量的部位和测量方法见表7-4-4。

表7-4-4　服装的测量部位及方法

序号	部位	测量方法
1	衣领	运动衫、女衬衫的衣领量取连接圈部位的长度； 衬衫类的衣领量取从领扣的缝合点量至扣眼的中心的长度
2	衣长	从一侧的肩缝最高点量至下摆
3	肩宽	从肩位量度左右肩顶点的位置
4	背长	从后领中间量至腰围线
5	袖长	从袖山顶点至袖口的长度
6	胸围	对好前襟，量取左右袖窿下端与前后身缝合处之间的距离，再加倍
7	腰围	对好前襟，量取腰部左右两侧之间的距离，再加倍
8	袖口	袖口摊平后横量周长
9	臀围	量取相当于臀部位的周长对折好裤叠门
10	横裆	上裆下部最宽处，通过裤裆量取裤筒底部
11	膝围	量取裤子膝盖部位的周长
12	直裆	将裤子放平，从裤子上端至裤裆部直线量取
13	裤长	从裤子上端部位沿裤外侧线直线量至裤筒底部
14	库边围长	将被测衣、裤底边部位铺平叠齐，测量从左至可距离，再加倍

2. 疵点控制

服装的品质方面，致命疵点是不允许存在的，品质合格水平为AQL=2.5，小疵点的合格水平为AQL=4.0，严重疵点的产品根据表7-4-5中各方面的疵点严重程度给予点数，决定其所属的疵点类型。

表7-4-5 疵点类型及判定

序号	疵点类型	内容
1	致命疵点	对人体有伤害的疵点，如防弹衣的品质出现严重问题就会失去防弹能力
2	严重疵点	易被发现而又不能修复的疵点，如布料上有小孔或抽纱等
3		影响服装正常功能，如雨衣的缝迹爆口等
4		配料错误，如服装有色差、口袋大码和小码混在一起等
5	小疵点	用户很难发觉的疵点
6		一些粗纱或易洗去的污渍等
7		不影响服装的正常功能
8		易修复的疵点

3. 色差控制

色差控制通常根据客户规定的标准来进行的，对色时，可用核准板或颜色卡对服装进行色差对比检查，相差太远的，则拒收。通常高档男、女服装前身色差应高于4级，其他部位不低于3级；一般服装前身部位色差在4~5级，其他部位不低于3级。

4. 工艺控制

服装的工艺要求除了一些国际上的标准外，其他方面的要求几乎都是按客户规定的标准来操作。用工艺卡对服装的工艺，包括缝迹或针距的密度、缝线松紧和缝合效果、叠门位置等进行控制。

5. 外形品质控制（表7-4-6）

表7-4-6 外形品质控制

序号	部位	内容
1	衣领	检查衣领的平服度、领窝的圆顺度、领的对称程度等
2	肩部	左右肩的对称程度、平服程度
3	袖	袖山的圆顺度、对称程度
4	熨烫	各部位烫得平服，无水花、无极光等
5	挂衣架检查	将服装套在衣架上，将纽扣扣好，要求胸部饱满、平服，衣领服帖自然，两肩对称，两袖高低一致，左右前幅对称，后幅不能起吊

五、典型服装品质控制与检验

1. 西装大衣类服装

（1）检验操作程序。将西服及大衣穿在人体模型上，呈自然穿着状态，扣上第一颗纽扣。按照以下程序检查：

前身全部→领驳头→门襟→左前肩部→左前身→左腰带→左袖→右前肩部→右前身→右腰带→右袖→右侧缝及腋下→背面→左后肩部→后领→右后肩部→摆衩及后衩→前夹里→左袖窿→左里袋→门襟挂面→右袖窿→右里袋→里襟挂面→后身夹里→两袖夹里

（2）检验内容。男女西服上衣、大衣外形检验要求见表7-4-7。

表7-4-7 西装、大衣外形检验要求

序号	部位	检验要求	测量部位	极限误差/cm
1	前身	门襟平挺，左右两边下摆外型一致（圆摆、平摆）	衣长	±1.0
2		止口挺薄顺直，无起皱反吐，宽窄相等	胸围	±2.0
3		驳口平服顺直，左右两边长短一致，串口要直，左右领缺嘴相同		
4		胸部挺满，无皱无泡，省缝顺直，高低一致，省尖无泡形，省缝与袋口进出左右相等		
5		手巾袋平服，封口须清晰牢固，经纬条格须与大身对齐		
6		大袋平服，嵌线宽窄、双袋大小、高低进出斜势一致，袋盖与袋口大小适宜，封口方正牢固		
7	领子	领子平服，不爬领、荡领、翘势应准确	领大	±0.6
8		前领丝缕正直，领面松紧适宜，左右两边丝缕一致。包领结实，花绷整齐，领里切线清晰		
9	袖子	两袖垂直，长短相同，左右袖口大小、袖衩高低一致，袖口宽窄左右相同	袖长	±0.7
10		袖窿圆顺，吃势均匀，前后无吊紧曲皱		
11		袖口平服齐正，扣位正确		
12		连袖口缝须平顺，大袖中缝须对准省缝		
13	肩	肩头平服，无皱裂形，肩缝顺直，吃势均匀，连袖左右大小一致	肩宽	±0.6
14		肩头宽窄、左右一致，垫肩两边进出一致，里外适宜		
15	后背	背部平服，背缝挺直，左右格条或丝缕对齐		
16		后背两边吃势要顺		
17		后衩平服，里外长短一致		
18	摆缝	摆缝顺直平服，松紧适宜，腋下不能有波浪形下沉		
19	下摆	下摆平服顺直，贴边宽窄一致，撬针不外露		
20	里子	各部位保持平服，里子大小、长短应与面料相适宜，余量适宜		
21		里子色泽与面料色泽相协调		
22		里子前身、后背不允许有影响美观和牢固的疵点；其他部位不能有影响牢固的疵点		
23		里袋高低、进出两边一致；封口清晰牢固，袋布平服，缉线牢固		

（3）总体质量要求。

①服装造型优美、平服，挺括、饱满，一般以前中线为基准，左右对称。

②面料无明显疵点，领面、驳头等明显部位不得有任何疵点。

③不得有影响外观的污渍、水迹、粉印、烫黄、极光及线头等疵点。

④使用黏合衬的部位，不得脱胶。

⑤各部位线路顺直，松紧适宜，针迹密度符合合同或标准要求。

⑥锁眼、钉扣位置准确，大小适宜。钉扣牢固，锁眼整齐、光洁，用线符合要求。

⑦滚条平服，宽窄一致。

⑧各部位套结定位准确，平整牢固。

⑨商标、洗涤说明、尺码标等位置准确、美观牢固。

⑩倒顺毛面料及图案、花型有方向性的面料，应顺向一致。

⑪套装中上、下装的色差不低于4级。

2. 衬衫类服装

（1）检验操作程序。挂装衬衫检验时，应把衬衫衣领向上，平放于检验台上；叠装衬衫，应先检验衬衫的折叠外观，再按照检验程序进行检验。按以下顺序检查：

折叠外观→领子→门襟→前身（先左后右）→袖子（先左后右）→后身→摆缝→底边→衬衫里面→规格测量

（2）检验内容。倒顺绒原料的衬衫，全身顺向一致，特殊图案以主图为主，全身图案或顺向一致，衬衫外形检验要求见表7-4-8。

表7-4-8　衬衫外形检验要求

序号	部位	检验要求	极限误差/cm	对称部位	极限误差/cm
1	左右前身	条料对中心条，格料对格	0.3	门里襟对比	平摆 ±0.2 圆摆 ±0.4
2	袋与前身	条料对条，格料对格	0.2		
3	斜料双袋	左右袋对称	0.3	以前肩点量至袋口	0.5
4	左右领尖	条格对称	0.2	左右领尖长短对比	0.3
5	袖口	条格顺直，以直条对称	0.2		
6	长袖	条格顺直，以袖山为准，两袖对称	1.0	左右袖山对齐对比袖长	0.8
7	短袖	条格顺直，以袖山为准，两袖对称	0.5		0.5
8	后过肩	条格顺直，两头对称	0.4	左右肩对比	0.3

（3）总体质量要求。衬衫的整体外观要求做到折叠端正、熨烫平服、外观整洁；面料无明显疵点，无色差；各部位线路顺直、牢固；规格尺寸准确；对条、对格、对花部位符合规定；商标标识准确、端正、牢固；包装完整。

3. 裙、裤类服装

（1）检验操作程序。

①西裤。检验时应将内外侧缝对齐，腰在左侧（或右侧），门襟向前（或后）平放于检验台上。按照以下程序检查：

左侧全部→左腰头→左侧缝→左右裤内侧缝→门襟→右侧全部→右侧腰头→右侧裤侧缝部→后腰部→裤里→前挺势→横渡势

② 裙子。检验时应将腰向后，平放于检验工作台上。按照以下程序检查：

前片→后片→腰头部→左右侧缝→拉链→夹里→裙摆

（2）检验内容（表7-4-9）。

表7-4-9　西裤和裙子的外形检验要求

序号	部位	检验要求	对称部位	极限误差/cm
1	裤（裙）腰	裤（裙）腰顺直平服，左右宽窄一致，缉线顺直，不吐止口		
2		串带部位准确牢固、松紧适宜		
3		前身裥子及后省距离大小、左右相同，前后腰身大小、左右相同		
4	门里襟	门襟小裆封口平服，套结牢固，缉线顺直清晰		
5		门里襟长短一致，贴门襟不过紧外吐，里襟平服，尖嘴圆头准确		
6		扣子与扣眼位置准确，拉链松紧适宜，拉链布不外露		
7	裤（裙）身	左右裤腿长短、大小一致，贴脚布居中，进出适宜，前后挺缝丝缕正直；侧缝与下裆缝、中裆以下须对准	裤（裙）脚高低、大小	0.5
8		侧缝顺直，松紧适宜，袋口平服，封口牢固，斜袋垫布须对格条		
9		后袋部位准确，左右相同，嵌线宽窄一致；封口四角清晰、套结牢固	口袋（大小、进出、高低）	0.4
10		下裆缝顺直、无吊紧，后身拼角大小相同；后缝松紧一致，十字缝须对准		
11	裤（裙）里	腰里整齐，松紧适宜，四件扣位置准确牢固，表袋平服		
12		膝盖绸大小适宜，大小裤底须平服，后缝须缉双线		
13		袋布平服，封口无洞		
14		包缝线色泽须与面料相适宜		
15		里子大小、长短应与面料相适宜		
16		扯线袢位置准确，长短适宜		
17		里料色泽应与面料相适宜，无影响美观和牢固的疵点		

（3）总体质量要求。

① 西裤。要求腰面平服，左右格对称，宽窄一致；里衬平服，不吐门襟；小裆圆顺自然；平腰封结牢固，袋口牢固平服；拉链顺滑，缝制平服，松紧适宜。

② 裙子。要求腰面平服、顺直；拉链缝制松紧适宜；后衩平服，不搅不豁；夹里不得反吐；裙摆翘边松紧适宜，正面无明显针花。

4．内衣类服装

（1）检验操作程序。

① 正面（将成衣平摊在桌面）。

目视总体→鸡心→杯位（前领、侧夹、盘脚）→耳仔→侧翼→后背扣

② 反面（将成衣摊在桌面）。

杯位（包括P位、水袋、空气袋等）→钢圈位→侧翼及后背扣→打枣位

③ 侧面。将成衣两只棉杯钢圈位对好，拿起来看钢圈、侧翼、肩带、后耳仔位等。

（2）检验内容（表7-4-10）。

表7-4-10　内衣的检验内容及要求

序号	部位	检验要求	测量部位	极限误差/cm
1	鸡心	检查鸡心的高低、宽窄是否符合要求；是否平服	底围长	±（1.0～2.0）
2	左右杯面	检查前幅边有无漏棉；杯面是否圆顺，松紧是否合适；有无变形		
3	杯里	杯里布是否松紧合适；袋口边是否均匀、脱线、断线		
4	肩带	肩带有无长短不一	肩带长	±（1.0～1.5）
5	唛头	标志是否清晰，内容是否正确，有无针洞		

5. 丝绸类服装

（1）检验操作程序。对照样衣和合同单检查服装款式造型，砂洗服装要检查面料的砂洗程度，表面砂道、皱印、织疵的程度是否符合要求。

缝制部分，检查缝线是否顺直、松紧适宜，缝份大小、针迹密度是否符合要求，有无毛漏、开线、止口倒吐；锁眼是否平服、钉扣是否牢固；拱针滴针是否正确；整烫是否平服，有无极光、水渍、烫黄等。

① 上衣。前身全部→领→肩→袖→袖口→两袖对比→后身全部→内缝

② 下装裤子。左右侧全身→腰部→左右外侧裤片→左右侧袋→后袋→左右里侧裤片→脚口→前后裆缝→门襟→缝份

③ 裙子。前后片→腰→侧缝→侧开门→里子→裙摆→缝份

（2）检验内容（表7-4-11）。

表7-4-11　丝绸服装的外形检验要求

序号	丝绸缝制质量
1	各部位缝制平服，线路顺直、整齐、牢固，针迹均匀，上下线松紧适宜，起止针处及袋口应回针缉牢
2	商标和耐久性标签内容清晰、正确，位置端正、平服
3	领子平服，不反翘，领子部位不允许跳针，其余各部位30cm内不得有两处单跳针或连续跳针，链式线迹不允许跳针
4	绱袖圆顺，前后基本一致
5	对称部位基本一致
6	外露缝份全部包缝，特殊设计除外，各缝份不小于0.8cm
7	口袋与袋盖方正、圆顺，前后高低一致，斜料左右对称
8	拉链缉线整齐、平服、顺直、左右高低一致
9	锁眼定位准确，大小适宜，眼位不偏斜，针迹美观、整齐、平服。扣与眼位合适，整齐牢固，扣脚高低适宜，结线不外露

序号	丝绸缝制质量		
10	绣花部位平服、不漏印迹、不漏绣，装饰物缝钉牢固		
11	项目	针距密度	备注
	明暗线	3cm≥12针	
	包缝针	3cm≥9针	
	手工针	3cm≥7针	肩缝、袖窿、领子3cm≥9针
	三角针	3cm≥5针	

（3）总体质量要求。丝绸服装手感滑爽，各部位缝线顺直、整齐牢固，整烫平服，无水渍和明显极光。砂洗丝绸服装表面起绒均匀，无砂道、皱印，手感丰满有弹性。

6. 羽绒类服装

（1）检验操作程序。

①上衣。前身全部→领→肩→袖及袖口→两袖对比→后身全部→内缝

②下装裤子。左右侧全身→腰部→左右外侧裤片→左右侧袋→后袋→左右里侧裤片→脚口→前后裆缝→门襟→缝份

③裙子。前后片→腰→侧缝→侧开门→里子→裙摆→缝份

（2）检验内容（表7-4-12）。

表7-4-12　羽绒服装的外形检验要求

序号	部位		极限误差/cm					
			上衣、短大衣	中长大衣	童大衣	童中长大衣	裤	童裤
1	衣长		±2.0	±2.5	±1.5	±2.0		
2	胸围		±2.5	±2.5	±2.0	±2.0		
3	领大		±1.0	±1.0	±1.0	±1.0		
4	袖长	装袖	±1.5	±1.5	±1.0	±1.0		
		连肩袖	±2.0	±2.0	±1.5	±1.5		
5	总肩宽		±1.2	±1.2	±1.0	±1.0		
6	裤长						±2.5	±2.0
7	腰围						±2.0	±1.5

（3）总体质量要求。羽绒服装所使用面料、里料、填充料等应符合有关规定，蓬松度、含绒量、清洁度应符合要求，标识齐全，各部位缝线顺直、整齐牢固，无漏绒现象，表面纵向绗缝线左右对称，横向绗缝线前后对齐。整烫平服，无水渍和明显极光，无异味。

7. 裘皮类服装

（1）检验操作程序。检查程序为从上而下、从左至右、从面至里、从毛皮至革底。

按照以下顺序检查：

毛面（整件衣服的颜色基本一致，毛的长度、光泽、柔软度、稠密度、弹性、灵活性和细度、花型、斑点要相符）→皮板（柔软、有弹性、厚薄均匀，延伸性较佳，板面平展、

细致、洁净）

（2）检验内容（表7-4-13）。

表7-4-13　裘皮服装的外形检验要求

序号	裘皮服装缝制质量
1	明线针码均匀，线路顺直、整齐、松紧适宜，不得跳线、断线和明显的重线、露针眼，暗线不得漏缝
2	上领端正，领口圆顺，领面平展，领型左右对称
3	肩部平服，肩缝顺直、宽窄一致
4	前身门里襟相符，左右门襟不搅不豁，下角不卷不翻。胸部丰满，省缝位置适中，长短高低一致。口袋位置准确，左右对称，袋口合拢、平服
5	袖山挺圆，吃纵均匀，袖缝对准肩缝。两袖平顺，不超前或超后；两袖长短大小一致
6	摆缝顺直、平整
7	后身平服，开衩顺直，长短一致
8	衣里松紧适宜，匀称，不扭曲
9	各部位止口顺直，不弯曲和露翻
10	扣与扣眼定位准确，大小适宜，勾、扣钉牢

项目	公差/cm	项目	针距密度/（针·3cm^{-1}）
领大	±0.8	明线	7~9
总肩宽	±0.8	暗线	9~12
平肩袖长	±1.0	手缝里	10~12
插肩袖长	±1.0	手缲里	7~9
前身长	±1.5	机线	16~18
后身长	±1.5		
胸围	±1.5		
裤长	±1.5		
裙长	±1.5		
腰围	±1.0		

（3）总体质量要求。服装外形符合款式要求，中脊线对正，排节对齐；缝线正直，毛皮平顺，毛色对称，无异味，无灰尘；熨烫平服、整洁。

◎ 边学边思考

1. AQL抽样检验是怎样的检验方法？

2. 如何用AQL抽样检验对服装进行检验？

3．简述衬衫的质量检验过程。

_____

_____

学习心得：_____

_____

◎ 案例：

裤子质量控制

任务要求

服装企业完成一批5000条裤子的生产，经过检验员仔细检验，发现裤子有5处破洞、4处污迹、3处跳线，2条裤子左右长度误差大于或等于3cm。

请根据上述材料回答问题。

问题1　设计编制一份裤子检验方法及相关质量要求。

问题2　设计编制一份裤子检验报告。

任务解答

一、裤子检验方法及相关质量要求的编制

1．检验方法

将成品放在检验工作台上检查外观质量。

2．外观质量检验

（1）裤子的面料一般以毛织物和混纺织物为主，外观效果强调平挺。检验的内容主要有大身有无明显色差。通常下裆缝、腰头色差级别要低于其他表面的色差级别，件与件之间不能有过大的色差。

（2）注意倒顺毛、阴阳格面料毛向要一致。

（3）各部位面料有无疵点。

（4）各部位整烫平服不能有倒绒面、无烫黄面、极光、水渍、变色等，采用黏合衬的部位不能有渗胶、气泡的现象。

（5）不能有跳线、断线的现象，缝线整齐牢固、平服、美观，面线与底线松紧适宜，起针及收针要打倒针，不能有针板及下钢牙造成的痕迹。

（6）要注意对条、对格。

（7）左右各部位应对称。

（8）成品腰头的面、里、衬平顺、松紧适宜、宽窄一致，缝线要顺直。

3．成品规格检验

（1）裤长。腰上口至脚口，公差为1cm。

（2）腰围。扣系好后沿腰宽中间横量（半腰围），公差为0.5cm。

（3）臀围。腰缝以下 2/3 处横量（半臀围），公差为 0.5cm。

（4）内长。底裆十字交叉处至脚口，公差为 0.6cm。

（5）脚口。平放后横量（半脚口），公差为 0.2cm。

（6）横裆。底裆十字交叉处下 2.5cm 处横量，公差为 0.3cm。

4．缝制质量检验

（1）各部位针迹、线路清晰顺直，针距密度一致。

（2）面线与底线松紧适宜，无跳线、断线，起针收针必须回针以免开裂。

（3）左右口袋位置高低要对称。

（4）左右长度要一致，误差在公差允许范围内。

（5）锁眼不偏斜，扣与扣眼位置相适宜，钉扣、收线、打结需牢固美观。

（6）商标、洗涤标、规格号、成分标识定位要准确、美观、牢固。

（7）滚条、压条要平服，宽窄一致。

二、裤子检验报告的编制

裤子检验报告见表 7-4-14。

表 7-4-14　裤子检验报告

企业		订单号	20-0124	客户	A13
产品描述	裤子	颜色	蓝色	成分	100%棉
款号	20-410	订单数量/条	5000	出运数量/条	5000
生产进度	100%包装完成并成箱				
规格尺寸	基本符合要求				
查货瑕疵记录			严重/条	主要/条	轻微/条
破洞			5		
污迹			2		2
跳线				3	
裤子左右长度误差大于或等于3cm			2		
检验结果 经过检验员仔细检验，发现裤子有5处破洞、4处污迹、3处跳线，2条裤子左右长度误差大于或等于3cm					
验货总数/条		200	不合格数/条		14
处理意见：返工，重新查验 □接受　　　　☑返工　　　　□重新检验 □同意出货　　□不接受　　　□担保出货					
现经我公司检验员检验成品后，发现仍有以上质量问题，请工厂马上返修全部误点，否则一切责任概由工厂负责 厂方负责人：　　　　　　　　检验员： 日期：　　　　　　　　　　　日期：					

◎ **巩固训练**

举例说明哪些属于服装的严重疵点。

_____

_____

我的学习收获：_____

_____

◎ **任务评价**（表7-4-15）

表7-4-15　任务评价表

任务内容	评价关键点	分值	自我评价	同学互评	老师评价
了解AQL抽样检验的基本概念	AQL抽样检验的概念	10			
了解AQL抽样检验的内容	AQL抽样检验的方法和步骤	20			
掌握AQL抽样检验的方法	服装成品质量控制	30			
了解典型服装的质量控制技术标准	典型服装品质控制与检验	40			
合计		100			

项目八
服装精益生产管理

◎ **项目介绍**

改革开放后，我国服装加工企业主要采用大批量生产方式，凭借劳动力、原材料技能以及产业集聚的优势，争取了大量国际服装加工订单。但当劳动力和原材料的优势逐渐消失后，服装加工企业面临诸多困难，若不能转型升级，仍然实行粗放型管理，企业的市场竞争力和获利能力将减弱，服装订单将转向更有优势的国家，大量农村富余劳动力将失去就业岗位。通过实践精益生产这一生产模式，才能力求降低生产成本、保证产品质量和交货期，提高企业的有效产出。

◎ **思维导图**

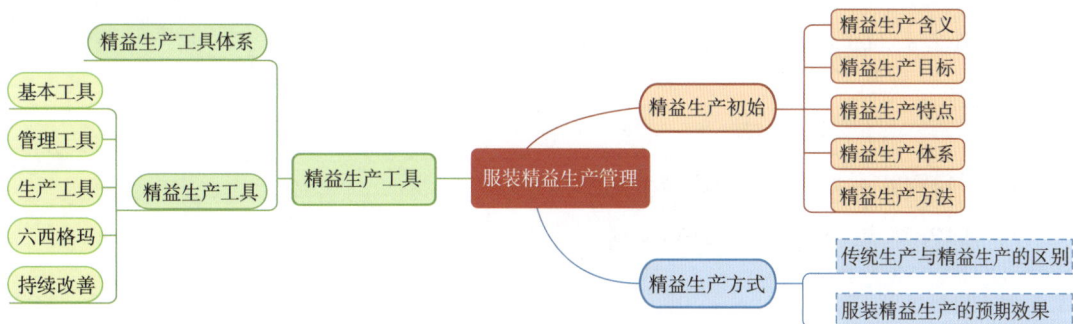

◎ **学习目标**

知识目标

1. 了解精益生产的含义、目标、特点、体系、方法等。
2. 认识精益生产的工具及体系。

能力目标

1. 了解精益生产的含义。
2. 认识精益生产的工具、方式及其效果。

情感目标

1. 培养良好职业道德和职业责任感。
2. 锻炼独立分析和解决问题的能力。
3. 培养精益求精、敬业创新的工匠精神。

任务一　服装精益生产概述

精益生产概述

◎ 任务导入

作为一名服装企业的高级管理人员，小明每天都会坚持到生产一线去，直接聆听员工的声音，认真体会一线员工感受，把自己融入服装企业生产中；其次，在这种精益的企业文化中，每个人每天都会使用精益工具，目的是把潜在问题凸显出来，每个人都会问"为什么"，直到找出问题的根本原因，并提出相应的对策，同时不断点检对策的正确性。

◎ 任务要求

了解服装精益生产的含义、目的、体系及特点。

◎ 任务实施

1. 了解服装企业为何实行精益生产。
2. 精益生产是否就是做到精益求精。

◎ 相关知识链接

一、服装精益生产的含义

精益生产（lean production，LP）又称精良生产，其中"精"表示精良、精准、精美；"益"表示利益、效益。

推进精益生产，消除浪费，降低成本，已成为服装行业和服装企业共同追求的目标。服装精益生产的含义如图8-1-1所示。

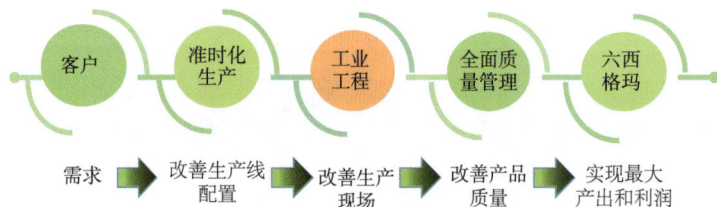

图8-1-1　服装精益生产的含义

二、服装精益生产的目标

精益生产的目标是消除一切无效劳动和浪费，降低成本，增加柔性，追求精益求精、尽善尽美，永无止境地追求七个"零"目标，即零库存、零浪费、零停滞、零灾害、零故障、零不良、零切换浪费。企业生产经营的目标是获利，而最有效的方法是消除一切不能给产品带来增值的浪费，这也是精益生产的核心理念，生产过程的七大浪费见表8-1-1。

表8-1-1 生产过程的七大浪费

浪费类型	具体内容
等待浪费	作业不平衡、安排作业不当导致员工停工待料，或者设备突发故障而停产等待检修
搬运浪费	车间布局不合理导致搬运路线过长；采用批量生产时在制品过多，流水线不畅
不良品浪费	成衣生产无标准或未按标准作业，管理松懈，不良品流至下一道工序才被发现，返工多
动作浪费	生产场地设置和生产工艺流程设计不合理，员工缺乏培训，动作不规范
加工浪费	作业加工工序流动不畅，缺少省略、替代、重组或合并工序的分析，无效劳动多
库存浪费	预测不准，信息传递和反馈不及时，导致局部大量库存（包括原料、半成品、成品等）
制造过多浪费	为避免产能失效而大量或过早制造，导致大量产品积压，占用流动资金，产销率低

◎ 边学边思考

精益生产的核心理念是＿＿＿＿＿＿＿＿＿＿＿＿＿＿＿＿＿＿＿＿＿＿＿＿＿＿

学习心得：＿＿＿＿＿＿＿＿＿＿＿＿＿＿＿＿＿＿＿＿＿＿＿＿＿＿＿＿＿＿＿

＿＿＿＿＿＿＿＿＿＿＿＿＿＿＿＿＿＿＿＿＿＿＿＿＿＿＿＿＿＿＿＿＿＿＿＿＿

三、服装精益生产的特点

准时生产方式（JIT）是精益生产的根本，基本思想是：只在需要的时候，按需要的量，生产所需的产品，即通过生产的计划制订和控制，追求生产系统库存最小。服装精益生产的特点见表8-1-2。

表8-1-2 服装精益生产的特点

精益生产的特点	传统生产的不足	精益生产的优势	措施
拉动式准时化生产	预测及信息传递不准，导致生产过剩，局部产生大量库存	以客户的需求为生产目标，在生产线和物流平衡的基础上控制生产过程中在制品、半成品，以及成品流量，追求零库存	利用电子看板管理方式传递供需信息，对流水线的不平衡状况及时进行调整，保证后续工作的顺利进行 供需双方通过电子看板了解工厂生产进程，根据订单的需求调节生产活动，保证生产出符合市场需求的产品，避免出现供大于求的现象，尽力减少库存
全面质量管理	易生产不良品	提前监控预防，避免不良品出现	对每道工序提前进行全面质量监控管理，尽早发现和解决问题，避免返修、返工浪费

精益生产的特点	传统生产的不足	精益生产的优势	措施
团队工作法	缺乏团队合作,员工只需严格遵守上级下达的任务,努力工作即可	强调团队合作精神,在团队协作的基础上发挥个人潜能	团队的每个成员要互相配合,相互学习,在精通本岗位技能的基础上主动学习其他相关技能,力争成为"多面手",形成团队集思广益的工作氛围
并行工程	企业产品开发较为片面,没有综合考虑市场因素	企业在产品设计开发时,必须将产品理念、结构、工艺和最终市场需求等并行思考,融会贯通,相互协调,当某一环节出现问题时,随时进行信息反馈,积极解决出现的问题	不同小组应从不同的角度出发,在量产前改进和优化所发现的问题,避免不良品流向客户

◎ **边学边思考**

服装精益生产的特点:＿＿＿＿＿＿＿＿＿＿＿＿＿＿＿＿＿＿＿＿＿＿＿＿

＿＿＿＿＿＿＿＿＿＿＿＿＿＿＿＿＿＿＿＿＿＿＿＿＿＿＿＿＿＿＿＿＿＿

学习心得:＿＿＿＿＿＿＿＿＿＿＿＿＿＿＿＿＿＿＿＿＿＿＿＿＿＿＿＿＿＿

＿＿＿＿＿＿＿＿＿＿＿＿＿＿＿＿＿＿＿＿＿＿＿＿＿＿＿＿＿＿＿＿＿＿

四、服装精益生产的体系

精益生产方式作为一种新颖的管理思想,并非简单地应用一两种新的管理手段,而是一套与企业环境、技术、文化以及管理方法高度融合的管理体系。服装精益生产的体系见表8-1-3。

表8-1-3 服装精益生产的体系

管理体系	生产方式	企业文化	经营目标
与企业环境、技术、文化以及管理方法高度融合	以最大限度减少企业生产所占用的资源和降低企业管理、运营成本为主要目的的生产方式	新颖的管理思想、企业经营理念	获取经济效益,即以一系列的管理手段与方法,帮助企业提高生产效率、降低成本,并满足市场需求,从而获取尽可能多的利润

◎ **边学边思考**

获得利润的两大手法:＿＿＿＿＿＿＿＿＿＿＿、提高生产效率。

学习心得:＿＿＿＿＿＿＿＿＿＿＿＿＿＿＿＿＿＿＿＿＿＿＿＿＿＿＿＿＿

＿＿＿＿＿＿＿＿＿＿＿＿＿＿＿＿＿＿＿＿＿＿＿＿＿＿＿＿＿＿＿＿＿＿

＿＿＿＿＿＿＿＿＿＿＿＿＿＿＿＿＿＿＿＿＿＿＿＿＿＿＿＿＿＿＿＿＿＿

五、精益生产的方法

精益生产解决问题的特征是亲自到发生问题的现场看问题，现场验证，找到根本原因，制定有效的方案，五现法与五问法是两个通用的解决问题的方法和原则。

1. 五现法

五现法是一个在现场解决问题很有效的方法，指不要仅看报表，避免数据不准、描述不清、条件改变、人为因素带来的困扰，还要关注现实、现物，而非假设和理论，根据现实，寻找真实原因，当场实施改善行动并验证结果。五现法具体措施列举见表8-1-4。

表8-1-4　五现法分析

内容	具体措施
现场	去现场
现物	看现物（关注人、机器、物料、方法、测量、环境）
现实	了解事实真相，用五问法等方法寻找根本原因
现做	做出有效的改善行动
现查	检查改善行动是否有效

2. 五问法

通过问多次跟问题相关的问题来找出根本原因，每个问题都有一个原因，不断提问会引导人们找到根本原因，不是只看到表面现象，而是真正地解决问题，从而进行改善预防再次发生同样的问题。

◎ **边学边思考**

精益生产解决问题的方法和原则是什么？

学习心得：_____

_____

◎ **拓展阅读**

精益生产管理

1. 项目背景

常州市某服装企业是一家以生产、加工中高档衬衫为主要业务的生产型企业。2018年7月，该公司向华致赢企管发出合作邀请，华致赢企管精益咨询顾问到现场对该企业进行诊断，根据生产现状和实际经验提出了问题对策，开展了精益生产实践。

2. 现场分析诊断

开展精益生产之前，要找出现有生产中存在的所有实际问题，经过分析和沟通，从问题产生的流程和系统中寻找问题产生的原因。

由于我国劳动力成本的上扬，服装企业加工费增长，不少海外订单转移到成本更低的国家和地区，比如东南亚。但这些地区的服装加工技术还不够发达，尤其是对衬衫加工中涉及的绣花、印花、水洗等还没有形成产业链，款式复杂、工艺制作要求高的中、高档衬衫主要产地还在中国。因此，常州市这家服装企业还有一定量的订单。但是公司新员工多，员工技能熟练度参差不齐。为了适应市场的变化，公司决定引进精益生产模式，从人员到设备等都做了调整。主要从以下6个方面进行了分析：

（1）设备是否到位。设备数量是否合理，维护是否到位等会直接影响后续生产。

（2）缝纫机技能程度。员工的技能程度是否过关、能否满足客户的需求，这将涉及产品是否需要返工。

（3）面辅料的供应。面辅料如果到料不齐，就会出现停机，浪费工时。

（4）面辅料的品质。面辅料如果质量不合格，不仅会浪费工时，还会产生返工，带来人力浪费等问题，直接影响生产效率。

（5）工艺指导书是否正确。以缝纫为例，袖子、领子等多项工艺的顺序不合理将直接影响产品质量与生产效率。

（6）工序安排是否合理。如果工序安排不当，流水线车位前后倒置或者间隔远，不仅增加了员工在半成品搬运中的人力浪费，还会带来工序操作动作重复的时间浪费等一系列资源浪费。此外，各个工序上人员的配备也是关键，既要保证上一单的产品能及时完成，又要保证关键工序的质量能满足客户的要求，而且要为下一批产品的换款做准备。

此外，在流水线安排以及工作薪酬发放等方面也总结出需要改善的方面。

3. 问题解决对策

针对上述问题，华致赢企管辅助常州服装厂采用了一系列措施并绘制了精益生产示意图（图8-1-2）。

（1）设备方面。首先，通常工厂的现场管理比较粗放，生产过程中经常出现缝纫机调试不到位的情况，导致生产过程中需要停机重新调试，严重影响到整个小组的正常生产。

其次，在产服装的款式变化大，每道工序的工艺难度会随之不断变化，新工序也不断出现，这样就会出现整条流水线由于几道工序生产速度的波动，在某时某环节形成积压甚至流水中断，降低了整条流水线的生产效率。因此，由车间机修主任专人负责，在开工之前确认设备的数量、设备的维护与使用情况及机修人员是否到位，并根据生产过程中对每道工序的实时测试，不断地进行小组内的工序车位调整，做好设备数量合格、维护到位。负责人每天检查，对机修人员的保养维护技能则定期组织相关培训与指导，确认技能合格后才能上岗。

（2）缝纫工技能方面。做好产前的准备工作，对新到岗的缝纫工需进行技能考核才能上岗，对有情绪的员工及时开展沟通，使其不带情绪进入生产，多培养工段里的全能人才，形成一人多岗、能同时熟练掌握多工序作业的缝纫工机动队伍。

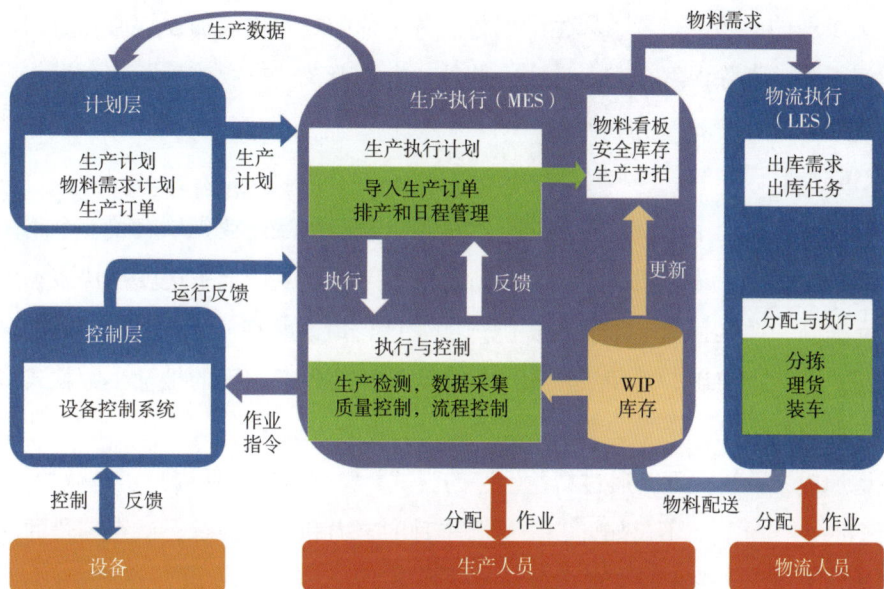

图8-1-2 常州服装企业精益生产示意图

（3）面辅料供应方面。由贸易生产部专人负责，加强与客户之间的沟通，按照生产的进度及时联系客户，确保面辅料按时按量到位。如果客户提供的面辅料无法及时到位，就会严重影响生产进度，如果不做好预防措施就会出现停机待料的现象，此时就需要提前通知生产车间做出调整。如果面辅料突然全部到位，又会增加仓库的存储压力。所以，存储量的设定就需要根据企业生产能力和生产计划表随时更新与调整。

（4）面辅料品质方面。客户提供的面辅料是否合格、能否满足生产需求是关键。不同的面辅料质量如何、二者之间能否配合，这些都需要技术部的人员进行检查与确认。当发现问题时，应第一时间与客户沟通，避免不合格品流入生产线。

（5）制定正确的工艺指导书。除了提供样衣，还要将技术部工艺员分析样衣后确认的工艺指导书提供给服装加工车间。技术部门在制定工艺指导书的同时，要及时与客户沟通，确认工艺的正确性。只有这些工作都正确完成后，才能做到工序的合理安排。

（6）工序安排方面。优化每个小组的员工组成，科学排布工序流程，调整出不需要使用的设备，使流水紧凑、自然、顺畅，尽可能地减少和缩短员工不必要的衣片寻找与搬运的时间。针对问题，及时对产品生产中的每一道工序测时分析、动作分解，去除所有不必要的动作，将测时和分解的结果收集到技术部门的数据库中。最终将各个工序的完成时间标准化。时间标准化之后就能基于此形成不同工序的标准工价，员工也清楚自己生产工序的工价。

（7）薪酬方面。为了进一步提升生产一线员工的积极性，对车间小组单位时间内的生产效率进行核算，对达到公司设定单位时间效率以上的生产小组按档嘉奖，形成递进式的奖励机制，体现"多劳多得，按劳分配"的原则。

（8）其他方面。沟通是精益管理的命脉，企业要强化内部沟通。企业高层开会总结前一天生产中出现的问题，布置当天生产任务。各个部门之间也应加强沟通与协调，以减轻摩擦、化解矛盾、消除误解、避免冲突。此外，全员普及"持续改善"的意识与思想，着眼于细微之处，积少成多，循序渐进。

4. 取得成绩

经过尝试，企业上下领会了精益生产的精神。常州服装企业先试点了一个工段，从结果看，该工段员工的上手速度（缝纫工对新工序的熟练程度，上手速度越快表示生产效率越高）大幅提高，尤其针对小批量、多款式的生产，最高实现一天内转款7个批次。这对企业来说是一个大的突破，能使工厂大大适应当前服装生产出现的批量小、款式多、工艺复杂、加工期短的情况。

在不增加成本的情况下，通过精益生产的尝试，常州服装企业提高了企业的生产效率、创造了更多的生产价值。不仅如此，经过几个月的努力和现场跟踪，试点工段的月产量大幅领先其他各工段，人均小时完成单价数也遥遥领先。

摘自华致赢企管　官网

◎ 巩固训练

精益生产的根本思想是什么？

_____

_____

　　我的学习收获：_____

_____

◎ 任务评价（表8-1-5）

表8-1-5　任务评价表

任务内容	评价关键点	分值	自我评价	同学互评	老师评价
服装精益生产的目标	掌握精益生产的核心理念	20			
	掌握精益生产的零目标	30			
服装精益生产的特点	掌握准时化生产特点及精益生产措施	30			
服装精益生产的体系	掌握精益生产的管理体系	20			
合计		100			

任务二　　服装精益生产工具

精益生产工具

◎ 任务导入

有一次，小明在生产车间检查生产线日常运转的情况，其中一条生产线上的机器总是停转，虽然修过多次但仍不见好转。于是，小明同工人进行了以下的问答：

小明："为什么机器停了？"工人："因为超过了负荷，保险丝就断了。"

小明："为什么超负荷呢？"工人："因为轴承的润滑不够。"

小明："为什么润滑不够？"工人："因为润滑泵吸不上油来。"

小明："为什么吸不上油来？"工人："因为油泵轴磨损、松动了。"

小明："为什么磨损了呢？"工人："因为没有安装过滤器，混进了布屑等杂质。"

小明经过连续五次不停地问"为什么"，找到问题的真正原因和解决方法，在油泵轴上安装过滤器。同样的问题接二连三发生时，小明利用精益生产的五问法，对存在的问题刨根问底，不是只关注表面现象，而是深入寻找问题的根本原因，避免了其他问题的发生。

◎ 任务要求

1．了解服装精益生产的构成要素和工具。

2．解读精益管理。

◎ 任务实施

1．合理使用精益生产工具。

2．掌握精益生产解决问题的方法和原则。

◎ 相关知识链接

一、精益生产的工具体系

精益生产是一种新型的综合运营管理思想、原理和方法，用于改进企业的绩效，实现精益生产的基本目标，它需要一系列的要素作为支撑，把精益生产的工具体系描绘成房屋结构，如图8-2-1所示。

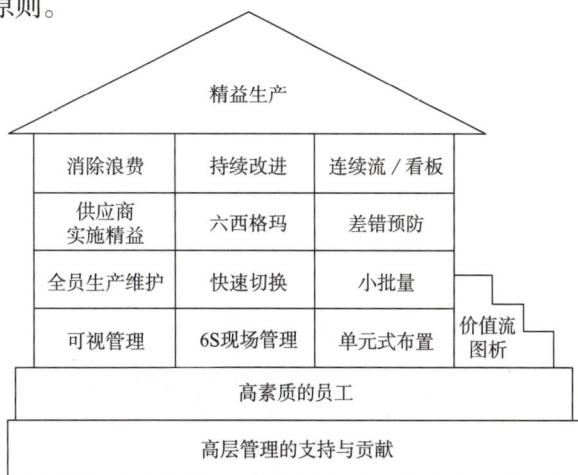

图8-2-1　精益之屋

二、精益生产的工具分类

1. 基本工具

精益生产的基本工具是价值流图析，具体分析见表8-2-1。价值流图析如图8-2-2所示。

表8-2-1　精益生产的基本工具

入门工具	价值流图析
定义	当前产品通过其基本生产过程所要求的全部活动，简单地说包括从供成商到工厂制造再到顾客交付
概括	给产品增加价值和不增加价值
分析	一种可视化方法，从一个"大画面"观察一个生产过程由原材料开始，经过生产，到达顾客之间所有的物流和信息流。在精益生产系统中，通过绘制价值流图，以精益理念来分析生产过程中的材料及信息流动，并显示每道工序为产品增加了多少价值，识别增值和非增值活动，找出浪费及其来源，使"隐性"决策显形
举例	一批成衣款式的缝制，包括从顾客要求见面、辅料选择、款式设计、样衣缝制、质检、定型、批量生产到交付后的销售、信息反馈等过程
效果	消除浪费及其根源，提升企业效益和市场竞争力

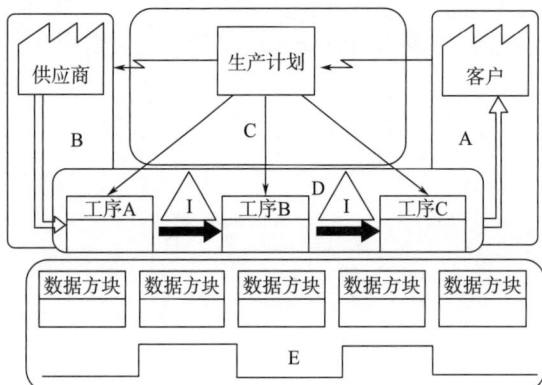

图8-2-2　价值流图基本框架

2. 管理工具

（1）6S现场管理（表8-2-2）。6S是在日本企业广受推崇的一套管理活动5S的基础上，又加上一个S（safety，安全）而形成的一种工作现场的管理体系。它通过员工参与并使用通用的6个准则而创造和持续有规律、干净安全、标准化和有效率的工作现场，是推行精益生产乃至精益企业的基础（图8-2-3）。

表8-2-2　6S现场管理

内容	定义	效果
整理（seiri）	区分有用和无用的物品，并将无用的物品清理	创造和持续一个有规律、干净安全、标准化和有效率的工作现场是推行精益企业的基础
整顿（seiton）	有用的物品依规定定位、归位、定量地摆放整齐，并设有明确的标识	
清扫（seiso）	打扫、去脏、去乱等保持清洁的过程，要有具体明确的频次及规范要求（如每天清理设备2次等）	
清洁（seiketsu）	将前3个S实施的做法制度化、规范化，贯彻执行并维持成果，根除一切污染源	
素养（shitsuke）	人人依规定行事，养成良好的习惯，自觉进行整理、整顿、清扫、清洁工作	
安全（safety）	人员、机器、物料、方法、环境均处在安全的状态和环境下，建立消灭一切安全事故隐患的机制	

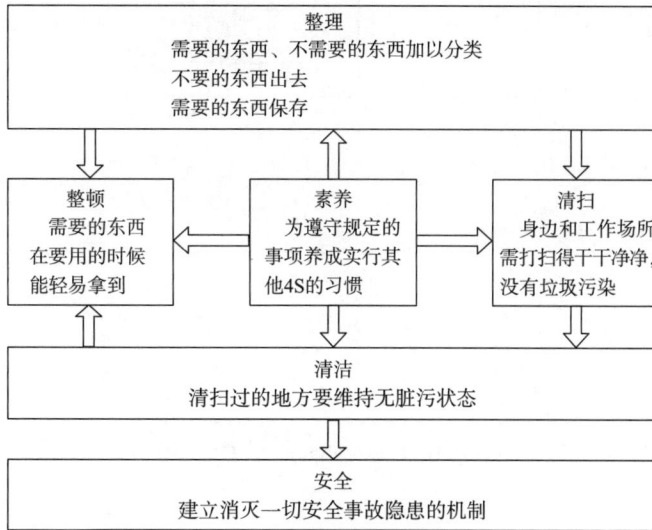

图8-2-3 6S现场管理

（2）可视管理。可视工具包括红色挂牌策略、符号指示、定置线、安灯系统、看板、生产管理板图、标准工作图表、残次物品或样品的展示。可视管理分析见表8-2-3。一些常见的可视控制如图8-2-4所示。

表8-2-3 可视管理分析

可视工具	举例	目的	目标	效果
红色挂牌策略	能够看到工厂的工作流程、工厂的运转、工厂的问题和工厂的改善			
符号指示	现场中的各种视觉指示符号			
定置线	现场地面库存物品和走道上的定置线等	能够看到工厂的工作流程、工厂的运转、工厂的问题和工厂的改善	信息显示，发挥员工的主观能动性	可视控制系统可展现所有不正常的状况、问题和浪费，能够采取直接的补救措施来解决问题
安灯系统	一种装设于工作现场的可视控制装置，以闪光灯或听觉警铃等信号，来警告员工发生了瑕疵、设备运转不正常或其他的问题			
看板	表示一种挂在或贴在盛装在制品容器上或一批零部件上的标签或卡片，或流水线上各种颜色的信号灯，监视器图像等			
生产管理板图	现场中的生产流程的展示图			
标准工作图表	生产停线或应急响应的标准程序			
残次物品或样品的展示	工厂退货或订单出完剩余的产品或样品，库存积压物资，包括从面料、规格、花色上看不出大问题的残次品等			

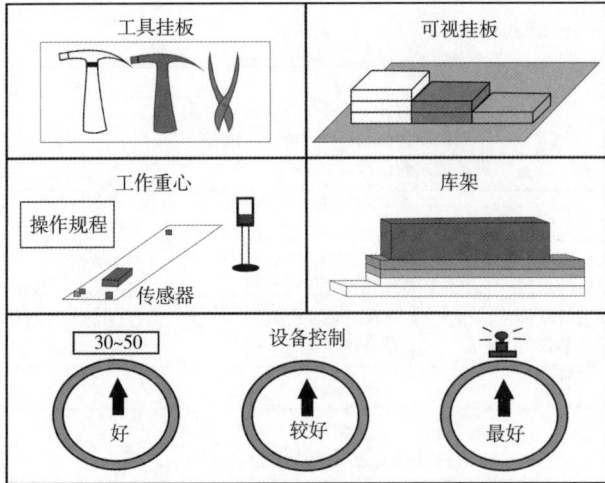

图8-2-4　常见的可视控制例子

3. 生产工具

（1）单元式布置（表8-2-4）。

表8-2-4　单元式布置

生产工具	定义	举例分析	效果
单元式生产	以最合理的人员、设备、物料以及生产方式进行组合，使生产工序相互靠近，建立最合理和最有效的"连续流"，使产品按节拍时间进行生产，即以最小的浪费来生产多种型号产品的精益生产方式	有8种产品A、B、C、D、E、F、G、H的生产，需经过12种不同的设备进行加工 改进前：工艺式布置较为混乱，相同流程的不同产品组装线长，浪费生产成本，如图8-2-5所示 改进后：以产品为中心设置生产单元，一个生产单元内配备生产一种产品或一类产品的各种机器设备，如图8-2-6所示 材料或零部件在生产单元内按加工顺序从一种设备向另一种设备转移。生产单元之间的距离很近，进入制造单元和离开制造单元的材料或半成品、零部件，只经由两个生产单元之间的库存点，而不通过传统生产系统下的中心仓库	节约了材料、零部件的处理成本和中心仓库到各个生产车间的运送成本

（2）小批量生产。库存水平与订货（生产）批量呈正比，大批量生产会产生过高的库存，特别是在制品的库存。小批量能使工序衔接更加紧密，便于发现生产中的瓶颈，更容易发现质量问题，进度安排的柔性更大，其对比见表8-2-5。

图8-2-5　工艺式布置情况

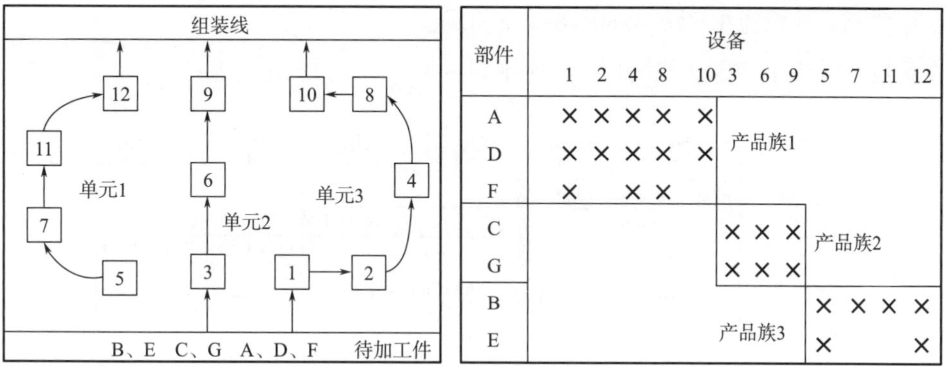

图 8-2-6 左侧为组装线示意图（单元1、单元2、单元3），右侧为部件与设备对应表：

部件	设备 1	2	4	8	10	3	6	9	5	7	11	12
A	×	×	×	×	×	产品族1						
D	×	×	×	×	×							
F	×		×	×	×							
C						×	×	×	产品族2			
G						×	×	×				
B									×	×	×	×
E										产品族3		×

组装线：12 9 10 8；11 6 4；7 3 1 2；5

单元1　单元2　单元3

B、E　C、G　A、D、F　待加工件

图8-2-6　生产单元示意图

表8-2-5　小批量与大批量生产的对比

生产方式	涵义	适合品种	目的	库存	空间	生产提前期	搬运成本
大批量生产	大批量加工与大批量传送	具有长期的稳定性，市场变化反映较慢的，生命周期较长的产品	投资少、资源集中，获得规模经济效益	增加	占用较大的存放场地	增加	增加
小批量生产	小批量加工与小批量传送	快速消费品，变化较快的产品	容易检查、清点和搬运	减少	减少空间占用	缩短	减少

举例分析：假设某工厂生产3种产品A、B、C。在传统生产系统中，每种产品生产批量较大，生产频率较低。而精益生产采用小批量运作，产品经常在A、B、C之间轮换生产，这种柔性生产使系统可以更快地对顾客需求的变化作出反应，如图8-2-7所示。

精益生产方式
AAA BBBBBB CC AAA BBBBBB CC AAA BBBBBB CC AAA BBBBBB CC

传统生产方式
AAAAAAAAAAAA　BBBBBBBBBBBBBBBBBBBBBBBB　CCCCCCCC　AAAAAAA

图8-2-7　精益生产与传统生产方式的对比

（3）连续流和看板。连续流和看板的定义分析见表8-2-6。

表8-2-6　连续流和看板

生产工具	定义	作用
连续流	连续流生产，又称单件流生产，即任何时刻每个工序只有一个单位在加工在流动，这是精益生产提倡的一种生产方式	小批量生产和供货意味着生产频率和调整准备次数的增加，为此要设法减少作业准备时间 对系统内部要寻找快速的作业准备的方法对外寻找合格的供应商快速和频繁地供货
看板	看板在日文中是卡片的意思，包括生产看板和拉动看板用来控制生产系统中的物料流动和生产活动，在看板上列有与取货、传送和生产有关的信息，它可以告诉工人需要取用或加工不同的部件的数量	生产看板用于授权一个或多个容器部件的加工 拉动看板用于授权一个或多个容器的部件从上一道工序转移到下一道工序

① 连续流。连续流生产方式如图8-2-8所示。

② 看板。看板生产方式如图8-2-9所示。

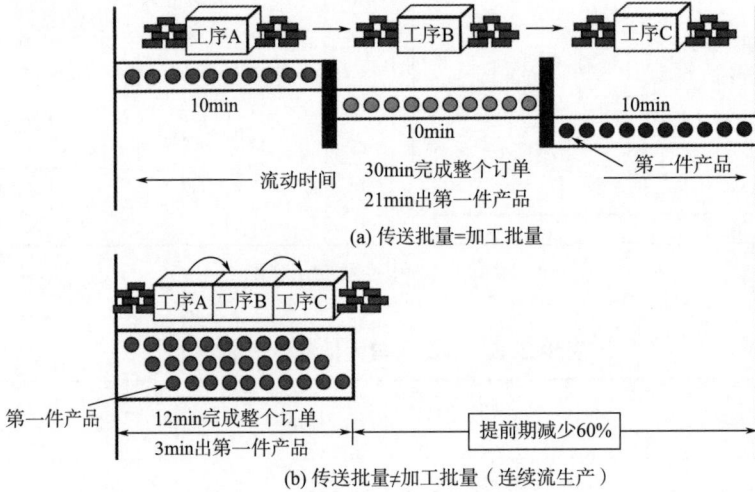

图8-2-8　连续流生产方式

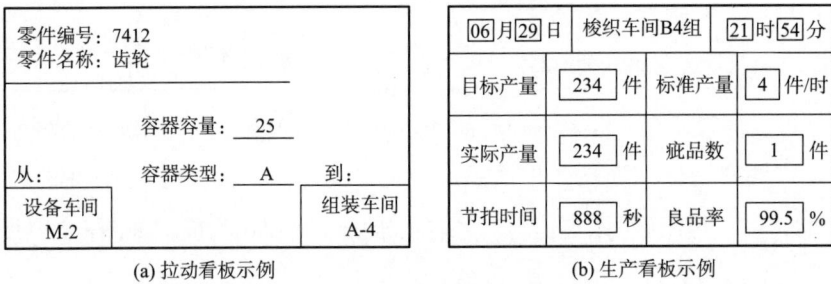

图8-2-9　看板生产方式

（4）快速切换。快速切换是指缩短作业准备时间。作业准备时间表示前一批次最后一个合格品到下一批次第一件合格品之间的间隔总时间，如图8-2-10所示。缩短作业准备时间，有效消除生产等待时间，以较少库存，提高生产系统的柔性，增加生产能力并为顾客提供更好、更快的服务。

（5）差错预防。差错预防也是一个持续改进的过程，它经过四个基本步骤：定义测量、分析、改进和控制，见表8-2-7。

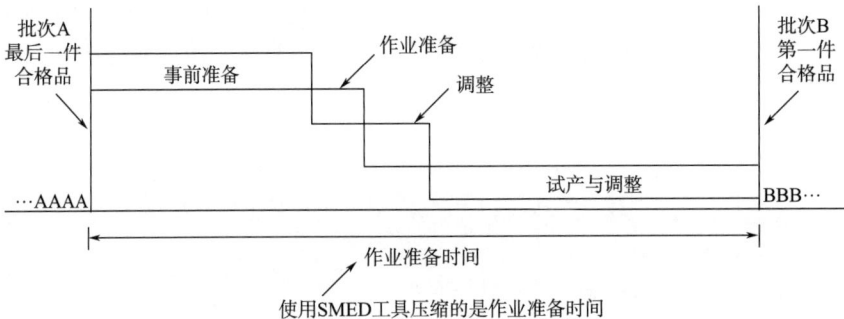

图8-2-10　作业准备时间构成

表8-2-7　差错预防的基本步骤

基本步骤	定义
定义测量	确定实施差错预防的时机，从已经发生的缺陷、产生缺陷的条件和行为、缺陷的后果、缺陷的检验分析，分析如何在缺陷发生前获得预警，如何不让缺陷发生
分析阶段	讨论和选择差错预防的机制，差错预防有两种基本机制，即控制系统和警告系统控制系统用来防止加工产生差错，而警告系统用来警示工人处理出现的问题
改进阶段	计划与实施差错预防机制，包括行动计划、差错预防控制计划、安装、验证、记录和操作说明
控制阶段	评价差错预防机制实施的效果，并将其保持下去

（6）全员生产维护（TQM）。全员生产维护即是对精益生产系统中的机器设备进行超前性维护和保养，贯穿于生产过程之中，使机器设备处于最佳状态，获得最好的使用效率。

（7）供应商关系。精益生产系统采用准时采购系统，要求材料、外购零部件在生产需用时保质保量地准时到达现场，直接使用。准时采购系统与传统采购方式对比见表8-2-8。

表8-2-8　准时采购系统与传统采购方式对比

供应商关系	影响因素	特点	效果	实例
准时采购系统	价格、质量、交货时间	质量、供货的可靠性与价格同样重要 供应商少、长期合作 供货采用混合装运，降低成本	可靠的质量还可以免除到货检验、次品退还、返工废弃等成本	美国的苹果计算机生产部，供应商减少了87%，国际商用机器公司供应商减少了95%，施乐公司供应商则减少了96%
传统采购方式	价格、质量、交货时间	价格为首要考虑因素，忽视质量和交货及时性，供应商多	材料或零部件质量缺乏可靠性，或到货不及时将引起整个生产系统的停顿和瘫痪，同时丧失销售时机	

4. 六西格玛

六西格玛（Six Sigma，6 Sigma）是一种管理策略，它是由当时在摩托罗拉任职的工程师比尔·史密斯于1986年提出。六西格玛分析见表8-2-9。

表8-2-9　六西格玛分析表

定义	目的	原理	标准
一种改善企业质量流程管理的技术，以"零缺陷"的完美商业追求，带动质量大幅提高、成本大幅度降低，最终实现财务成效的提升与企业竞争力的突破	强调制定极高的目标，收集数据并分析结果，通过这些来减少产品和服务的缺陷	检测存在缺陷，找出减少缺陷的方法，完善项目	出错率≤0.00034%

六西格玛从20世纪90年代中期开始，被精益生产从一种全面质量管理方法，演变成一个高度有效的企业流程设计、改善和优化的技术，并提供了一系列适用于设计、生产和服务的新产品开发工具。继而与精益生产的全球化、服务化等战略齐头并进，成为全世界

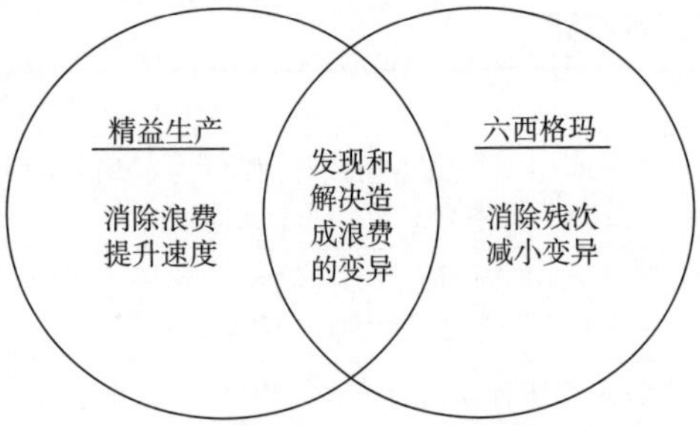

图8-2-11　精益生产与六西格玛组合

上追求管理卓越性的企业最为重要的战略举措。六西格玛逐步发展成为以顾客为主体来确定产品开发设计的标尺，追求持续进步的一种管理哲学，图8-2-11为精益生产与六西格玛组合。

5. 持续改善

持续改善方式包括问题解决和持续改进，具体分析见表8-2-10。

表8-2-10　持续改善分析表

方式	内涵	措施	工人管理者
问题解决	系统的基石 精益生产通过系统的平稳的作业流消除了中断，问题发生之前要及时传递信息或信号 当问题出现时，可以迅速解决	采用可视控制，如安灯系统，使同一系统中的员工互通信息，使工人和管理者可及时看到何时出了问题，问题出在哪里等，并采取适合的措施消除问题	参加统计过程控制、质量改进与问题解决方法的培训
持续改进	系统的真实主题 可减少库存，缩短作业准备时间，消除或减少设备停台，提高质量，增加产出率，广泛消除浪费与无效加工	持续改进是一个循环的过程。在这个过程中的计划与对策阶段要确定改进从哪里开始，根据公司的发展需要找出急需改进的地方。能够实施改进的地方很多，包括单元设计、全员生产维护快速切换、看板系统、6S现场管理、可视现场和供应链管理等，采用价值流图析分析和绘制价值流图，确定项目范围，确定目标并绘制未来状况图，确定改进方案	

(1) 持续改进过程。持续改善是企业生存和发展的方式，它是管理者和员工所接受的一种企业文化，成为所有组织成员在整个生产系统中对工作改进的无尽要求。图8-2-12表示持续改进过程的基本步骤，它是一个循环的过程。

(2) 持续改善与传统改善的区别。持续改善与传统改善的比较见表8-2-11，随着时间的增加，持续改善与传统改善的效果如图8-2-13所示。

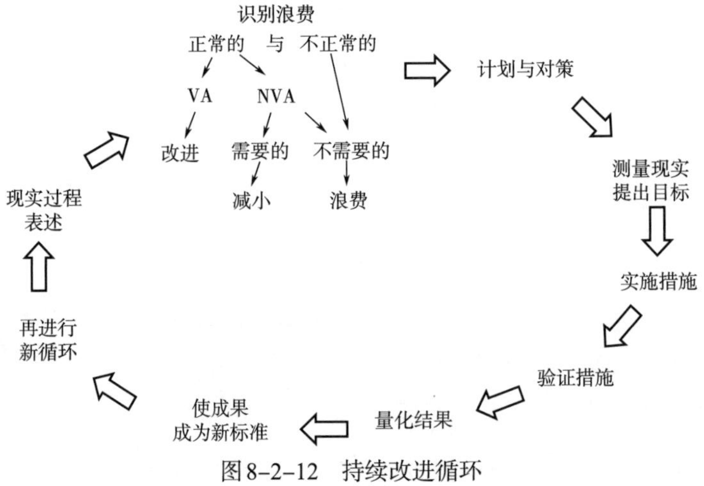

图8-2-12　持续改进循环

表8-2-11 持续改善与传统改善的比较

项目	持续改善	传统改善
改善频率	每天进步一点	偶尔的大改善
参与人员	全员参与	依靠专业团队
耗时和资源	花很少时间与资源	花很多时间与资源
资金投入	不需要资金投入	需要资金投入

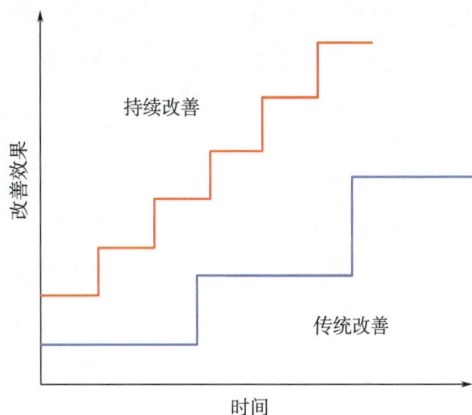

图8-2-13 持续改善与传统改善的比较

◎ 边学边思考

1. 精益生产的品质目标是＿＿＿＿＿＿＿＿＿＿＿＿＿＿＿＿＿＿＿＿＿

2. 6S管理是指＿＿＿＿＿＿＿＿＿＿＿＿＿＿＿＿＿＿＿＿＿＿＿＿＿＿＿

3. 精益生产的基石是＿＿＿＿＿＿＿＿＿＿＿＿＿＿＿＿＿＿＿＿＿＿＿＿

学习心得：＿＿＿＿＿＿＿＿＿＿＿＿＿＿＿＿＿＿＿＿＿＿＿＿＿＿＿＿＿

＿＿＿＿＿＿＿＿＿＿＿＿＿＿＿＿＿＿＿＿＿＿＿＿＿＿＿＿＿＿＿＿＿

◎ 拓展阅读

精益生产

某企业一个车间是长方形的，饮水机放在南北两侧。对于靠近饮水机的员工来说，当他们需要添加饮水时，路程方便。但是对于处在中间三分之一区域的员工来说，往南或往北，距离都比较远。

员工们有个很好的习惯，只有饮水机上的绿灯亮了（表示水已经煮开），他们才会去添水，否则就会等待，直到绿灯亮起。对于南北两处的员工，当他们走到饮水机前，发现红灯还亮着的时候，往往是回岗位等待。但是对中间区域的员工来说，再走回头路，实在是一段遥远的路程。

有一天，负责中间区域生产线的组长跑来跟生产经理说："我的组员只要一离开岗位去倒茶水，没有10分钟是回不来的！""为什么？"生产经理问。"因为他们要么在那里等绿灯亮，要么就趁机上个洗手间，反正水开得没那么快！"

这位组长有几天被这种糟糕的生产效率逼急了，就找生产经理。于是生产经理找来大家讨论这个问题。

"没有办法！"电工这样说："一定要走到饮水机前才能知道水到底开了没有。"

"那就在车间中央再装一台饮水机。"那位组长提议道。

"不行！"负责安全生产的人首先反对："那是违反安全规定的。"

"水开没开怎么确认？"生产经理问。

其他人瞪大眼睛看着生产经理，好像对生产经理这样幼稚的问题感到吃惊。"看饮水机上的指示灯是亮红灯还是亮绿灯啊。"电工这样说。

"什么时候看？"生产经理又问。

其他人看起来就要被生产经理的问题问晕倒的样子。

"走近饮水机的时候啊！"电工一副要扑过来揍生产经理一样的表情。

"一定要走近饮水机才看得到吗？"生产经理又问。

"啊？"其他人张大嘴巴，表情很难形容，好像是被生产经理问到快抓狂，又好像是有所顿悟的样子。后来他们把饮水机那个显示红绿灯的线路延长出来，装了一个大红灯泡，挂在饮水机的上面。在很远的地方就可以看到那个红灯泡，只要它还亮着的，那就表示水还没开。从此，工人们可以连头也不抬地问他们的组长："水开没？"然后继续工作。这就是精益管理。

◎ 巩固训练

精益生产与六西格玛结合会产生什么效果？

_____

_____

我的学习收获：_____

_____

◎ 任务评价（表8-2-12）

表8-2-12　任务评价表

任务内容	评价关键点	分值	自我评价	同学互评	老师评价
服装精益生产的体系	了解精益生产工具的构成体系	20			
服装精益生产的工具	掌握精益生产的基础工具	20			
	掌握精益生产的管理工具	20			
	掌握精益生产的生产工具	20			
	了解精益生产与六西格玛的组合	10			
	掌握持续改善的内涵	10			
合计		100			

任务三　服装精益生产方式

◎ 任务导入

小明所在的服装企业的生产线有很多步骤，A步骤需要5个小时，B步骤需要3个小时，C步骤需要2个小时，如果三个步骤同时开工，无疑会造成大量浪费。就像去某地会合，从A单位出发要花5小时，B单位要花3小时，C单位要花2小时，如果这三个单位同时出发，B和C早到了，却要浪费许多时间等A。

小明想：怎样才能减少浪费，提高生产效率呢？

◎ 任务要求

1. 了解服装传统生产和精益生产方式的区别。
2. 了解服装精益生产的效果。

◎ 任务实施

1. 解决生产线精益化难题。
2. 分析精益生产的方式及其效果。

◎ 相关知识链接

一、传统生产与精益生产的区别

1. 服装传统生产方式

服装传统生产方式以批量流程为主，利用专业化分工提高生产效率，获得规模经济的效益，从而降低成本。传统生产方式适合需求简单、市场环境趋同且稳定的订单，见表8-3-1。

表8-3-1　服装传统生产方式

生产方式	服装传统生产方式
主要特征	生产过程按照从款式设计到工艺设计、生产组织、产品检验流程向前推动，各部门相对独立；生产过程中实行按工序分工的作业流程，利用大批量生产降低生产成本，提高生产效率；适应款式、类型相对固定的服装产品的批量生产
主要表现	在传统成衣生产过程中，组长按照经验安排工序作业，作业员拿到衣片后依据自己的判断和能力进行加工，由于劳动薪酬以计件为主，员工之间缺少团队合作精神。流水生产中，员工追求个人的产出，期望多劳多得。但因整个流水线的有效产出由瓶颈工作地决定，所以个人的产量大，并不能提高成衣流水线的有效产出

生产方式	服装传统生产方式
主要表现	传统成衣生产方式由于无法进行动态调整，难以应对快速变化的市场需求。偶尔生产出多品种小批量的服装，也会因开价太高令顾客望而却步。若维持原来的价格，则企业没有利润，甚至亏损。传统成衣生产方式生产周期长、缺乏柔性，导致不能快速交货，特别是小批量的快速反应订单难以施行
	采购、生产、销售等各个业务环节的决策和运作相互依存、相互影响，然而传统成衣生产各部门各自为政，这种纵向一体化的金字塔层级式组织结构导致企业运作效率低下，反应迟缓，难以通过沟通协调适应市场快速变化
	为了提高服装产量，企业通常使用专业化的机器和员工满负荷运作，以工人加班加点工作获取额外利润；为了应对原材料和市场需求的变化，需要准备大量库存来维持生产，这种过量生产和库存积压导致企业资金和资源浪费严重，生产成本居高不下
	刚性的资源配置系统和推动式生产不能满足顾客或客户（服装品牌企业或采购商）对产品的功能和品种多样化的需求，同时因为生产组织调度依靠经验和主观判断，产品质量不稳定和缺少应对客户需求的柔性

2. 服装精益生产的方式

服装精益生产方式的核心是准时化生产方式，主要是通过系统结构、人员组织、生产设备、运行方式和市场供求等方面的改变，使生产系统不断变化，能很快适应客户需求，并能使生产过程中一切无用、多余的东西被精简，可概括为：只在需要的时间和地点生产必要数量和质量合格的产品，见表8-3-2。

表8-3-2　精益生产方式

生产方式	精益生产方式
适时	精益生产是一种"后拉式"生产方法，生产线上通过后道工序向前道工序要货来调动整条生产线的快速流动，尤其引入看板管理系统以及自动传送装置后，员工的工作速度以规定节拍为准，即在规定时间缝制好衣片，按节拍传送到下一个工作地，以保证整个流水线的顺畅和有效产出
	精益生产投产之前按节拍进行严谨的工序编排，在保证较高编制效率的情况下投入生产，使整个流水线同步化生产，减少等待时间和在制品积压，降低生产过程中的时间浪费，提高有效产出和经济效益
适量	在精益生产中，严格控制在制品的投放和每个工作地（每捆衣片）传递的件数。若采用单件流程生产方式，首件产品出货快，检验后能及时发现和快速纠正生产过程中的问题，减少大批量流程的返工现象。结合全面质量管理的不同成衣抽检方法，有助于生产主管及时发现问题，及时改进质量，避免制造成本浪费
缩小转移批量（降低在制品量）	精益生产方式适合多品种、小批量、短交货期的市场需求。通过最大限度地消除浪费，降低在制品量和缩短生产周期，力求实现低成本，准时生产的加工模式，达到以最少的投入（人员、设备、时间和场地等）向顾客快速提供质价相符的产品，并不断地追求尽善尽美
生产计划的精准化	精益生产是一种数据化生产管理模式，管理者根据每道工序的标准作业时间，结合流水线节拍、服装加工的难易程度、工人的技能水平，以及合理的缓冲时间设定，可以测算出完成一个订单的准确生产周期，由此制定生产计划，实现准时化生产。有了合理的生产计划才能对投料及面辅料入仓、产品出仓进行管控，减少库存量，降低成本
节省生产成本投入	精益生产方式的中小服装企业可凭借少量的投入，运用精益生产思想，通过严谨的管理，达到事半功倍的效果

3. 传统生产与精益生产的对比

随着企业和市场环境的变化，传统的服装大批量生产以及粗放式管理很难适应21世纪国内外市场和客户的需求。推进精益生产，提高生产效率、降低成本，不断追求产品的完美性则更符合市场需求，见表8-3-3。

表8-3-3 传统生产与精益生产的比较

内容	传统生产	精益生产
生产控制	基于预测的推动式生产	基于需求的拉动式生产
成本核算	销售价=成本+利润	利润=销售价-成本
生产目标	尽可能生产质量好的产品	追求尽善尽美
工作方式	分工协作、专业化	集成、多功能、综合工作团队
管理方式	金字塔式	权力下放、扁平化
产品特征	生产数量大、标准化产品	面向客户、生产周期短
供货方式	大量库存	JIT方式、减少库存
产品质量	检验部门事后把关	全员保证质量、追求零缺陷
返修率	较高	较低
自动化	刚性自动化	柔性自动化、但以精简为原则
生产组织	组织机构繁杂	精简一切多余环节
设计开发	串行方式	并行方式
工作关系	相对独立	团队精神
用户关系	以用户为中心，但产品变化少	以用户为中心、产品面向用户
雇员关系	可随时解雇、工作无保障	终身雇佣、以企业为家
供应商关系	缺乏信任和长期规划	同舟共济、荣辱与共

二、服装精益生产的预期效果

1. 各行业精益生产效果

精益生产主要研究时间和效率，注重提升系统的稳定性，50多年来精益生产的成功案例已证实，如图8-3-1所示。

可以看出，精益生产通过消除企业所有环节上的不增值活动，达到降低成本、缩短生产周期和改善质量的目的。

2. 服装精益生产效果案例

（1）案例一：浙江和广东两家服装生产企业实施JIT改造。

浙江的M工厂是一家牛仔裤加工企业，承接国内外知名品牌订单，由于存在生产效率不高、交货期延迟等问题，严重影响了企业的信誉和经济效益。导入JIT（just in time，准时生产供货）项目后，人均产量由14.5条/天提至28条/天，但企业经营者仅给员工工资提升100元/月，工资上涨的比例与产量提升的比例不一致，导致员工流失，企业再次陷入困境。

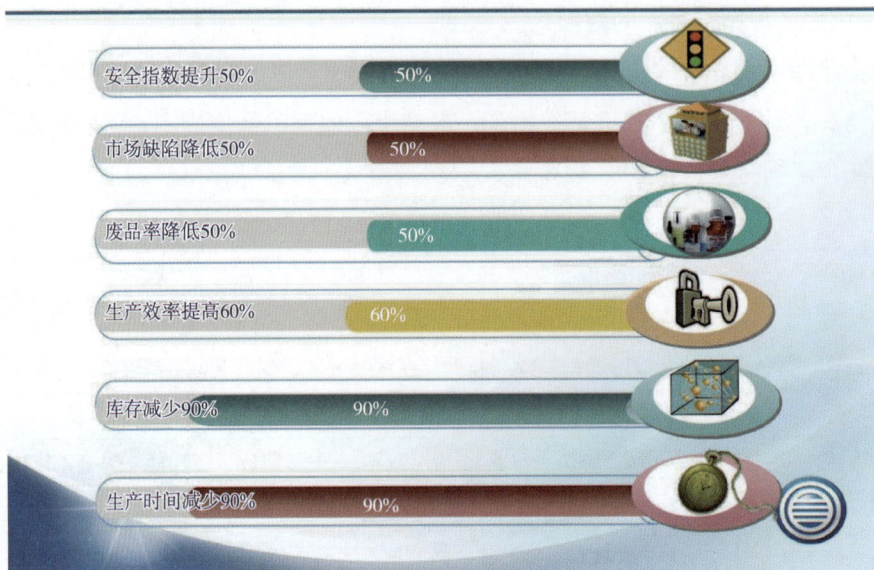

图8-3-1　精益生产的效果

　　而广东的L制衣厂改造前的困惑与M工厂相似，但由于该厂工价透明化，改造实施后产量和工人工资人均提升30%，订单延迟情况未再发生，车间节省场地空间50%，车间"6S"（整理、整顿、清扫、清洁、素养、安全）管理得到全面提升。

　　可见，成果共享是企业高层需要关注的重要因素，也是企业改革时必须考虑的内容。

　　（2）案例二：减少转移批量，缩短生产周期。

　　某服装企业生产工序减少转移批量生产，具体表现为此前批量流程加工，每个工作地（工序）一次加工4件部件，顺序移向下一工作地；更改后为单件流程加工，每个工作地（工序）每次加工1件部件，顺序移向下一工作地。每次转移批量由4件转变成1件后，加工周期由20天缩短至8天，即减少转移批量可缩短生产周期，如图8-3-2所示。

　　（3）案例三：J企业单件流程精益生产改革案例。

　　① J企业生产作业过程中的主要问题。

　　"90后"员工的浮余动作较多（如上班接听手机）；生产现场在制品量大，作业员容易出现错拿、错放；生产周期长，首件成品出产慢；质量不稳定，返工返修率较高；生产线负荷不平衡，经常加班。

　　② 单件流程初期改进结果。

　　为改善生产现场状况，J企业实施以单件流程为核心的精益生产改革。

　　a．生产效率提高。A组在实施单件流程前人均日产量约10条，实施单件流程改进后，员工的工作意识不断提高，单件流程生产线熟练度逐渐提高，在一周内人均日产量上升至14条，见表8-3-4。有效产出（生产效率的提高与工序编排后员工熟练度上升也有一定的关系）提高了40%，员工绩效工资也随之增加；随着生产效率的提高，订单可按时完成，加班现象减少。

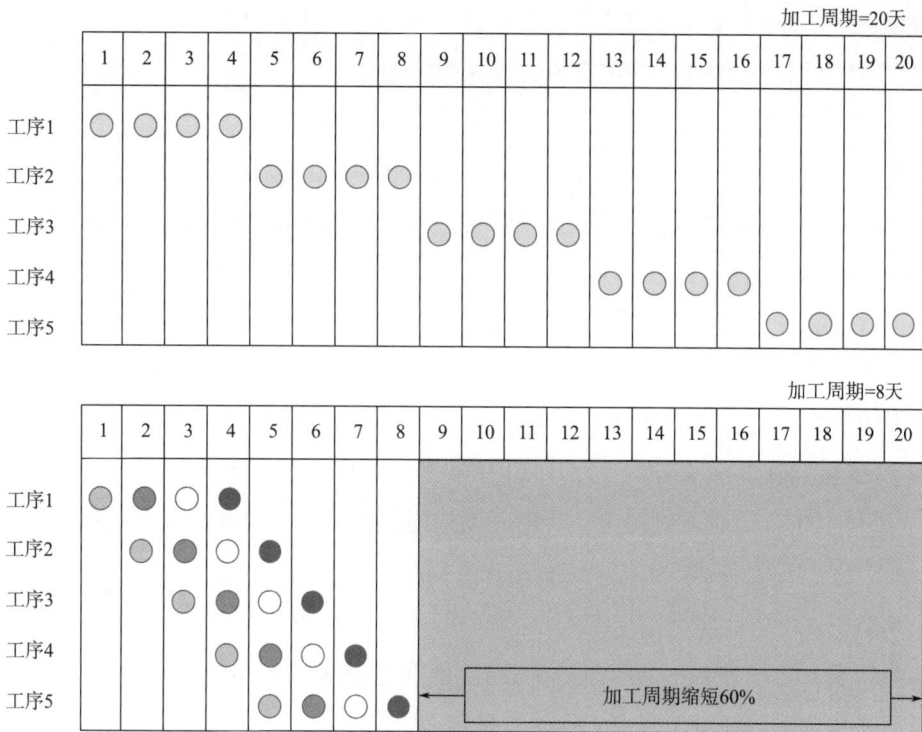

图8-3-2　生产工序减少转移批量示意图

表8-3-4　生产信息表

工作人数（含组长、检验员）/人	25	25	25	25	26	26
工作时间/h	8	8	8	8	12	12
节拍时间/s	120	96	92	85	78	79
产量/件	248	300	320	360	550	548
人均日产量/件	10	12	13	14	21*	21*
以8h计算人均日产量/件	10	12	13	14	14	14

注　"*"表示加班4h。

b.返工率降低。实施单件流程生产前，A组的产品质量不稳定，经常出现批量质量问题，有时甚至需要整批返工，使订单不能按时交货，尤其对于某些出口订单，无法按时交货会耽误船运或航运计划，不仅增加了赔偿延迟交货的经济损失，也使服装品牌企业错过店铺的最佳计划上架时期。实施单件流程改造后，返工率明显降低，不再出现批量返工现象。成衣加工过程中出现质量问题能及时发现，涉及返工的件数大幅减少，生产周期基本不受影响。现场考察发现：在检验过程中发现质量问题减少，每天仅有2~5件产品返工、返修。

c.生产周期缩短。随着生产效率的提高，生产周期大幅缩短，J公司能应对快速反应订单的需求。以生产5000条裤装为例，按每天工作8h计算：

批量流程：5000条÷10条/（人·天）×26人≈20天（工作日）

单件流程：5000条+14条/（人·天）×26人≈14天（工作日）

而且单件流程的首件出产期比批量流程大幅缩短：

单件流程：$T_c(t_1)$ =79s/（件·人）×26人×1件=2054s

批量流程：$T_c(t_{25})$ =79s/（件·人）×26人×25件=51350s

单件流程不到1h就可以产出首件成衣产品，而批量流程需要根据批量的大小计算，批量越大首件成品时间越长，以一捆25件产品批量为例，约2天（51350s≈14.26h）才能产出首件成衣产品。

◎ 边学边思考

1．判断题：以批量流程为主，利用专业化分工提高生产效率，获得规模经济的效益，从而降低成本，适应需求简单，市场环境趋同而稳定订单的生产方式是精益生产方式。（   ）

2．判断题：准时化是精益生产的核心特征。（   ）

3．判断题：精益准时化生产即是在必要的时间按必要的数量生产必要的产品。（   ）

4．服装企业采用精益生产方式的效果是什么？

_____

我的学习收获：_____

_____

◎ 任务评价（表8-3-5）

表8-3-5　任务评价表

任务内容	评价关键点	分值	自我评价	同学互评	老师评价
服装传统生产方式	了解传统服装生产方式的特征	30			
服装精益生产方式	了解精益生产方式的特征及内涵	50			
服装精益生产的效果	了解服装精益产生的效果	20			
合计		100			

模块三

服装企业信息化基础

模块概述

在经济全球化、竞争白热化和信息技术应用飞速发展的时代，信息化已经成为企业的命脉和核心竞争力。实施生产信息化，不但可以降低生产成本、提高工作质量、缩短交货期等，同时也是客户关系管理、软件配置管理、知识共享等信息系统实施的前提。

本模块主要使学习者能认识服装企业生产信息化——吊挂系统的架构、组织形式、生产流水线的工序分析与编制，服装企业信息化现状及应用技术。

通过以上内容的学习，学习者能了解服装企业的信息化的基础知识，对今后的深入学习和实践具有一定的指导作用。

随着信息技术的飞速的发展，IT设备、信息化系统已经渗透到企业的每一个方面。对于成长型企业，企业的业务量稳步增长，信息化系统可以规范企业管理和流程，帮助企业解决问题，实现科学、高效管理；对于扩张型企业，企业的业务量成倍增长，信息化系统是业务扩张的支撑，可以保障企业快速良性发展。

本模块主要使学习者能够认识企业信息化在服装行业的应用，和它带来经济、社会效益。

◎ 项目介绍

　　服装生产行业属于劳动密集型行业，服装生产从原料、面料开始到裁剪、打样、缝制、包烫等，每个岗位都需要很多工人来作业，是流水式作业。尤其是缝制部门，每台缝纫机或其他设备都由一个工人来完成一道工序，如前身、后身、袖子等，如何对生产过程进行控制、提高生产效率和产品质量，解决劳动力是每个服装厂家面临的问题。服装吊挂系统很好地解决了上述存在的问题。

◎ 思维导图

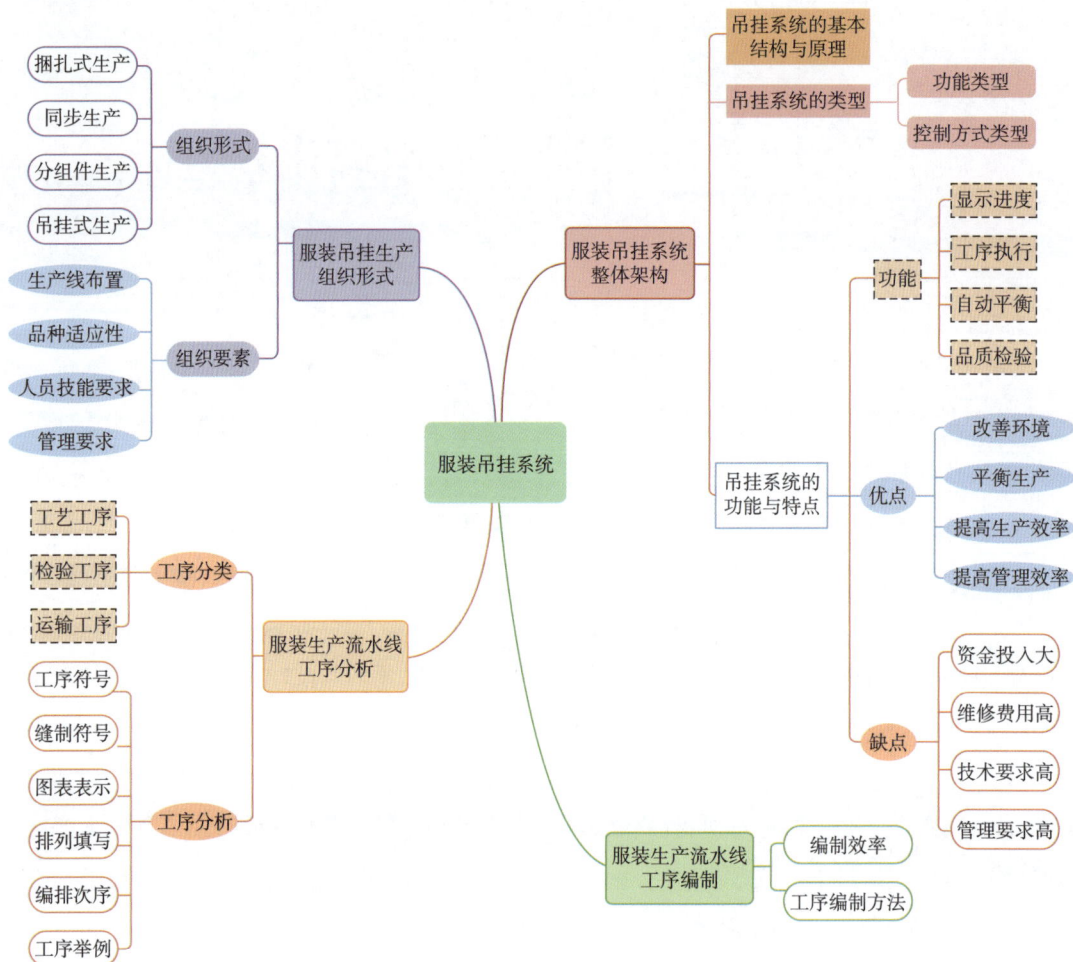

◎ 学习目标

知识目标

1. 了解吊挂系统的基本结构与原理。
2. 掌握服装吊挂系统的类型、特点、组织形式和生产流水线的工序分析与编制。

能力目标

1. 了解吊挂系统的整体架构。
2. 认识服装吊挂系统生产的组织形式。
3. 学会分析与编制服装生产流水线的工序。

情感目标

1. 培养良好的职业道德和职业责任感。
2. 锻炼独立分析和解决问题的能力。
3. 规范操作，培养一丝不苟的工匠精神。

任务一　服装吊挂系统整体架构

服装吊挂系统
整体架构

◎ 任务导入

某服装企业出现了招工难的问题。没有工人，无法开足马力生产，业务部门有单却不敢接。同时员工工作效率很低，但用工成本逐年增加。虽然服装企业为提高现场管理人员管理水平对其进行培训，但管理水平对现场传统捆包流水线的效率提高达到一定的水平后，很难再有突破。

随着市场现有需求的改变，订单向多花色、多款式、多品种、小批量、短周期发展，现行服装企业的流水线生产方式已经受到了严峻的挑战。

◎ 任务要求

掌握服装吊挂系统的类型及其特点以及其基本结构与原理。

◎ 任务实施

解读吊挂系统服装生产流水线的整体架构。

◎ 相关知识链接

服装吊挂系统也称柔性生产系统或灵活生产系统（FMS），是在数控机械、机器人、自动化仓库、自动输送等自动化设备和计算机技术项目之上发展起来的生产单元或系统。

一、服装吊挂系统的基本结构与原理

1. 服装吊挂系统基本架构

服装吊挂系统主要由中央处理器、RFID条形码生成器、进站识别器、RFID读码器、出站识别器和智能显示终端等部分组成。系统整体架构如图9-1-1所示。

2. 服装吊挂系统工作原理

服装吊挂系统是以中央处理器为控制核心，各工作站接收中央处理器发来的指令，执行相应的动作并反馈相应的信息，来实现整条生产流水线的自动化智能化运行。简单说是

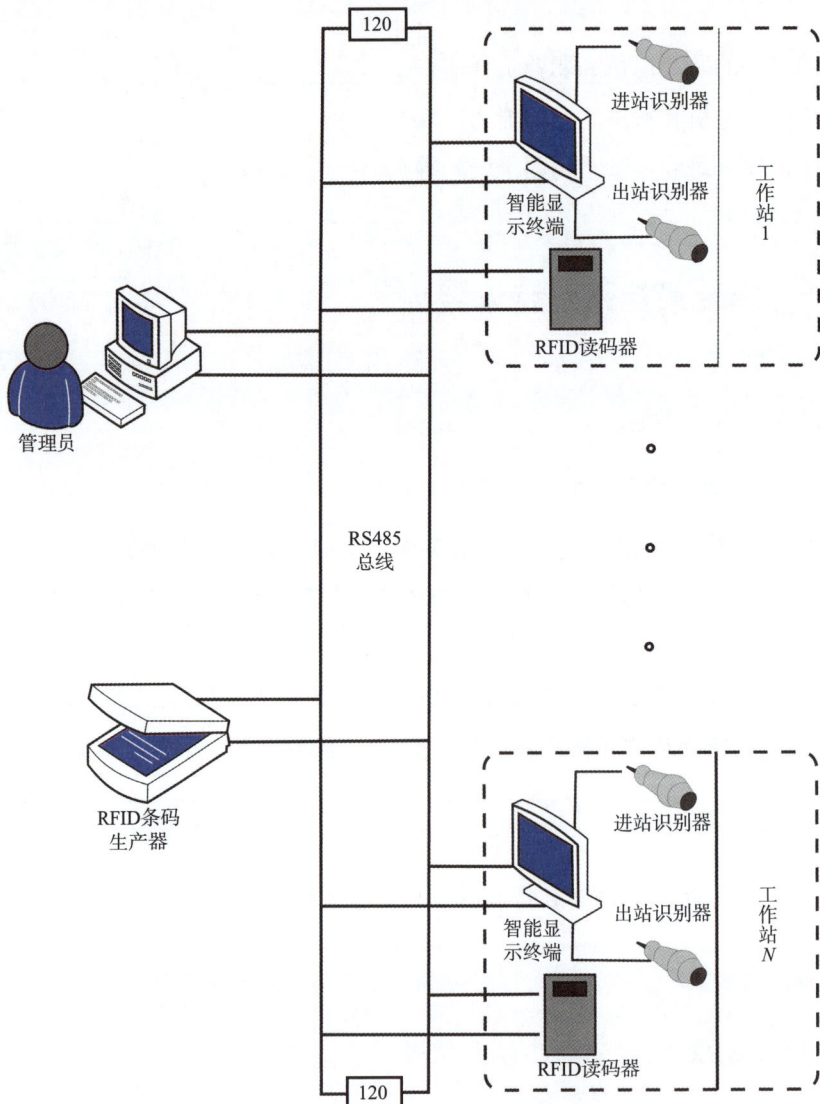

图9-1-1 服装吊挂系统的整体架构

将整件衣服的裁片挂在衣架上，根据事先输入好的工序工段信息，自动将待加工产品送到下一道工序操作员手里，大幅度地减少搬运、绑扎、折叠等非生产时间。当生产员工完成一个工序后，只需轻按控制钮，吊挂系统就自动将衣架转送到下一个工序站，如图9-1-2所示。

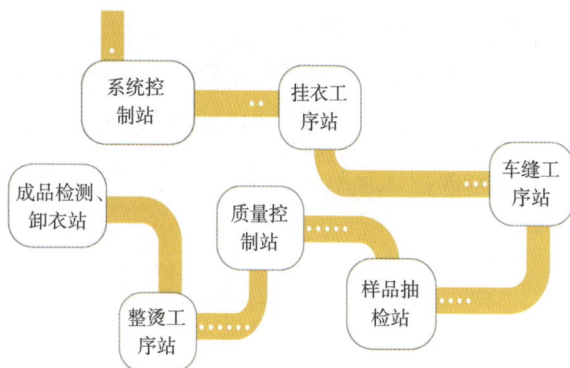

图9-1-2 服装吊挂系统的生产流程图

二、服装吊挂系统的类型

1. 按功能分类

服装吊挂系统按功能可分为面、辅料搬运系统，缝制车间的生产管理系统，熨烫运输管理系统，仓储运输管理系统。缝制车间的生产管理系统如图9-1-3所示；整理熨烫运输管理系统如图9-1-4所示；各系统具体定义功能见表9-1-1。

图9-1-3 缝制车间的生产管理系统

图9-1-4 整理熨烫运输管理系统

表9-1-1 服装吊挂系统的功能类型

类型	定义	功能
面、辅料搬运系统	指制衣工厂内部的布料、裁片、半成品和成品的搬运过程，以及整个制衣生产过程中，与运送的有关物辅料的系统工程	布料、裁片、辅料、半成品及成品搬运，减少受到动作、时间、位置、数量以及空间的制约
缝制车间生产管理系统	由多个工作站组合而成，依据产品加工工艺需求，自动将衣片或者半成品按操作流程传输到各个加工工作站进行缝制加工	裁片、半成品、成品的工艺缝制运输，不受加工线路长短、加工位置排列变化的限制
整理熨烫运输管理系统	指缝制后成品整理、线头修剪、熨烫、包装的运输管理过程	缝制后整理、线头修剪、熨烫、包装
仓储运输管理系统	适应不同类型的成品搬运与分拣，贯通整个成品挂装仓储的系统	吊挂成品智能储存、自动调用尺码出库、挂装出库输送、挂装装柜出货；干净整洁、搬运省力、分拣快捷

2. 按控制方式分类

服装吊挂系统按控制方式分类，一类是以机械式自动控制技术为主的自动传输系统，如瑞典伊顿公司的2001型吊挂系统；另一类是以计算机控制数据集成兼有生产管理功能的智能型传输系统，如美国格伯公司的GM-100型吊挂传输系统，主要技术性能见表9-1-2。

表9-1-2　常见服装吊挂系统的主要技术性能比较

项目	ETON2001型（瑞典）	ETON2002型（瑞典）	GM-100型（美国）	JHS201（Ⅱ）型（日本）	FD1002型（中国）
系统功能	较强	强	较强	较弱	较强
控制方式	机械编码	光学条形码与微机	计算机网络	机电	工业可编程序控制器
微机管理系统	有	有	有	无	有
自动化程度	较高	高	高	较低	较高
使用操作	方便	方便	较复杂	方便	方便
设备安装要求	一般工业厂房	较高	较高	一般工业厂房	一般工业厂房
运转维护	较简单	难度较高	难度较高	较简单	较简单
可靠性	一般	较高	较高	高	较高

◎ 边学边思考

1. 各工序站由哪里控制，作用是什么？

2. 仓储运输管理系统除了储存和运输还有哪些功能？

学习心得：

三、服装吊挂系统的功能与特点

1. 服装吊挂系统所具备的功能

服装吊挂系统包括实时显示流水线生产进度信息、工序的自动执行、自动平衡、可随时进行品质检验等功能，见表9-1-3。图9-1-5所示为显示流水线实时生产进度。

表9-1-3　吊挂系统功能分析

功能	功能分析
显示进度	实时跟踪并采集每一个工作站、每个员工甚至每一件衣片的状况信息，有助于生产管理人员精确地把握整条生产流水线的生产进度
工序执行	根据生产管理人员输入的工序信息自动进行衣片的加工制作，对于衣片该进入工作站，完全由系统自动完成

续表

功能	功能分析
自动平衡	根据每个工作站的待加工的服装裁片的余量进行动态调整，将余量较大的工作站的裁片转移到其他没有余量或余量较小的工作站，保证整条流水线的流畅性
品质检验	检验人员可随机对整条流水线上的服装进行质量检验，根据检测结果，用不同的代码表示不同的检测结果

图9-1-5　吊挂系统流水线生产实时进度显示

◎ 边学边思考

什么是自动平衡?

_____

学习心得:_____

2. 服装吊挂系统的优点

服装吊挂系统的优点包括：改善环境、自动平衡生产、缩短生产周期、提高生产效率、提高员工管理和质量管理效率等，见表9-1-4。图9-1-6所示为使用服装吊挂系统后的生产环境。

表9-1-4　吊挂系统的优点分析

优点	原因分析
改善环境	1. 不占用地面场地，使员工不受在制品的包围，视野开阔 2. 员工不必弯腰走动搬运裁片或半成品，降低员工疲劳度和劳动强度，提高生产能力 3. 改善车间环境，符合6S的环境要求，车间环境简单明了
平衡生产	1. 吊挂生产线在运行的过程中能动态地显示生产状况，追踪目标产量，显示生产进度，产生综合报表以便管理人员及时掌握现场状况并及时做出调整 2. 吊挂系统可以依据工人对不同缝纫技术的熟练程度，自动调节工作站内裁片或半成品吊架的存量，将余量转移到其他工作站，保证整条流水线的顺畅流通
提高生产效率	通过固定速率的产品线流转，一旦在制品加工完毕，即刻送到下道工序，几乎没有停留时间
提高管理效率	1. 通过对数据的收集，可以将每个员工的产址、返修数据实时呈现。管理人员可根据每个员工的数据，及时发现员工的效率异常，进而了解情况，提升员工管理的效率 2. 通过对返修数的跟踪，及时发现质量问题，分析原因，及时处理，同时提高操作程度 3. 管理人员可通过目视管理，及时发现产品线问题及时改善，提高车间的管理能力

图9-1-6 服装吊挂系统的生产环境

服装吊挂系统与传统服装生产模式相比，各环节节约时间如图9-1-7所示。传统生产步骤与吊挂系统步骤对比，如图9-1-8所示。

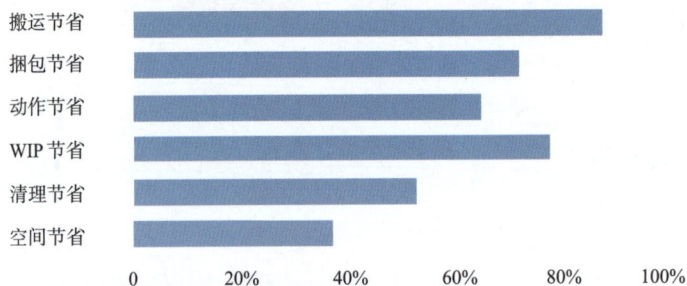

图9-1-7 服装吊挂系统在服装生产各个环节所节约的时间比例图

图9-1-8 传统生产步骤与吊挂系统步骤对比

◎ 边学边思考

吊挂系统的优点有_____、_____、_____和_____。

学习心得：_____

_____

3. 服装吊挂系统的缺点

服装吊挂系统的缺点分析见表9-1-5。

表9-1-5　服装吊挂系统的缺点分析

缺点	原因分析
资金投入大	吊挂线的投入资金过高，回报期长
维修费用高	操作不当、设备故障、软件不够成熟等因素，系统会经常维护，耗时间，成本较高
技术要求高	对操作人员、管理人员要求高，如流水线的编排和站位调整等软件的部分操作不熟悉，会影响整个吊挂线的运行
管理要求高	吊挂线的运行需要较高管理基础，对班组长的调节能力、员工的配合能力要求高
其他	对产品品类有一定适用性，不适合小件针织产品，如内衣、泳衣等，频繁上下片可能会引起衣片变形等问题

◎ 边学边思考

吊挂系统的缺点＿＿＿＿＿＿＿＿＿＿＿＿＿＿＿＿＿＿＿＿＿＿＿＿＿＿＿＿

学习心得：＿＿＿＿＿＿＿＿＿＿＿＿＿＿＿＿＿＿＿＿＿＿＿＿＿＿＿＿＿

＿＿＿＿＿＿＿＿＿＿＿＿＿＿＿＿＿＿＿＿＿＿＿＿＿＿＿＿＿＿＿＿＿＿

◎ 巩固训练

服装吊挂系统的工作原理是什么？包括哪些类型？

＿＿＿＿＿＿＿＿＿＿＿＿＿＿＿＿＿＿＿＿＿＿＿＿＿＿＿＿＿＿＿＿＿＿

＿＿＿＿＿＿＿＿＿＿＿＿＿＿＿＿＿＿＿＿＿＿＿＿＿＿＿＿＿＿＿＿＿＿

我的学习收获：＿＿＿＿＿＿＿＿＿＿＿＿＿＿＿＿＿＿＿＿＿＿＿＿＿＿

＿＿＿＿＿＿＿＿＿＿＿＿＿＿＿＿＿＿＿＿＿＿＿＿＿＿＿＿＿＿＿＿＿＿

◎ 任务评价（表9-1-6）

表9-1-6　任务评价表

任务内容	评价关键点	分值	自我评价	同学互评	老师评价
吊挂系统的基本结构与原理	了解吊挂系统基本机构	20			
	熟悉吊挂系统操作原理	20			
吊挂系统的类型	描述吊挂系统的类型	20			
吊挂系统的功能与特点	了解吊挂系统功能	20			
	描述吊挂系统的优、缺点	20			
合计		100			

服装吊挂生产
组织形式

任务二　服装吊挂生产组织形式

◎ 任务导入

随着市场的不断发展，小批量、多品种的生产方式已成为服装市场的主要加工模式。某服装企业为适应市场需求，在生产车间引进了服装吊挂系统进行生产，但要考虑生产线的布置、员工的技能要求及管理要求等要素，如何在一条流水线上进行不同款式的加工，以及如何在吊挂系统上将多品种、小批量和少品种、大批量这两种加工模式统一起来，是企业当下需要解决的主要问题。

◎ 任务要求

掌握吊挂系统生产的组织形式。

◎ 任务实施

合理安排吊挂系统生产的组织形式。

◎ 相关知识链接

服装吊挂生产的组织形式是指生产者在使用服装吊挂系统进行生产时，对所投入的资源要素、生产过程以及产出物的有机、有效结合和运营方式的一种概括，是对生产与运作管理中的战略决策、系统设计和系统运行管理问题的全面综合。

一、常用生产组织形式

通常进行服装生产流水线的组织安排时，需要满足以下条件：

一是连续性，要求半成品服装在各工序之间连续地流动，在时间上紧密衔接，始终处于运动状态；二是比例性，要求服装生产过程中的各阶段、各工序之间在生产能力上保持适当的比例关系；三是平行性，要求生产过程的各项生产活动在时间上尽可能平行进行；四是节奏性，要求各个生产环节在相等时间内，生产相等数量的产品，各工作地的负荷相对稳定，不至于出现时松时紧、前松后紧或前紧后松等现象。

1. 捆扎式生产

捆扎式生产分析见表9-2-1，图9-2-1所示为传送带捆扎生产组织形式的示意图。

2. 同步生产

同步生产指为了实现企业的目标，而使整个生产过程协调一致的一种方法。包括同步生产、捆扎同步生产、单元同步生产，见表9-2-2。

表9-2-1　捆扎式生产分析表

生产组织形式	原理	特点	适应性
传统捆扎生产	设有一个中央存储间来收发裁片，裁片先由存储间送到第一个工作岗位，第一道工序完成后，在制品被送回存储间，再由存储间收发员分发到第二道工序，并依此类推	具有较好的灵活性，能适应款式的经常变更，员工出勤率低也不会造成太大的生产障碍，便于生产管理与分工；在制品的品质控制较为容易，但是在制品运送极为频繁，生产效率低，同时需要一个较大的存储空间对在制品进行专门的存储和管理	品种较为单一的小型服装生产企业
传送带捆扎生产	与传统捆扎生产组织形式类似，只是在制品传送的方式由手推车变为传送带	有较好的灵活性和产品适应性，质量控制容易，通过传送带实现在制品的传送，节省了服装生产的辅助作业时间，可进行工作岗位工程学研究，推行专业化作业，车间的外观和环境布置整齐，文明生产程度高；但是该种组织形式的投资成本大，保养费用高，而且占地面积大	适合多品种小批量的内衣类的服装生产

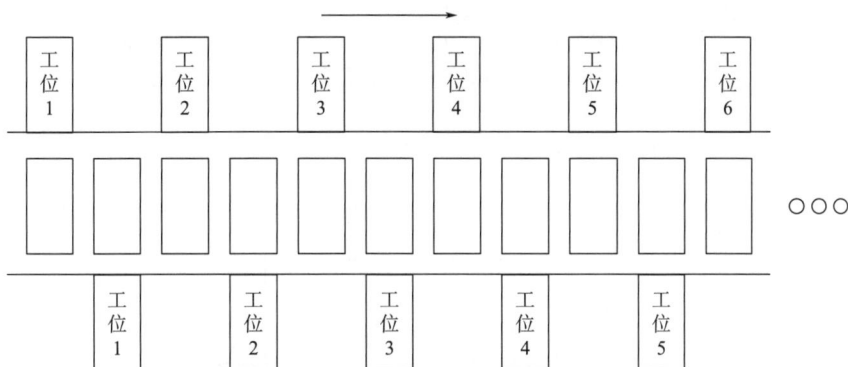

图9-2-1　传送带捆扎生产组织形式的示意图

表9-2-2　同步生产分析表

生产组织形式	原理	特点	适应性
同步生产	以一件服装为单元，按照服装产品加工工艺流程的顺序进行作业，服装生产工具排列完全按照工艺顺序和各工序工作量的大小进行配置	生产节拍性强，半成品搬运少，作业进度容易掌握，生产效率高，周期短，产品质量稳定均一；但是各工序间相互影响较大	适合生产衬衫、工作服等服装产品。为同步生产组织形式的示意图有直线型和支流型之分（图9-2-2）
捆扎同步生产	捆扎式和同步式相结合的一种作业方式。车缝工序按流程依次排列，工人领到成扎的制品后，负责该部分的缝纫工作，完工后，将制品重新捆扎，交给下道工序	生产节拍强，生产效率高，对工人的熟练程度要求低，培训时间短，生产成本低	机器设备投资高，适用于单一品种批量大的服装订单，同时在制品较多，需要较大的存储空间，另外该种生产组织形式对管理技巧要求较高
单元同步生产	以2~3名操作员为一个单元，每单元负责一组车缝工序，每位操作员具有多种技能，达到一专多能的要求。通过捆扎力式实现在制品的传送，每捆数量为6~24件	对管理员的管理水平要求较高，对设备布有局要求较低	服装生产周期短，在制品数最少，适合批量小、品种变换快、交货周期短的服装生产需求

211

（1）同步生产组织形式。图9-2-2为同步生产组织形式的示意图，有直线型和支流型之分。

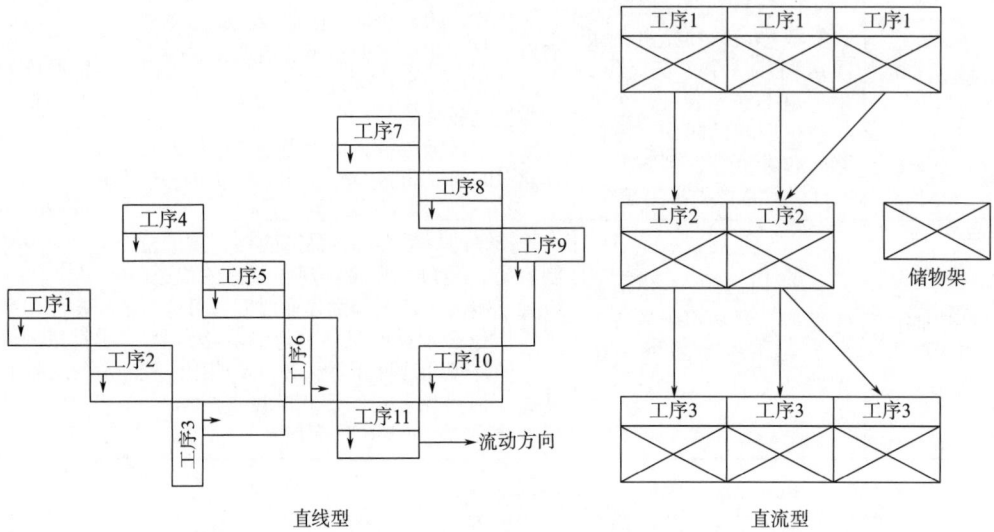

直线型　　　　　　　　　　　　　　　　直流型

图9-2-2　同步生产组织形式示意图

（2）捆扎同步生产组织形式（图9-2-3）。

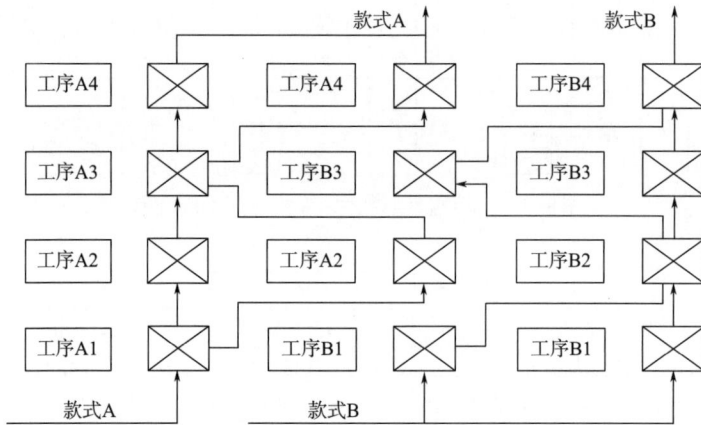

图9-2-3　捆扎同步生产组织形式示意图

3. 分组件生产

分组件是由两个或多个零件组成，是组件或单元的一个组成部分。分组件生产分析见表9-2-3。

表9-2-3　分组件生产分析表

生产组织形式	原理	特点	适应性
分组件生产	将服装产品按照领、袖、身等分为若干组件，分别进行加工；每组配备必要机种、熨烫工具和操作工人（一般4~5人或7~8人为其中一个组配置）	提高吊挂系统的利用率，发挥零部件集中加工生产效率高的生产特点	适合多品种小批量零部件生产

4．吊挂式生产

吊挂式生产是服装业机电一体化技术应用的生产组织形式，见表9-2-4。

表9-2-4　吊挂式生产分析表

生产组织形式	原理	特点	适应性
吊挂式生产	在制品的运输均由吊挂传输系统负责完成。在片由衣架夹持，衣架吊挂在挂架上并由中央处理器控制其流向	减少在制品的存放空间，可有效避免衣片磨损以及错片等影响成品质量的情况发生。生产效率高，可极大节省人力、物力以及产地占用面积；但是这种生产组织形式价格昂贵，生产成本较高	品种适应性广

◎ 边学边思考

单元同步生产适合何种服装生产类型？

_____

学习心得：_____

_____

二、服装吊挂生产的组织要素

服装吊挂生产的组织协调要满足四要素：生产线布置、品种的适应性、操作人员的技能要求和管理人员的管理能力，见表9-2-5。

表9-2-5　吊挂线生产组织要素

组织要素	组织要求	效果
生产线布置	与工厂结构密切结合并满足工位的需要，给设备和作业人员留出适当的空间	提高系统利用率提高生产效率
	设备种类、位置和数量及工作地数应满足作业内容和生产节拍平衡的需要	
	吊挂系统中的夹子不宜夹过多、过小的物品，否则容易造成物品混乱和丢失	
	吊挂路线不宜过长，否则浪费资源	
	吊挂线上的设备不宜太复杂	
	尽量遵循流向一致，流动路线最短，避免往返原则	
品种适应性	吊挂生产系统采用柔性材料传输装置，如果生产款式发生变化，只要输入新工艺流程编制的程序，即可自动地按新工艺传输衣片至指定工位	品种适应性广
	根据产品加工需要，可以在同一条吊挂线上安排不同品种的生产，不同品种之间生产流程和节拍可以不同	
	临时调整生产计划，即可通过暂停正在生产品种衣片传输，并集中悬挂停放在指定区域，各传输架接受新品种的控制程序指令传输，新品种加工结束后，可继续原产品的加工，便捷有序	

续表

组织要素	组织要求	效果
技能要求	因吊挂生产线在制品运输路线和传输速度受到生产线流水节拍的制约，要求工人操作技能熟练	发挥系统强大工艺设计能力
	因吊挂线上的生产量变动，需要弹性地增减各生产线的作业人数，变更标准作业中的作业内容、范围、作业组合及作业顺序等，要求工人操作技能多面化	
管理要求	管理人员需理解工人各种逻辑的和非逻辑的行为，善于倾听工人意见并进行交流，从而达到组织目标	提高产品质量降低企业损失
	根据自身条件建立一套管理人员的考核机制，调动管理人员的积极性同时减少残次品，管理人员的工资考核可按基本工资加奖金，而奖金则按返修率进行计算	

◎ 边学边思考

选择题：下面有关服装吊挂生产线布置正确的是（   ）。

A．吊挂系统的夹子可以夹非常小的物品

B．吊挂流动路线遵循流向一致

C．吊挂线上的设备可以是任何类型

D．设备种类、位置和数量及工作地数只需满足作业内容

学习心得：_____

_____

◎ 巩固训练

吊挂系统生产线如何安排才合理？

_____

我的学习收获：_____

_____

◎ 任务评价（表9-2-6）

表9-2-6 任务评价表

任务内容	评价关键点	分值	自我评价	同学互评	老师评价
常用生产组织形式	了解生产组织形式的原理	15			
	掌握生产组织形式的特点	20			
生产组织要素	掌握生产线布置的要求	20			
	掌握生产组织的技能要求	20			
	掌握生产组织的管理要求	20			
合计		100			

任务三　吊挂系统服装生产流水线工序分析与编制

吊挂系统服装生产流水线
工序分析与编制

◎ 任务导入

车间管理小王这几天一直在思考流水线的工序编制问题，他知道生产流水线的流程设计和作业人员的编排是否合理，会直接影响车间生产效率，所以不能马虎。但需要考虑的问题很多，如何在生产安排、流水线布置以及作业人员的编排上采用合理的组织形式，实现生产流程的重组和优化，这必须要对生产中的各个工序进行分析研究。小王根据企业在不同的发展阶段面临的内外部环境以及企业的实际情况进行调查。

◎ 任务要求

合理编制吊挂系统服装生产流水线的工序。

◎ 任务实施

合理编制吊挂系统服装生产流水线的工序。

◎ 相关知识链接

一、生产流水线工序的分类

工序是构成作业系列（流水线）分工上的单元，通常指一名操作工人接受生产的范围。流水线工序可划分为加工工序、检验工序、运输工序和停滞工序，见表9-3-1。

表9-3-1　生产流水线工序的分类

分类	含义
加工工序	有目的地改变加工对象的物理或化学特性的过程，是生产过程最基本的部分，如裁剪工序、缝制工序等
检验工序	按照产品标准，利用一定的手段对生产过程中的原材料、零部件、半成品、成品等进行检验的过程，达到保证产品质量，减少损失的目的
运输工序	生产过程中，对加工对象做空间位置的转换。在服装生产流程中，指将原材料、零部件、半成品、成品等在规定的时间内，以经济而安全的方式运送到需要的地方
停滞工序	由于组织管理等原因而发生的储存等待过程。如由于面辅料供应与加工计划不协调，加工与搬运能力不配合，工序与工序之间的能力不平衡，以及因设备故障、计划变动等原因而造成的停滞

二、工序分析的表示方法

工序分析是指通过对生产条件以及服装生产流程进行分析，对服装面料实施合理的加工使其变成成品。实际生产中，工序分析的目的是明确工序顺序，编写出可指导生产的工序图；明确加工方法，使员工能理解成品服装的规格和质量特征。

1. 工序符号

工序分析的最大特征是运记号表示生产制作的每道工序，运图表示生产流程。工序图表编制过程中常用的工序符号见表9-3-2。

表9-3-2　工序符号

工序分类	符号	内容说明
加工	○	按作业目的，物品物理或化学特性发生变化的状态，或为了下段工序做准备
搬运	○	把物品由一个位置移到另一个位置
检验	□	测定物品，把其结果跟基准比较而作好与不好的判定时
停滞	▽	物品既不加工，也不搬运和检验，处在储存或暂时停留不动

注　物品是指面料、辅料、半成品或成品。

2. 缝制符号（表9-3-3）

表9-3-3　缝制符号

符　号	内容说明
○	平缝作业
◉	特种缝纫机缝纫作业，特种机械作业
◎	手烫、手工作业
◉	机器熨烫作业
○	搬运作业
□	数量检验
◇	质量检验
▽	裁片、半成品停滞
△	成品停滞

3. 工序单元表达方式（图9-3-1）

4. 工序间的配置关系

常用工序间的配置关系主要有四种。

大物品与小物品的配置，如图9-3-2（a）所示；两个物品大小相当的配置，如图9-3-2（b）所示；三个大小相当的物品的配置，如图9-3-2（c）所示；两个大小相当的大物品和一个小物品的配置，如图9-3-2（d）所示。

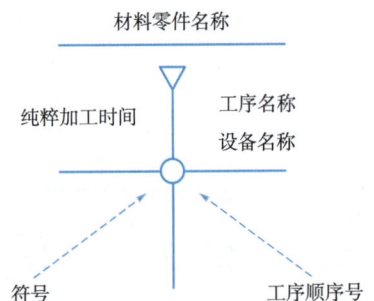

图9-3-1　工序单元表达方式

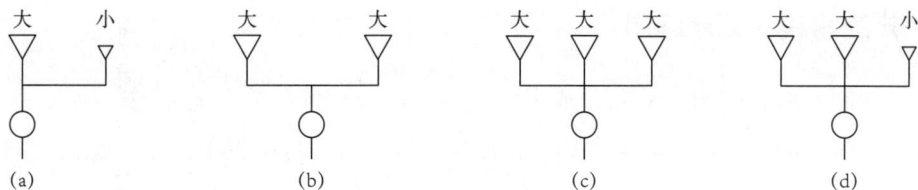

图9-3-2　工序间配置关系

5. 编排次序

（1）准备产品实样；

（2）确定大身衣片组合数、组合次序及编排位置；

（3）由大身开始分析，按工序次序依次编排；

（4）半成品须待装配时才可插入排列；

（5）列出总加工时间明细表。

注意：左右对称的同工序可省略，合并排列。

6. 工序分析方法

通常工序分析方法包括产品工序流程分析和产品工序工艺分析，见表9-3-4。

表9-3-4　工序分析方法

工序分析	分析定义	分析方法
产品工序流程分析	以物为主体的分析，是对产品从原材料投入到成品制成的整个生产工序流程的综合研究	运用加工、检验两种符号对产品生产过程进行的总体分析，在工序分析图中根据需产品工序工艺分析，要记载材料、机器名称、作业时间、工序名称、工序编号等，便于分析研究
产品工序工艺分析	以规定格式的表格形式，通过对加工、搬运、检验、停滞等四种工艺工序的调查分析，研究并提出改进意见	通过物品流动的数量、搬运距离、消耗时间、工艺方法、作业地点、作业人员、使用的机器设备、工具等进行分析

◎ 边学边思考

选择题：

1. 下列哪个符号表示检验（　　　）

A. △　　　B. □　　　C. ▽　　　D. ○

2. 表示两个物品大小相当的配置是（　　　）

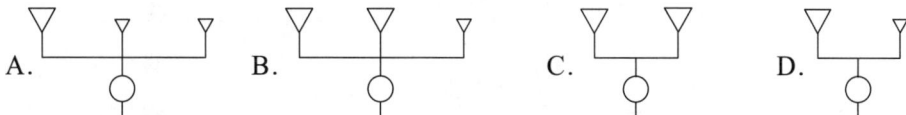

A.　　　　　　B.　　　　　　C.　　　　　　D.

学习心得：_____

_____

_____

三、生产流水线的工序编制

工序编制是将制作的产品划分成多个工序后，合理分配给有能力做相应工序的工人，且每个工人所完成的工作量需大致相当，使生产线尽可能保持平衡。工序编制应注意以下内容。

(1) 确保流水线平衡稳定运行。

(2) 减少在制品的传递时间并降低生产成本。

(3) 减少在制品堆积，充分利用空间，改善工作环境。

(4) 可及时获得产品的相关数据，便于控制生产进度。

(5) 减少工人流失。

1. 工序编制的重要概念

(1) 编制效率。编制效率是评价工序编制优劣的指标，其数值可体现生产线的平衡情况，一般编制效率达85%以上时，生产线基本保持平衡。编制效率可用下式计算：

$$编制效率 = 平均加工时间 / 瓶颈工序时间 \times 100\%$$

(2) 瓶颈工序时间。瓶颈工序时间是指产品经过工序编制后，最费时工位所需的作业时间。

(3) 平均加工时间。平均加工时间是指生产线中加工某件产品时，平均每个工人完成的作业时间，即生产节拍。

$$平均加工时间 = 标准总加工时间 / 作业人数$$

(4) 标准加工时间。标准加工时间是指完成某项作业必要的时间消耗，由纯加工时间和宽裕时间组成，如图9-3-3所示。

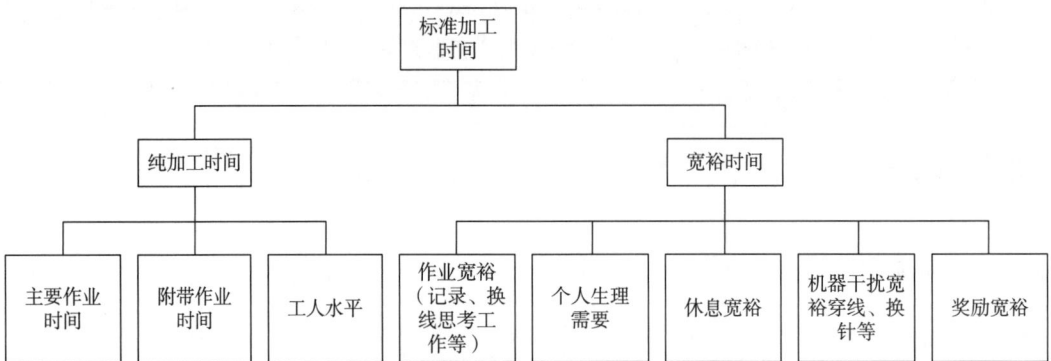

图9-3-3　标准加工时间

$$宽裕率 = \frac{宽裕时间}{纯加工时间} \times 100\%$$

$$工序的标准加工时间 = 纯加工时间 \times (1+宽裕率)$$

◎ 边学边思考

选择题：在进行成衣流水生产组织时，必须以（　　　　）为依据，进行各工序的产量计算、劳动定额计算和人员及机台的配置。

A．纯加工时间　　B．标准加工时间　　C．浮余时间　　D．缝制时间

学习心得：_____

2．工序编制的方法

通常进行工序编制要考虑四方面因素：

（1）以加工时间为准，力求各工位的作业时间相近。

（2）按缝制加工工序的先后顺序，依次安排工作内容。

（3）零部件加工工序与组合加工工序尽量分开，由专门的员工完成。

（4）充分考虑员工自身情况，尽量确保分配给员工的工序与其所具备技能的匹配性。

3．案例分析：女西服裙工序组织

（1）女西服裙工艺工程分析（图9-3-4）。

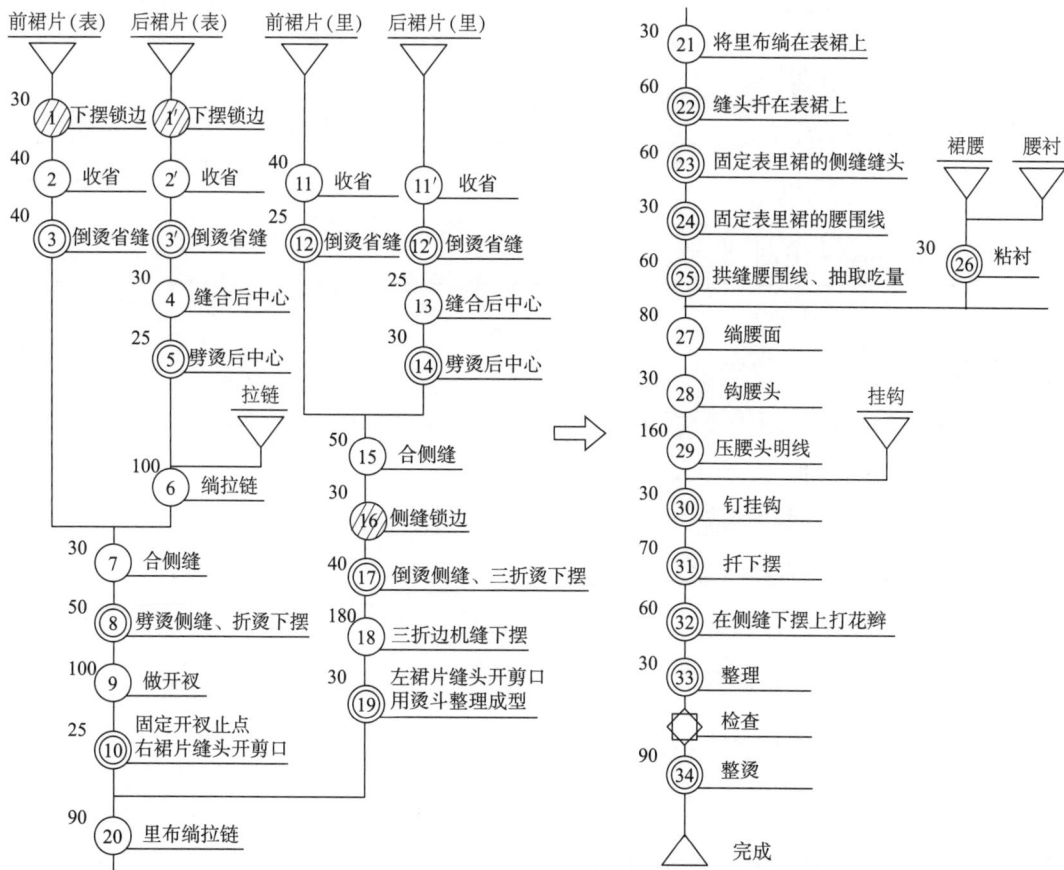

图9-3-4　女西服裙工艺工程分析

（2）女西裙工序编制（表9-3-5）。

表9-3-5　女西裙工序编制

小组编号	作业性质	工序组合	作业时间/s	人数	组内节拍/s
1	锁边机锁边	1，1′，16	60	1	60
2	手工熨烫	3，3′，5，8	115	2	57.5
3	平缝作业	2，2′，4，7	100	2	50
4	平缝作业	9，10	125	2	62.5
5	平缝作业	6，20	100	2	50
6	平缝作业	11，11′，13，15	115	2	57.5
7	平缝作业	18	180	3	60
8	手工熨烫	12，12′，14，17，19	125	2	62.5
9	手工作业	21，22，23，24，25	180	3	60
10	手工熨烫	26	50	1	50
11	平缝作业	27，28	110	2	55
12	平缝作业	29	160	3	53.3
13	手工作业	30，31，32	160	3	53.3
14	手工，手烫作业	33，34	120	2	60

◎ 边学边思考

选择题：在进行成衣工序编制时，要考虑四个方面的因素，其中表述错误的是（　　　）。

A.以加工时间为准，力求各工位的作业时间相近

B.按缝制加工工序的先后顺序，依次安排工作内容

C.零部件加工工序与组合加工工序不用分开，由专门的员工完成

D.充分考虑员工自身情况，尽量确保分配给员工的工序与其所具备技能的匹配性

学习心得：_____

◎ 巩固训练

请根据男西裤工艺分析，合理编排工序编制，如图9-3-5所示。

我的学习收获：_____

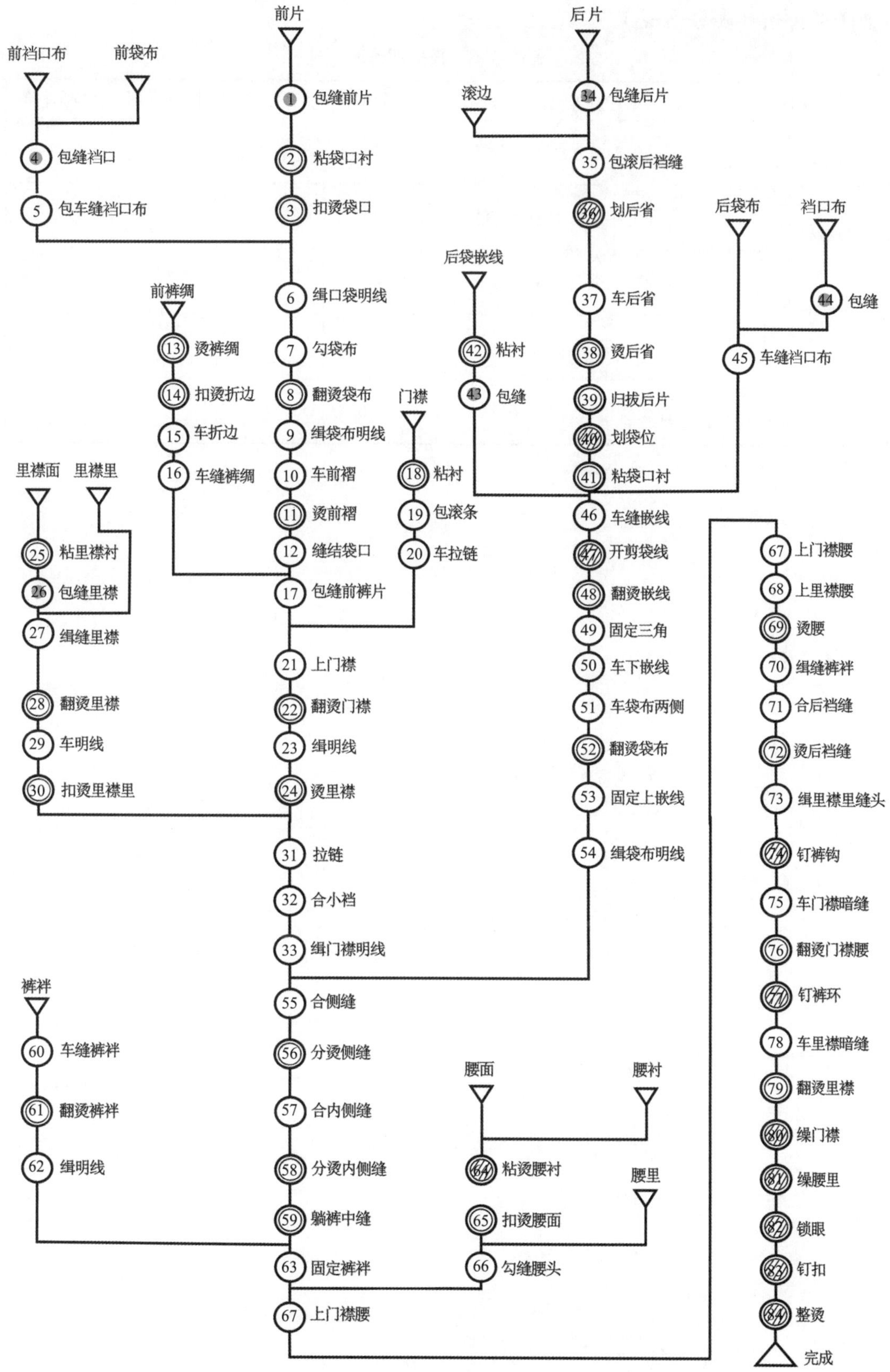

前片　　　　　　　　　　　　　　后片

前裆口布　　前袋布　　　　　　　　　滚边

① 包缝前片　　　　　　　　34 包缝后片

④ 包缝裆口　　　② 粘袋口衬　　　　　35 包滚后裆缝　　　　后袋布　　裆口布

⑤ 包车缝裆口布　③ 扣烫袋口　　　　　36 划后省

　　　　　　　　　　　　　　　　37 车后省　　　　　　44 包缝

　　　　　前裤绸　　⑥ 缉口袋明线　　后袋嵌线　38 烫后省

　　　　　13 烫裤绸　⑦ 勾袋布　　42 粘衬　39 归拔后片　　　　45 车缝裆口布

　　　　　14 扣烫折边　⑧ 翻烫袋布　43 包缝　40 划袋位

　　　　　15 车折边　⑨ 缉袋布明线　门襟　41 粘袋口衬

里襟面　里襟里　16 车缝裤绸　⑩ 车前褶　　　　46 车缝嵌线

25 粘里襟衬　　　　⑪ 烫前褶　18 粘衬　47 开剪袋线　　　67 上门襟腰

26 包缝里襟　　　　⑫ 缝结袋口　19 包滚条　48 翻烫嵌线　　　68 上里襟腰

27 缉缝里襟　　　　⑰ 包缝前裤片　20 车拉链　49 固定三角　　　69 烫腰

28 翻烫里襟　　　　㉑ 上门襟　　　　50 车下嵌线　　　70 缉缝裤袢

29 车明线　　　　　㉒ 翻烫门襟　　　51 车袋布两侧　　71 合后裆缝

30 扣烫里襟里　　　㉓ 缉明线　　　　52 翻烫袋布　　　72 烫后裆缝

　　　　　　　　　　㉔ 烫里襟　　　　53 固定上嵌线　　73 缉里襟里缝头

　　　　　　　　　　㉛ 拉链　　　　　54 缉袋布明线　　74 钉裤钩

裤袢　　　　　　　　㉜ 合小裆　　　　　　　　　　　75 车门襟暗缝

60 车缝裤袢　　　　㉝ 缉门襟明线　　　　　　　　　76 翻烫门襟腰

61 翻烫裤袢　　　　55 合侧缝　　　　　　　　　　　77 钉裤环

62 缉明线　　　　　56 分烫侧缝　　腰面　　　腰衬　78 车里襟暗缝

　　　　　　　　　　57 合内侧缝　　　　　　　　　79 翻烫里襟

　　　　　　　　　　58 分烫内侧缝　64 粘烫腰衬　腰里　80 缲门襟

　　　　　　　　　　59 躺裤中缝　65 扣烫腰面　　　81 缲腰里

　　　　　　　　　　63 固定裤袢　66 勾缝腰头　　　82 锁眼

　　　　　　　　　　67 上门襟腰　　　　　　　　　83 钉扣

　　　　　　　　　　　　　　　　　　　　　　　　84 整烫

　　　　　　　　　　　　　　　　　　　　　　　　▽ 完成

图9-3-5　男西裤工艺工程分析

◎ 任务评价 (表9-3-6)

表9-3-6 任务评价表

任务内容	评价关键点	分值	自我评价	同学互评	老师评价
生产流水线工序的分类	了解生产流水线工序分类	20			
工序分析的表示方法	掌握工序分析的表示方法	20			
生产流水线的工序编制	掌握工序编制效率及方法	40			
	工序编制的合理性	20			
合计		100			

○ 项目十 / 服装企业信息化管理

◎ 项目介绍

学习服装企业信息化管理是为了更好地引领企业发展，使企业紧跟时代步伐，而不是让公司员工都要上网，给每个销售人员都配上计算机，或建立一个网站。企业信息化不能简单理解为技术问题，而要理解为实质管理观念的更新，管理模式的变革，是创新的过程，它主要目的是效率和客户满意程度的提高及成本的降低。

本项目主要让学生了解服装企业信息化发展历程并对现状进行分析，以及网络技术的应用，计算机辅助设计（CAD）、计算机辅助制造（CAM）、计算机辅助工艺规划（CAPP）、柔性加工系统（FMS）、计算机集成制造系统（CIMS）、产品数据管理（PDM）、企业资源计划（ERP）、供应链管理（SCM）、电子数据的交换（EDI）、客户关系管理（CRM）等应用技术。

◎ 思维导图

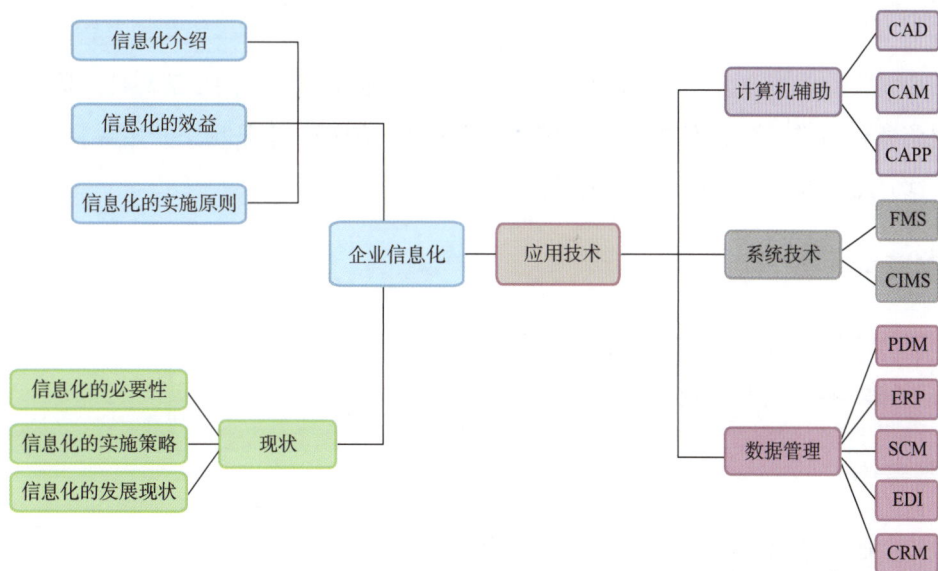

◎学习目标

知识目标

1. 学习服装企业信息化的概念、内涵以及发展历程。
2. 学习服装企业信息化实施的原则及必要性。
3. 学习服装企业信息化的技术应用及其带来的效益。

能力目标

1. 通过学习，掌握服装企业信息化的应用范围。
2. 通过学习，了解服装企业信息化的经济效益和社会效益，以及主要应用技术。

情感目标

1. 学习服装企业信息化，使学生更好地适应企业需求。
2. 培养学生信息化技术应用的能力，为公司快速良性发展贡献力量。

任务一　服装企业信息化概述

企业信息化概念

◎任务导入

刚从服装专业职业院校毕业的小王想进入服装企业工作，上网了解到现在服装企业已经实现信息化覆盖，而自己却几乎没有学过这方面的知识。于是小王开始寻找书籍资料，想填补这方面的缺失，争取早日实现目标。

◎任务要求

1. 了解服装企业信息化的概念。
2. 了解服装企业信息化带来的效益提升。

◎任务实施

服装企业信息化的重要原则、内容和范围。

◎相关知识链接

中国加入世界贸易组织，社会生产率也在不断提高，国内纺织工业与服装行业发生了巨大变化，已从过去的卖方市场转变为买方市场。改革开放以来，在公有制经济成熟的基础上，中国出现了许多非公有制企业，包括个体、合资、股份制等企业。它们是中国经济发展中最活跃的因素。在企业信息化领域竞争越来越激烈，竞争压力不断增大，消费也发生转变，产品不再单一。

一、企业信息化介绍

1. 企业信息化概念

企业信息化是指企业广泛使用现代信息处理技术和信息设备，网络技术和数据库技术，控制和集成管理系统以及其他现代信息技术和产品，实现内部和外部信息的共享和有效利用，提高企业的经济效益和市场竞争力。不论企业生产、经营和管理的水平，链接和领域如何，都必须全方位、多角度、高效、安全地对传统生产技术、工艺和管理方式进行更新和改革，对物质流和能源流进行充分利用。通过信息技术的应用，开发和利用企业信息资源，提高企业的生产管理和经营水平，提高企业开发能力。

在生产、营销、办公、科研等方面运用网络技术，可以全面实现企业的自动化生产、网络化管理、智能化决策和电子商务，降低各项成本和费用，增加生产和销售，提高企业经济效益。企业的信息化不能简单理解为一个技术问题，而是管理观念的创新，是管理模式的创新，是一个全面改革的过程，它最终目的是提高效率、降低成本和更好地服务客户。

2. 企业信息化内涵、范围与作用

（1）企业信息化内涵。企业信息化内涵是指生产力和生产关系的技术进步。企业资产很重要，但更加重要是无形资产是信息、现代信息技术、战略资源、人力资源等。经典案例是美国花旗银行的总裁约翰·里德，他本人就是一个信息系统专家，既精通金融又熟悉信息技术的CKO，可以说，花旗银行的发展与他密不可分。企业信息化的可从四个方面阐述，如图10-1-1所示。

（2）企业信息化范围。企业信息化是应用技术重组结构企业核心业务，加强企业运作

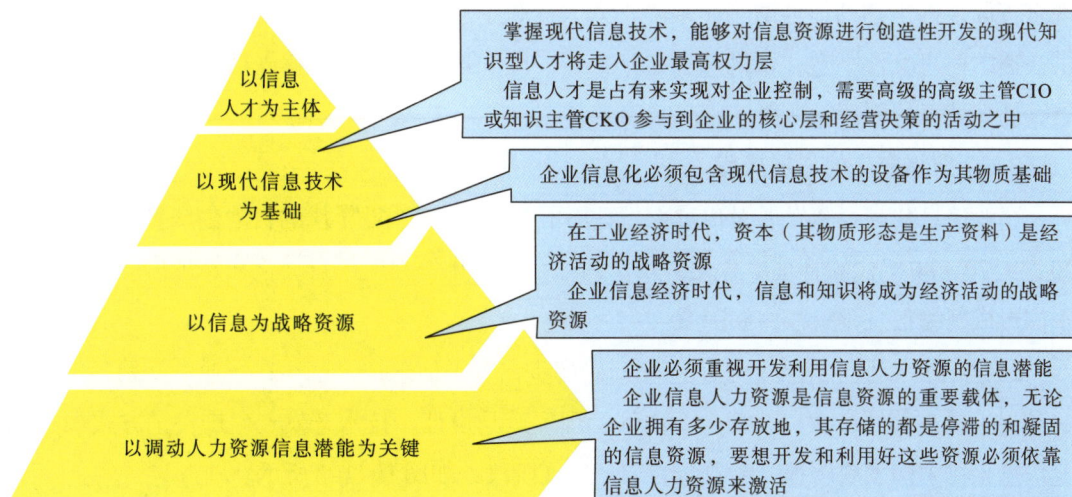

图10-1-1 企业信息化的四个方面

控制，可以提高企业竞争能力。企业信息化的范围是产品、设计、生产过程、管理、经营，见表10-1-1。

表10-1-1　企业信息化五个范围

信息化范围	具体内容
产品信息化	应用数字技术是在传统产品上增加功能，提高产品的附加值。比如，传统服装制版以制版师手绘为主，而现在用数字技术制版更精准、更速度、更便捷，数字化技术对服装制版的增值产生了数倍的影响 应用网络技术是利用软件模拟技术在网上参与产品开发与设计过程的功能，通过因特网络展示给客户，由客户反馈产品的好坏，并及时给出修改意见。在产品设计生产过程和试产中，使产品更加符合用户的需求和缩短产品开发周期，提高了产品的附加值
设计信息化	产品设计最常用是计算机辅助设计（CAD）系统 工艺设计最常用是计算机辅助工艺规程设计（CAPP）系统应用、计算机辅助制造CAM系统应用
生产过程信息化	生产信息化前提有生产设备、生产技术和人员的的分配才能利于信息的流通，企业的相关生产人员都要熟悉原材料、零部件、机器设备等使用。新技术、产品研发和开发信息是根据客户的需求信息，充分应用信息，更加顺利完成整个生产过程 生产过程信息化要运用很多计算机辅助制造系统，如CIMS、CAM等先进技术，才能有利解决企业的生产系统的上高柔性和高生产率的矛盾。产品设计、工艺设计等所有的生产、财务、质量、市场、技术、设备管理等方面协调，实现生产过程信息化
企业管理信息化	企业管理信息化是是由计划、组织、指挥、控制、协调等五个功能集成，主要作用是提高决策管理水平 企业管理信息管理系统是企业资源规划（ERP）系统、供应链管理（SCM）系统、客户关系管理（CRM）系统等MIS管理系统建立起来
市场经营信息化	电子商务可降低经营成本费用，提高产品的市场竞争力和经济效益 网络平台为产品宣传降低费用，有利于产品推广和销售量提高

（3）企业信息化作用。企业信息化的作用是提高企业经营管理信息的准确性和及时性，有助于企业进一步科学决策；它可以使企业更加合理的完成业务操作流程和管理流程，有助于提高企业的快速性企业的应变能力；它能进一步促进企业资源的合理组合和利用，在现有资源条件下达到最佳的利用效果，大大提高企业的生产经营效率和管理效率，并能提供快速的信息交流平台，帮助企业紧密跟踪一些先进技术的经验和成果，有助于企业的发展，提高员工的创新能力。

3. 企业信息化的发展历程

企业信息化是一个发展漫长过程，经历了20世纪50～60年代的自动生产阶段，又经历20世纪70～80年代的管理信息化阶段，到如今信息化处理生产自动化和管理信息化相融合一体形成网络信息化阶段，如图10-1-2所示。

20世纪70年代末国内企业信息化开始起步，电子信息技术已经在企业中开始运用，目的是促进改造传统产业，改变企业内部管理、产品设计、技术开发、生产营销方式等。企业信息化在中国发展历程，大致分为四个发展阶段，如图10-1-3所示。

国外的企业产业信息化比我国早，发展程度比我国更好，在这方面的研究也比较丰富。

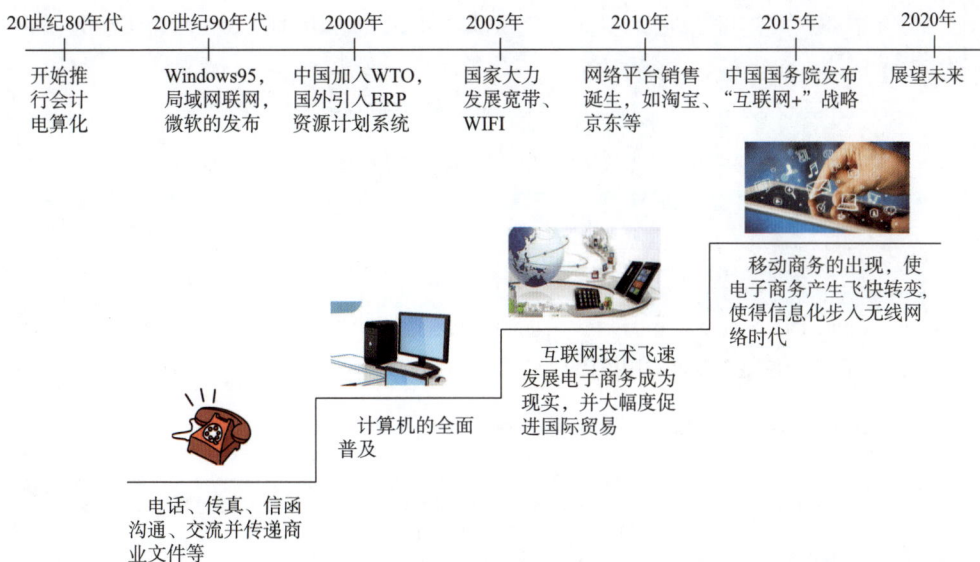

图 10-1-2　中国企业信息化之路

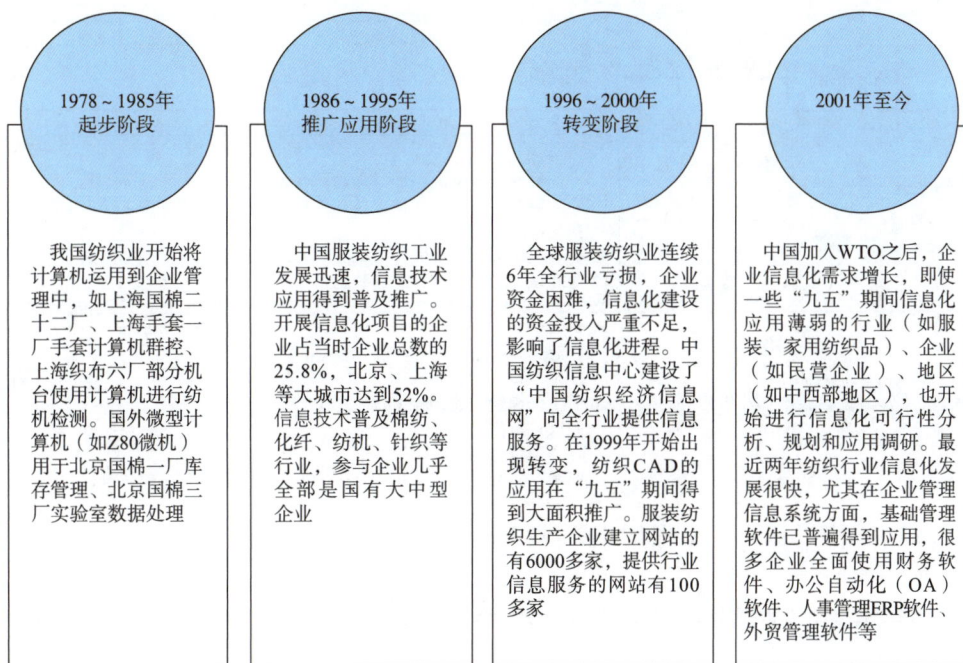

图 10-1-3　服装行业信息化各阶段发展

由于在20世纪80年代末对信息技术进行了大规模和普遍的投入，美国在20世纪90年代就进行了长达十年的经济高速增长称为"新经济"。在利用信息化手段改变传统经营模式方面，发达国家的企业取得突破性的进展，对于企业的发展起到了至关重要的作用。例如，美国的企业利用信息化技术展现出更好的经济效益，对国民经济的发展起到重要作用。

通过信息技术对美国传统产业的改造扭转了1990年代传统产业的衰落。自1990年以来，劳动生产率一直保持2.5%的年均增长率，是1970~1990年的两倍以上。美国的企业

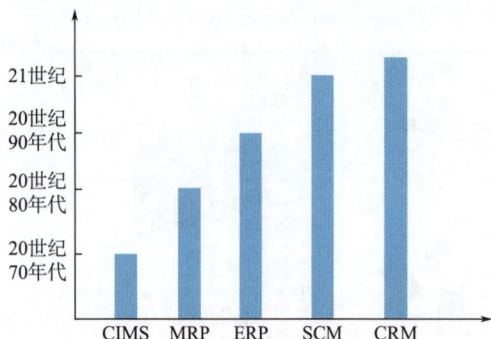

图10-1-4 美国企业信息化技术应用历程

信息化技术应用历程，如图10-1-4所示。

二、企业信息化的效益

1. 企业信息化带来的经济效益

从广义上讲，企业信息化的发展可以促进国民经济的发展，促进企业信息化的信息技术可以达到以下经济效益，如图10-1-5所示。

可以看出，近年来，我国一些服装纺织企业通过信息化改造取得了可观的经济效益，见表10-1-2。

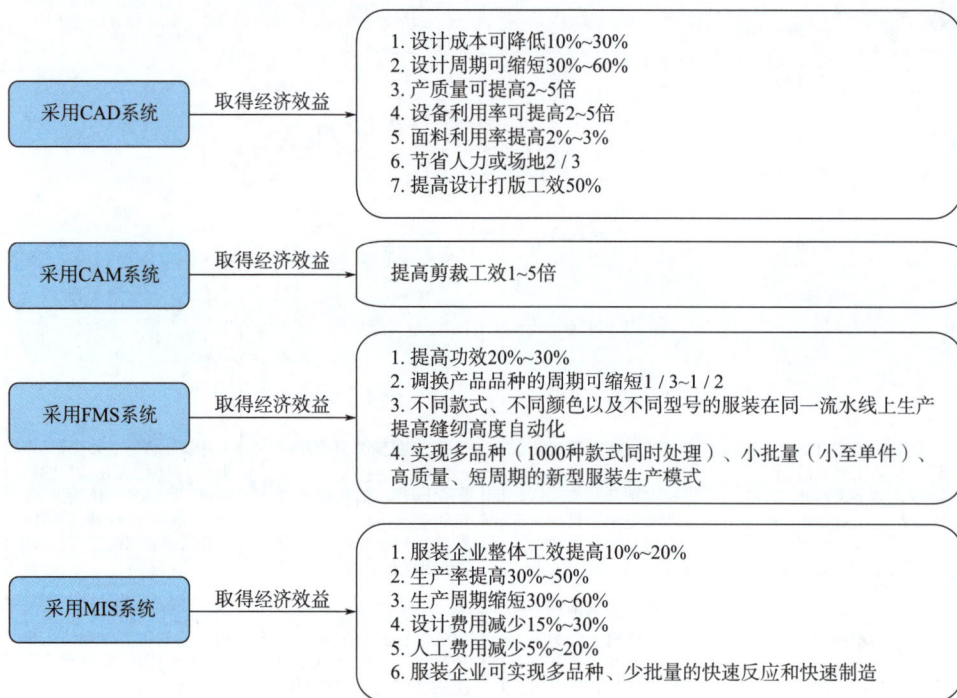

采用CAD系统	取得经济效益	1. 设计成本可降低10%~30% 2. 设计周期可缩短30%~60% 3. 产质量可提高2~5倍 4. 设备利用率可提高2~5倍 5. 面料利用率提高2%~3% 6. 节省人力或场地2/3 7. 提高设计打版工效50%
采用CAM系统	取得经济效益	提高剪裁工效1~5倍
采用FMS系统	取得经济效益	1. 提高功效20%~30% 2. 调换产品品种的周期可缩短1/3~1/2 3. 不同款式、不同颜色以及不同型号的服装在同一流水线上生产提高缝纫高度自动化 4. 实现多品种（1000种款式同时处理）、小批量（小至单件）、高质量、短周期的新型服装生产模式
采用MIS系统	取得经济效益	1. 服装企业整体工效提高10%~20% 2. 生产率提高30%~50% 3. 生产周期缩短30%~60% 4. 设计费用减少15%~30% 5. 人工费用减少5%~20% 6. 服装企业可实现多品种、少批量的快速反应和快速制造

图10-1-5 采用的信息技术及取得的经济效益

表10-1-2 企业信息化带来的经济效益

企业	经济效益
黑龙江龙涤集团	一期投资650万元建设信息网网络系统，仅在内部管理科学化方面当年就节约2500万元，第二年节约4300万元
广东溢达纺织公司	实施ERP企业资源计划系统后，效果非常显著。公司产品开发周期由30天缩短为15天，市场反馈周期由30天缩短为7天，染色布生产周期由60天缩短为25天。染色一次命中率由56%提高到90%，准时交货率提高到98%，用户满意度提高到95%，A级布率由94%提高到97.5%，而库存降低了30%
经纬纺机公司	公司拥有完善的自动化管理基础。在完成所有MRP制造资源计划和ERP系统模块功能的开发之后，企业响应用户需求的能力得到了极大的提高。主要产品的生产周期压缩了1/3，纺纱机的生产周期从102天减少到72天，运营资金占用减少50%以上

2．企业信息化带来的社会效益

随着市场体系的形成和市场竞争的激烈，大多数企业的规模、经济实力和技术能力已不再是判断企业在市场竞争中是否成功的主要条件。信息技术的应用成为企业在市场竞争中的必备武器。国内知名信息咨询机构赛迪咨询（CCID Consulting）的一项调查显示：70%的企业认为信息化建设有利于产品推广，68%的企业认为信息化建设有利于提高企业知名度，35%的企业认为信息化建设有助于降低生产成本、降低销售以及运营成本。一些大型服装企业已经开始发展信息化，在企业信息化发展过程中，取得了经营利润、内部管理、生产技术优化等综合能力的提高，这些大型服装企业把发展信息化作为企业的首要任务。

对于企业来说，追求经济利益十分重要。但客观地讲，企业信息化也是企业获得的社会利益。对于国家而言，企业信息化的发展带来了社会效益，见表10-1-3。

表10-1-3　企业信息化带来的社会效益

社会效益	具体内容
对国家	促进全民教育水平的提高，提高了全民素质 促进国家科技的进步，提高了国民生产力 达到环境保护、节约资源和能源的效果
对企业	提供高素质人才 用信息技术装备和改造传统产业，有利于社会产业结构的调整和优化
对市场	使人们、生活、消费观念发生转变 改善就业结构，增加就业机会 充分调动信息人力资源的潜能

上述是企业信息化整体的社会效益。作为企业信息化，它只能在企业范围内实现上述社会效益。对于企业本身，信息化带来如下社会效益。

（1）实现企业自身的发展，为企业提供更多的客户。无论是大型企业还是中小型企业，它们都处于不同的行业生态环境中，可能会在发展过程中导致发展阶段目标的差异，但是每个企业都有自己的社会价值和自我价值。每个企业追求利润最大化，渴望企业快速发展。企业通过实施企业信息化，可以全方位了解整个行业、竞争对手、产品、技术、销售等信息，及时对这些信息进行分析，做出积极的市场反应，达到企业迅速发展的效果。例如，国际一线服装品牌公司已实施了一套具有CRM客户关系管理的管理系统。当非常有价值的客户购买产品时，系统会记录该客户的各种数据，并在客户再次购买产品时提供VIP服务。例如，国内服装品牌公司已实施了一套具有CRM客户关系管理的管理系统。当非常有价值的客户购买产品时，系统将记录该客户的各种数据。当客户再次购买产品时，系统可以提供VIP服务。这样的优惠待遇会引起顾客的好感。从那时起，每次购物时他们可能会在第一时间关注该品牌的最新产品。记录这些数据的数据库和应用软件系统使企业能够首次根据客户需求进行同步调整。

（2）使企业对市场的变化更加敏感，更准确第一时间反应市场变化。由于服装的时尚周期相对较短，服装企业所面临着个性化、快速制造、周期短、小批量、交货快和零库存的时期。企业信息的收集、交换、响应和决策速度将成为决策企业竞争力的关键因素。第一，没有实施信息化的企业制定决策时多采用古板推测和评估方法，而实施信息化企业可以更加全面了解、精确掌握信息；第二，借助信息技术，信息化企业可以对企业资源进行相当准确有效的配置；第三，信息化企业可以及时发现问题，并在管理措施出现错误之前尽快予以纠正。对于没有实施信息化的企业，他们需要在相当长的时间内落后于市场反应才能发现它们。

（3）为业务合作伙伴提供更多的商机，确保双方合作关系的稳定和可持续。一方面，企业信息化提高了营销渠道的业务运营效率；另一方面，可以赢得合作伙伴的信任并维持他们的忠诚度。

（4）管理手段、管理内容和管理方法的现代化可以促进企业管理的现代化。企业信息化改变了传统的管理模式，主要体现在两个方面：一是提高工作效率；二是节约成本。为了节约企业的整体成本，很多企业提倡无纸办公流程。目前，公司财务部门是各部门信息化成本节约的最直接体现，这是由财务系统和一些国家财务软件的普及程度决定的。信息化不仅可以节省成本，还可以为企业内部所有环节的沟通创造有利条件，并有助于改善企业内部效率低下的系统。例如，企业实施管理系统信息化后，上级管理者可以通过系统随时跟踪和监视下属的工作状态，从而提高了工作效率。

（5）促进了企业内部管理体制的改革。企业信息化可以使内部管理结构更加便利，首先，企业信息化的发展使信息资源可以在企业内部共享。在决策过程中从原始信息传输和反馈信息方面大大缩短决策层与基层之间以及各部门之间的沟通，管理更直接。其次，由于信息化在管理中的作用，缩短了管理与基层单位之间的距离，促进了关系的和谐。

（6）使企业的工作环境，企业竞争环境和企业经营环境得到改善。企业可以提供良好的环境，激发员工的积极性和辛勤工作，也可以提高企业效率。

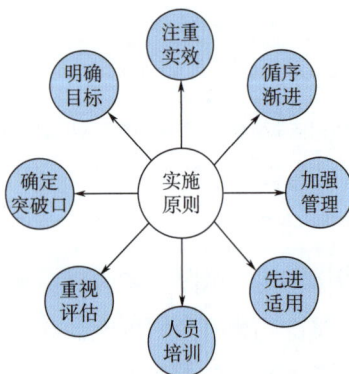

图10-1-6　企业信息化实施的八个原则

三、企业信息化的实施原则

企业信息化建设是一项复杂的系统工程，涉及企业的组织结构、管理理念、业务流程和企业文化。企业要成功地实施信息化，需要做长期艰苦工作，应遵循以下八个原则，如图10-1-6所示。

1. 注重实效

国家信息化领导小组指出：坚持面向市场，需求主导，不能为了信息化而搞信息化，要按照国民经济和社会发展的客观需要推进信息化；用市场的办法发展信息化；

每个企业都是一个独立的个体，其信息化的实施必须根据企业的实际情况，结合自身的业务实践、管理水平、人力资源质量以及其他设计和实施计划。

2. 明确目标

企业信息化的目标是最大化利润，企业信息化的目的是获取行业、竞争对手、产品、技术、销售等第一手信息，并对这些信息及时进行判断与分析，以达到企业快速发展的效果，市场反应最快的企业。而企业信息化不是一项简单的技术创新，而是一项复杂的企业建设系统工程。虽然它是在企业计算机应用的基础上发展起来的，但是它的工作量和复杂性远远超过计算机应用。过去企业在推广计算机应用时，高度重视第一原则，在推进企业信息化的同时，更加重视公司高层管理和团队建设。企业在制定好总体规划时，要强调以企业为龙头，明确工作目标，在规划中明确分步实施方案，在实施中追求效益，做到有效益就鼓励。实施时一定要面面俱到，要抓住重点、全力突破，突破了重点，企业信息化就有了根基。确定工作目标要具有可实施性，防止只实施某项目管理或孤立地设计，避免形成信息孤岛和重复投资。总体规划应着眼于企业的综合系统，实现电子主业务流程，优化人力、物力和财力的分配，有效利用信息资源，使企业信息化服务于经营战略。

3. 加强管理

企业信息系统正是为企业提供一个提高管理水平的平台，企业管理人员素质是企业整体管理水平的领导者。我国企业的信息化主要不是在技术和资金方面，而是在于企业的管理基础，以及企业信息化的管理水平是否可以信息化，这是因为信息化中所使用的软件和硬件是可以购买的，但管理经验是买不到。企业信息化建设不仅是技术问题，更是一个管理问题，包括管理理念、管理方法和管理技术的融合。因此，企业信息系统需要适应其管理，同时，信息系统必须能够提高企业的管理水平。

企业信息化的过程也是企业管理创新的过程。为了实施企业信息系统，还必须改变企业的经营理念，重新设计业务流程，并改革不合理的管理结构和系统。许多企业在推进信息化的过程中，从局部的ERP到全面的ERP，再到实施CRM和SCM的供应链管理，每一步的发展，都相应地需要改进和创新企业管理的各个方面。企业信息化建设要与转变经营机制、建立现代企业制度、促进技术进步相结合，通过实施信息化促进制度创新和技术创新相结合。

4. 循序渐进

企业信息化是一个动态过程，它逐步贯穿企业生命周期，应该按照巩固基础，提高质量，总体规划和逐步实施的思想开展工作。企业信息化应该逐步实现，不能急于求成。在促进企业信息化的过程中，不应急于追求新的、大型的、全面的和热门的，而应根据企业的现状以及可能投入的人力、财力和物力、企业各方面所能支持的力量，企业能做什么和如何去做尽可能多的事情。这样做是为了防止跟上潮流，不要盲目地跟随信息技术产品供应商的步骤，而要知道企业目前应该做什么，应该研究企业信息化的有效性并确保其实现。

企业信息化规划应遵循统筹规划、分步实施、分阶段、分步骤的原则。对于一个具有多个功能模块的综合性系统，有良好基础和雄厚资本实力的企业可以一步到位，但对于大多数企业来说，应该根据功能模块逐步实施。企业应根据自身的特点和能力寻找切入点，如重点实施财务管理信息系统、采购管理信息系统、营销管理信息系统、质量管理信息系统等，而中小型企业在信息技术的发展上也做了力所能及的事情。例如，可以先建立一个网站，发布公司信息，收集信息资源，以降低运营成本。

5. 先进适用

企业信息化及时处理好先进与适用、当前与长远、局部与全局的关系，从实际出发、从需求出发。企业信息化涉及企业的生死存亡，并且关系到每个员工的切身利益。员工应自觉打破部门划分，自觉积极支持和参与企业信息化，为企业贡献自己的信息资源。在推进企业信息化的过程中，公司管理者与普通员工必须有大局观，把企业信息化作为一项必须完成的任务。企业在实施信息化时，必须通过信息化解决企业的实际问题，要考虑企业目前存在的问题和未来的发展。例如，在选择硬件和软件以及网络建设时，企业必须考虑企业是否合适，并为未来的信息技术工作奠定基础。有必要合理地引进国内外先进的管理思想，以及具有较高水平和合理价格的管理软件，并将适当的引进与自主开发相结合，重视软件的二次开发，确保软件的先进性和适用性。

6. 人员培训

企业信息化关系到企业的每一个人。在实施信息化过程中，它还可能与业务流程的重组，企业整体结构的调进对企业所有员工的企业信息化的理解，有必要使企业的每个员工都清晰。公司中的每个员工都应该知道自己的职位、需要配合的工作将会发生的变化，每个人都积极准备应对这一变化。

在企业信息化建设中，人才是基础，人才的主要来源是通过内部培训和外部引进两种渠道获得的。企业无论是培养人才还是引进人才，必须首先建立与企业信息化建设相适应的用人机制，形成尊重知识和人才的良好发展平台，解决企业人才无法解决的问题，信息教育和培训目标是企业的所有员工，从公司领导到基层的所有人。企业全体员工应树立共同的目标，树立企业愿景，调整员工心态，追求企业发展和促进信息化进程成为员工的自觉行动。

7. 确定突破口

按照企业信息突破的原则，信息化应该自下而上，由内而外，因为只有这样，数据来源才能真实有效。选择企业信息化的突破口，突破重点，总结经验，推进企业信息化。选好突破口并取得成功，已成为企业信息化的一种方式。选择突破口是一项关键工作，这与企业信息化的成败有关。企业应该小心谨慎，使风险降到最低。为了保证企业信息化的顺利进行，可以根据情况选择以下领域作为突破口。

（1）企业下属单位或部门的负责人对基于信息的业务领域具有强烈的意识。领导者高度重视基于信息的工作，并采取了高度可操作的措施来促进基于企业的信息化，这是企业信息化成功的首要前提。

（2）在企业下属单位或部门的员工具有强烈的信息化意识，员工愿意积极参与企业的信息化工作，并有勇气和信心来克服企业中信息化的困难，任何工作都必须由员工完成，并且必须对实现企业信息化充满信心。没有企业员工的积极参与，企业信息化就无法成功。

（3）具有坚实基础，有条不紊的企业管理，完整的基本工作数据，严格的管理和完整的基本数据的业务领域。

（4）由于繁重的工作量和烦琐的工作，依靠人力很难做好，使用信息技术来实现可以使信息技术取得明显成果的业务领域非常容易。

（5）业务工作流程更加科学，工作标准化，高度标准化，并具有良好的数据基础。

（6）信息技术应用后，拥有更多共享数据并使用数据图表方法来实现更好的管理并产生轰动效应的业务领域。

（7）当前，有些业务领域具有成熟的应用程序软件并且可以满足业务需求。

8. 重视评估

企业信息化是由三个要素组成：人、信息技术和组织管理。这三个要素能否在整体上协调配合，将直接影响企业信息化的成效。企业信息化评价是对信息系统（如CAD、MIS、CIMS等）的有效性和需求进行综合评价，这三个要素有机结合的过程，是要素对信息系统有效性影响的过程。企业信息系统有效性评估是企业信息化评估。

◎ 边学边思考

1. 请同学们课后了解服装企业信息化的概念与内涵。

2. 请同学们课后查找成功的企业信息化案例，并分析其经济和社会效益。

3. 企业要成功地实施信息化应该有哪些重要原则？

学习心得：_____

◎ 拓展阅读

美特斯邦威的信息化管理

1995年，周成建在温州午马街角落开了一家小店，起了一个"洋味"十足的名字——美特斯邦威。刚一开始，周成建就认识到品牌的重要性，他说："中国现在很多企业最重视的还是产品，而不是市场"。而我另辟蹊径做市场。市场首要的问题是做好品牌，把品牌当作长期战略。于是，他请来设计师专攻美特斯邦威的服装设计，而把服装的生产交给别人。他迅速在广州、上海、苏州等地落实了7家配套厂家，每年为美特斯邦威定牌生产系列休闲服1600多万套。短短7年，美特斯邦威就发展专卖店600家，2001年销售总额达到8.7亿元。全系统代理商盈利率为95%，新开店盈利率达100%。美特斯邦威终于壮大起来，企业的庞大系统到底靠什么支持，如何管理"外力"成了至关重要的问题。

从国外公司身上，周成建悟到的是信息化管理和虚拟经营的重要性。耐克就是凭借先进的信息通信联络手段，调集别人力量，以其独有的核心的能力实现其战略构想。在20世纪末，美特斯邦威先后投资1000多万，从美国IBM引逃了ERP系统，分期投大量资金完善信息化建设，实现了专卖店远程管理。不仅实现了资源信息共享，还加快了供应链上的物流速度。周成建在总部的办公室里用一台计算机连上网络便可以了解全国600多家专卖店的即时进销存动态。代理商也可以通过网络信息了解品库存情况和新品上市的情况。

周成建总结道："当今世界经济运行周期越米越短，时刻把握信息资源对一家服装企业来说至关重要。"

摘自豆丁网《美特斯邦威的信息化管理》

◎ 巩固训练

我的学习收获：_____

_____

◎ 任务评价（表10-1-4）

表10-1-4　任务评价表

任务内容	评价关键点	分值	自我评价	同学评价	老师评价
信息化概念与内涵	理解概念	20			
	掌握内涵	20			
信息化效益	了解信息化的经济效益	20			
	了解信息化的社会效益	20			
信息化实施原则	掌握信息化实施中的重要原则	20			
	总分	100			

任务二　服装企业信息化现状

服装企业信息化现状

◎ 任务导入

某服装品牌企业为企业信息化全面发展，任命人力资源部招聘一批信息管理系统人员和信息技术人员，人力资源部经理安排刚刚入职的小李制定一个人员招聘计划，并且收集被招聘人员对企业信息化的了解程度，以及被招聘人员的经验。小李虽然知道这次招聘对公司很重要，但是他担心自己刚入职，对服装品牌信息化现状还不是很了解，所以小李不知道该从何处下手。

◎ 任务要求

1. 了解服装企业信息化的必要性。
2. 查阅近几年服装企业信息化的现状及成功案例。
3. 掌握服装企业信息化的实施策略。

◎ 任务实施

1. 准备相关面试提问问题。
2. 准备每个应试者考核知识题目。

◎ 相关知识链接

随着信息网络时代的到来，服装消费正向多元化、个性化方向进一步发展。单一品种、大批量的产品被多品种、小批量甚至单一定制产品所取代。在优胜劣汰法则下，服装企业会加快淘汰的速度，企业之间的两极分化加剧。为了生存和发展，服装企业必须加快服装信息化和电子商务项目的建设，以提高服装企业的竞争优势。如今，服装行业正面临着瞬息万变的世界市场，为了在残酷的市场中立于不败之地，有必要实施信息转换以实现产业升级，同时提高竞争力。

一、服装企业信息化的必要性

目前，我国的服装生产类型已经从最初的大批量、小品种、长时期发展为小批量、多品种和短时期。产品更新速度快，并且具有明显的时尚类型。在激烈的市场竞争和内部和外部环境的压力下，如果服装和纺织企业想要获得预期的市场份额和经济效益，并提高其弹性和竞争力，则它们必须在产品质量、性能、交货时间、价格等方面提高自身竞争力，需要一个高效的生产管理系统进行相应的适应，而信息管理的实施已成为服装公司管理与管理变革的趋势。如果服装公司想在激烈的竞争中立于不败之地，就必须大力促进服装技术的进步，利用信息技术充分挖掘企业的潜力和市场机会，从根本上改变中国服装生产管理方式和手段的落后性。服装企业信息化的必要性具体体现以下几个方面。

1. 服装企业信息化科学管理的要求

现代企业已从劳动密集型逐渐转变为技术密集型。仅仅依靠商品和个人经验很难把握市场，并在激烈的竞争中获胜。尤其是对于服装企业而言，在现代服装企业的运作中，个人的经验不是第一位的因素，现代化的管理经营，应该建立在真实的数据基础上，应该是一种科学的、理性的管理，而这种管理与经营的互助，又绝对离不开企业信息化。

目前，国内大多数服装企业都是近年来兴起的民营企业。很多企业的经营理念和管理模式仍然存在内在缺陷。绝大多数服装企业根据手工的单据程序，通过信息流来跟踪商品的流向；通过财务库存资金，控制购销过程；通过定期核对，调整账目和商品损益。因此，物流、付款流、票据流分离，财务信息滞后于实际业务，只有通过库存才能更准确地了解经营情况。特别是很难找到各种票据、应收账款、应付账款和其他信息，错误率高，工作量大，记录购买、出售和存放的商品的数量和数量以及各种商品的准确性差。业务统计落后于实际业务需求。

服装行业日益激烈的市场竞争对手工管理模式提出了严峻的挑战。随着商品种类的增加，商品周期越来越短。各种管理流程，如企业活动增多、调价、降价、转库等应用频繁，如大量信息变更、寄售、折扣、退货等，都增加了结算和统计业务管理的难度程度，手工管理还不能完全胜任。特别是在将现代大型工业和大型生产的组织原则应用于流通领域时，需要使用现代手段来实现其管理思想。

现代企业市场大，流通多，大型企业正常运行的前提是高度发达社会信息化，而公司自身内部的信息管理系统也是社会信息化的前提。商品流通中基础数据的组织和应用尤为重要，它也是操作层和管理层中使用最广泛的业务管理信息系统。商品流通过程的管理以及相应的货币流通管理和票据管理是计算机系统取代手工艺品的主要途径之一。服装公司和许多商业公司必须关注的问题是加强库存管理、规范业务流程、提高透明度、加快商品资本周转，并为流通领域的综合信息管理网络奠定基础。

2. 服装企业信息化是市场竞争的要求

在全球服装纺织生产和供应的产业链中，企业的发展需要适应国际产业链的变化。随着时尚周期越来越短，服装行业市场需求日新月异，服装纺织企业正面临着个性化、短周期、小批量、快速交货、零库存的敏捷制造时代，现在国际成衣订单的交货时间已缩短到60天。中国有近5万家中型服装企业，行业竞争相当激烈。因此，准备一个流行季节的工作时间越来越短，先发制人是生产市场的普遍做法，产品生命周期短，需根据经验作出的销售预测，往往是以库存为导向提前几个月生产。一旦生产的产品与市场需求不符，库存就会面临巨大压力，商品折价出售，并且员工将加班以应对意外订单。这是整个服装行业的普遍现象，也是造成利润减少的重要原因。

3. 服装企业信息化是营销网络的要求

服装公司是劳动密集型企业，自动化程度仍然较低，操作过程复杂烦琐，很多服装公司每天处理成千上万的库存订单，并管理无数的服装样式、结构、客户徽标，以及其他更多的数据。在这种高度复杂的业务管理中，准确的销售预测，物料采购管理，生产计划和分销管理尤其重要。因此，许多企业在产品营销中发展了复合营销网络，第一，发展成为区域总经销系统，连锁特许商店和批发市场；第二，通过自营经营，投资控股等方式建立自己的直销点，主要是从过去的单一区域总经销系统到市场、购物中心和专卖店相结合的方式。由于企业信息化建设的落后性，数据和信息的交流不畅以及信息资源的共享性差，企业营销网络无法发挥相应的作用。在这种情况下，如果能够实现服装产品流通过程，相应资金的流通和账单管理的信息管理，将大大提高服装企业的市场适应性。

二、服装企业实施信息化的策略

1. 通用性策略

不同规模、不同类型的服装企业在信息化实施策略上有相似之处，但也有各自的侧重点，见表10-2-1。

表10-2-1　通用性策略

策略侧重点	适用企业的特点
借鉴经验	服装纺织企业在选择信息项目时更加注重实际效果，做出更加谨慎、成熟、理性的决策 通过现场调查增强企业对信息化的信心，通过积累成功的案例并总结经验，可以大大降低项目风险，减少低水平的重复劳动并提高资金利用率 服装企业应充分借鉴应用范例的经验，充分研究自身情况，并采取正确而稳定的实施策略
因地制宜	信息化与服装企业的实际情况紧密结合，既要有效，又要实用 服装企业具有不同的情况、不同的类别、不同的规模、不同的利益、信息应用的基础以及其他条件都不相同 信息化的实施要求企业紧跟计算机技术的发展趋势，积极吸收各种先进理念，完善企业的经营管理，不断扩大企业在计算机中的应用范围和规模
规范科学	在制定总体规划时，要从企业实际需要出发，做好前期准备工作，确定目标，明确总体职能，合理确定实施阶段 全面计划应着眼于关键点，不仅要设定短期目标，还要考虑长期发展，应按照以利益为导向，总体规划，分步实施和关键突破的原则进行实施 信息系统的验收应严格按照有关标准和规范进行，系统设计的关键阶段应分阶段验收，系统中间的偏差应及时纠正 对信息系统的实施要进行客观评价

2. 特殊性策略

大型企业与中小型企业之间在信息化的实施方面存在一些差异，并且实施策略有两个特殊之处，见表10-2-2。

表10-2-2　大型企业和中小型企业策略的特殊性

企业规模	实施方法
大型企业	根据企业的实际情况，规划企业信息化发展的阶段性目标，建设信息资源，实现内部管理，配合外部运营 根据需要培养企业信息化人才，发展具有企业特色的信息化
中小型企业	为了实现信息化的初步应用并提高企业竞争力 选择最有实力的信息化建设服务商

信息技术的发展是一个漫长的过程，必须根据企业自身的业务模式，产品特点和管理过程计划信息开发的阶段目标。在制定和实施人员培训计划时，企业必须从全局出发，展

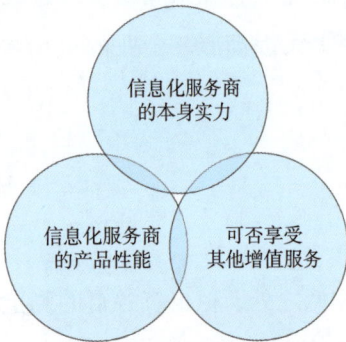

图 10-2-1　选择服务商时应注意的三个方面

望未来，并有针对性、分步、全方位、多角度进行人员培训。企业信息化的发展主要受资本和人才等客观条件的限制，很难设立专门的信息部门，购买昂贵的服务器并开发应用程序软件。选择服务提供商，可以满足信息化要求。

当前信息服务提供商众多，信息产业已经形成了一个新的产业。信息服务提供商的持续运营和服务质量影响着中小型企业的信息化。因此，企业在选择服务提供商时应注意三个方面，如图 10-2-1 所示。

三、我国服装企业信息化的发展现状

我国服装企业大多是劳动密集型企业，自动化水平较低。另外，国内信息化起步较晚，信息化技术发展不够，给服装行业的信息化带来了很大的困难。此外，地区、行业、企业的差异以及发展不平衡等特点，决定了我国服装企业信息化需求多样和实施过程艰难。

近年来，随着信息技术的发展，中国服装企业逐步加大了企业信息化投资，以提高信息系统的普及度，中国服装企业的信息化水平也在逐步提高。

根据有关数据，大部分服装企业正在根据自身的发展需求构建信息平台，少部分公司一直在考虑如何使用信息技术来提高其绩效和管理水平。从信息投入和销售收入的比例来看（图 10-2-2），有 85% 的企业少于 1%，有 10% 的企业达到 1%～2%，有 5% 的企业超过2%。在国外，服装企业在信息化方面的投资必须达到销售收入的 3% 以上，龙头企业甚至达到 5%～10%。

同时，信息系统在服装企业中的普及也大大增加了。其中，服装公司使用率超过 50% 的系统是：CAD/CAM、POS 终端系统、企业资源计划 ERP/客户管理 CRM；此外，有 42% 的受访客户已实施了供应链（SCM）系统，同时，柔性生产设备（FMS）和数字彩色（DC）也已应用于服装公司，如图 10-2-3 所示。

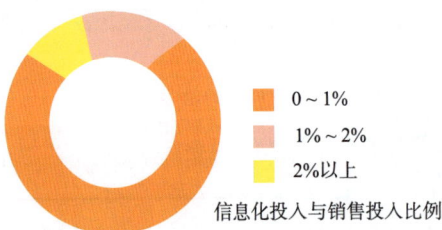

信息化投入与销售投入比例

图 10-2-2　2018 年底 500 家被调查企业的信息化投资状况

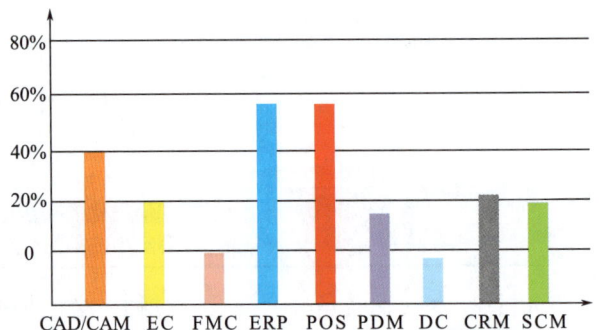

图 10-2-3　服装企业信息化技术应用现状

信息化技术的概念在21世纪初进入了中国服装行业，经过这些年的发展，PLM概念及其系统的应用已从最初的产品开发数据管理平台（PDM）逐渐发展到如今的可以控制产品总体开发过程的PLM系统。它具有模块化功能和可扩展性，一些研究人员根据系统组成将服装PLM系统分为产品协同、产品数据管理、产品设计分为三个层次，如图10-2-4所示。

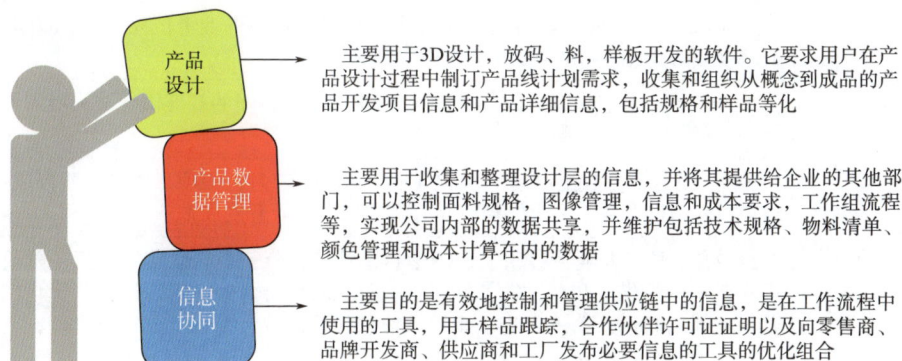

图10-2-4 服装PLM系统分层

服装PLM系统可以对产品开发的相关信息内容进行管理，使服装企业的进料和生产负责人能够及早看到开发的款式，制定初步的生产计划，也可以对相关厂家进行外包和加工评估，还可以查看面料配件供应商的各种信息。它可以将过去所有独立工作的部门联系在一起，让所有参与设计和生产各环节的人员都清楚地了解产品开发、生产流程及相关信息，使服装生产组织和流程更加有序。

随着信息技术的快速发展和日益激烈的市场竞争，服装企业对信息资源管理和共享的需求日益强烈。无论是行业新秀还是拥有数百亿销售额的行业巨头，都在尽最大努力引入信息技术来降低生产成本，缩短反应周期并提高企业的核心竞争力，见表10-2-3。

表10-2-3 国内服装企业信息化技术的应用

企业	信息化技术的应用
中国李宁	2002年，李宁的ERP系统得到实施，并开始推广零售终端POS系统
雅戈尔	2008年，雅戈尔采用了工业Bmcognos商业智能解决方案，提高了决策的准确性和及时性，将雅戈尔公司对订单的响应能力和生产周期降低了50%，缺货损失减少超过30%，按时交付率达到99%，库存周转率提高了不止一倍，节省了2.5亿元的库存成本
美特斯邦威	从2004~2007年，许多较小的服装公司也在商业和金融领域采用了信息系统2008年，中国著名休闲服装品牌美特斯邦威上市后，募集资金的15%用于信息建设，并相继引入了ERP系统和PLM系统
	2010年，鼎捷的B2B分销系统再次推出，MTS邦威信息化负责人上海邦戈信息技术有限公司副总裁表示：ERP反映了财务业绩和财务报表，PLM解决了发展阶段的效率问题，而分销系统解决了供应链后端的问题，包含电子商务运营平台
爱登堡	2009年底，在国内著名男装品牌爱登堡和国内知名信息服务商润柏科技的共同努力下，我们突破传统模式，打造了一个全新的信息管理平台

企业	信息化技术的应用
九牧王	自2001年以来，国内著名的男装品牌九牧王一直在改善公司的信息化建设，并制订了信息化战略计划，共包括三个阶段：第一阶段，在分销客户的引导下，逐步优化内部运营流程，特别是关键流程，提高企业服务市场的能力，业务领域，主要包括生产、分销、计划、订单、制造流程和财务等；第二阶段，以客户为中心的业务领域，主要包括零售、信息门户、客户服务、供应链优化和集团财务等；第三阶段，IT战略体系的规划与实施，根据公司新的业务战略进行人力资源、IT战略规划等
	2009年9月，九牧王以手工BM建立了中国男装行业的基准供应链，增加了补货比例，提高了库存周转率
	2011年7月，九牧王启动了PLM项目。2012年2月，该项目的第一阶段成功启动。该项目将帮助九牧王大大缩短产品开发周期并降低开发成本
	2012年3月，九牧王启动了ERP项目，预计将分三个阶段实施：第一阶段专注于供应链平台的集成和金融业务的整合；第二阶段结合渠道管理流程，优化供应链与营销之间的联系；第三阶进一步扩大信息管理平台，深化人力资源管理，实现客户关系管理和综合预算
七匹狼	2011年9月，国内知名男装品牌七匹狼完成ERP系统升级项目，实际投资5600多万元。据了解，系统的升级和优化符合七匹狼未来业务发展战略的各个过程，为公司建立了统一的零售和批发业务管理平台，以及一体化的七匹狼资源协调平台；通过加强纵向综合管理，提高了采购、仓储、零售管理、产品开发、市场信息等方面的管控能力
淘宝商城	2011年淘宝商城"双十一"活动，也就是11月11日的"光棍节5折大促销"活动，创造了单日交易额9.36亿的历史，超过了"购物天堂"——香港一天的交易额。从2005年开始，电子商务交易额逐年攀升，根据商务部发布的《中国电子商务报告(2008–2009)》在2008年和2009年分别达到3.1万亿元及3.8万亿元人民币的销售额

当前，中国服装企业的信息化水平已得到明显提高，特别是在生产、销售、财务、产品管理、资源管理和电子商务方面。信息化投入水平和普及程度均有较大提高。

近年来，国内服装企业的信息化水平和信息化软件的普及程度已经有了很大提高，但是国内服装企业的信息化建设着重点是生产制造、财务管理、产品管理、资源管理、电子商务、智能决策等方面，缺乏对直接关系到企业核心竞争力的产品研发环节的信息化建设。通过对国内外相关文献的研究以及对国内的一些服装企业跟踪调查和访问，发现目前国内服装企业在产品研发环节的信息化投入非常小，很多服装公司的产品研发部只订购了专业的资讯网站，或者是设计师通过网络、市场调查自行地收集资料，而没有系统规划。而且直接用于服装产品研发环节的信息化技术和软件除了photoshop、CorelDraw、illustrator等简单的绘图软件和CAD软件外，其他的专门服装产品研发服务的信息化技术和软件未能很好使用。

◎ 边学边思考

1. 服装企业为什么要发展信息化？

2. 请查阅最近几年服装企业信息化策略成功的案例进行研究和思考。

3. 请同学们谈一谈服装企业信息化发展的趋势。

学习心得：_____

◎ **拓展阅读**

雅戈尔：信息平台——组合式信息化之路

雅戈尔集团股份有限公司（图10-2-5），于1993年6月25日成立，经营范围包括一般经营项目服装制造等。

图10-2-5　雅戈尔

一、数字化工程的十年战略

作为国内服装行业的代表，雅戈尔能够从1979年的一个由2万元资产构成，十多名知青起家的乡镇小厂，发展成为当今位列中国企业信息化500强榜单的第30位，国内纺织服装行业第一位，信息化的助力可谓功不可没。从2000年起，雅戈尔凭借十年持续不断的信息化建设，走在国内纺织服装行业的前列。同时，十年的投入与积累，也使其走出了一条极具特色的信息化发展之路。

2001年，雅戈尔提出了"决战在终端"的战略，在全国设立了162家分公司、投资了十几亿元，开设了400余家自营专卖店、2000多个商业网点，构成了庞大的终端销售网络。为了更好地管理和运行这个网络，雅戈尔与中国科学院合作，启动并实施"雅戈尔数字化工程"，一个为期十年的信息化发展战略由此诞生。

在这项战略中，雅戈尔希望依托先进的计算机技术与管理技术，逐步建立起一个覆盖全国的计算机网络系统。与此同时，规划雅戈尔集团总体应用需求，优化业务流程，规范管理环节，建立沟通雅戈尔集团上下、内外联系的集物流、信息流、资金流于一体的供应链管理系统，最终提高雅戈尔集团的管理水平和企业形象，增强企业经济效益及国内外市场的综合竞争能力。

在具体战术上，雅戈尔的信息化体系走的是设计总体框架，即贯彻和执行将单一系统单元外包给IT厂商的思路，被称为"组合式信息化之路"。

二、立竿见影的信息化效果

在实施2001～2006年第一阶段规划时，由信息化带来的效益就已经非常显著。当时雅戈尔在信息化上投资1.2亿，而产品库存量比实施前下降30%，节省了2.5亿元的库存成本；企业的快速反应能力和对成本的控制能力全面提升；将繁复的订单处理及采购管理变得自动化；资金运转效率提高；部门及海内外间地沟通得到彻底改善；因人为错误所引起的损失减少了约20%；公司对订单的反应能力增强。生产周期也从过去的90天缩短至45天；量身定制系统实现了零库存生产，仅2003年就给雅戈尔新增加2亿元的收入。显然，如此巨大的变化，隐藏在雅戈尔信息化体系背后的各信息化系统的"有机组合"功不可没。

2010年是雅戈尔"信息化十年战略"的收官之年。经过10年的时间，雅戈尔的信息化建设不断完善，已经踏上了服装生产业的设计数字化、生产过程集成化、快速反应化、控制智能化和企业管理信息化的良性发展之路。"未来十年，雅戈尔将根据产业趋势和自己的需求，充分展开与263等厂商的合作，进一步提升信息化水平。"雅戈尔集团信息中心应经理说。

摘自《企业信息化经典案例》

我的学习收获：_____

_____

◎ 任务评价（表10-2-4）

表10-2-4 任务评价表

任务内容	评价关键点	分值	自我评价	同学评价	老师评价
信息化必要性	掌握科学管理的要求	10			
	掌握市场竞争的要求	10			
	掌握营销网络的要求	10			
信息化策略	通用性策略	15			
	特殊性策略	15			
信息化发展现状	国内服装企业的信息化现状	20			
	发展中存在问题	20			
合计		100			

任务三　服装企业信息化应用技术

服装企业信息化
应用技术

导入任务

小王应聘某服装企业QC岗位实习生，应聘通过试用期为3个月。在这3个月期间小李是小王的上级。小李为了让小王能够快速进入工作状态，要求小王在一周内熟悉公司的产品设计、生产管理及营销信息化应用技术。由于小王刚踏入社会，对公司的业务不熟悉，一时间不知道该如何着手实施这个任务。

◎ 任务要求

1. 了解信息化技术在服装生产过程中的应用，及其发展历程和功能运用。
2. 了解信息化技术在企业生产管理、营销中的应用。

◎ 任务实施

服装生产和管理过程中应用了哪些信息化技术。

◎ 相关知识链接

在服装行业信息内容包括计算机辅助设计（CAD）、计算机辅助制造（CAM）、计算机辅助过程计划（CAPP）、柔性加工系统（FMS）、计算机集成制造系统（CIMS）、产品数据管理（PDM）、企业资源计划（ERP）、供应链管理（SCM）、电子数据交换（EDI）、客户关系管理（CRM）和 Internet 应用程序集成等，如图 10-3-1 所示。

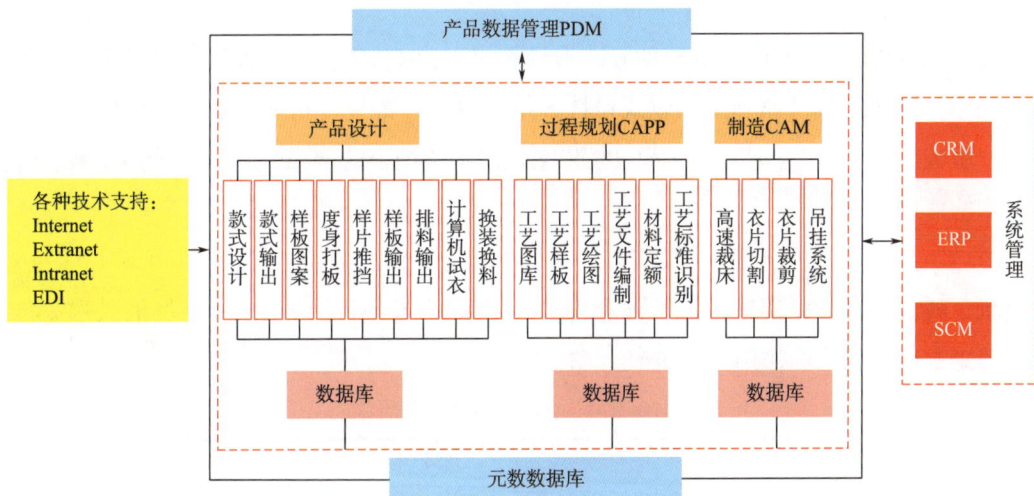

图 10-3-1　服装企业一体化生产系统

一、服装生产过程信息化

在产品设计和制造过程中，计算机辅助技术的引入带来巨大的变化。计算机辅助设计和自动绘图可用于产品概念设计和提供资料文件，计算机可以有效地协助完成加工技术的设计和进度表的准备。

1. 计算机辅助设计 CAD

（1）CAD 概念。计算机辅助设计（CAD）是将人和计算机作为解决问题的群体，两者紧密地结合在一起，发挥各自优势的一种技术。CAD 是以计算机和软件为支撑，通过对产品描述、建模、系统分析、优化、仿真和图形处理等方面的研究，使计算机设计者能够完成产品的整个设计过程，最终输出设计结果和产品图形，如图 10-3-2 所示。

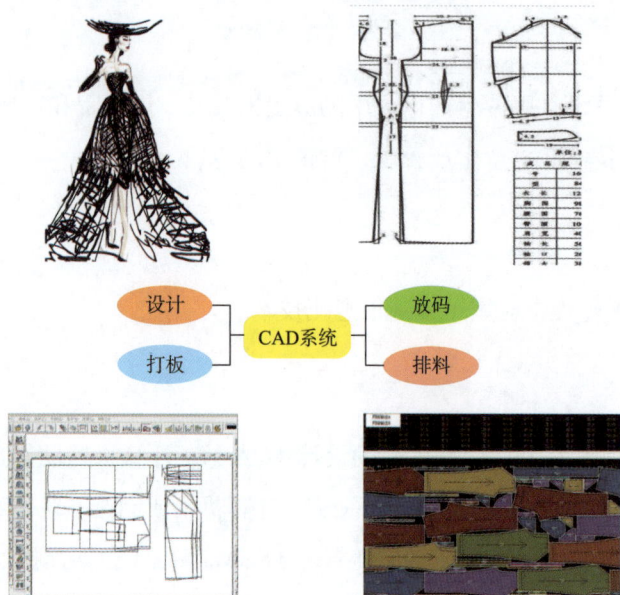

图 10-3-2　服装 CAD 系统示意图

服装 CAD 技术，即计算机辅助服装设计技术，是 CAD 技术在服装领域的应用，其目的是利用计算机实现一系列服装款式设计、结构设计、推板、排料和工艺管理等各方面的工作。服装 CAD 技术是现代的技术与服装文化艺术相结合的产品，是第一个用于服装行信息技术的信息技术。

（2）CAD 技术发展历程。服装 CAD 技术自诞生以来已得到了长远的发展和显著成效。它受到了科技界和商业界的广泛关注和青睐，对于服装企业适应国内外市场的激烈竞争和现代管理有不可替代的作用，见表 10-3-1。

表 10-3-1　服装 CAD 发展历程

时间	重要事件
20 世纪 60 年代末	第三次工艺革命浪潮的数字技术发展，出现了现代化的工具电子 CAD，随后又出现了机械 CAD
20 世纪 70 年代初期	服装 CAD 系统在当时的行业中出现是为了冲击西方市场，为亚洲的纺织服装生产服务，帮助西方国家的纺织服装业摆脱了危机
20 世纪 70 年代后期	美国格柏公司研制出世界上第一套服装工艺设计系统，功能包括推板和排料环节
20 世纪 80 年代初期	随着 CAD 系统应用领域的不断扩展，CAD 系统的放码功能出现。所有型号的板都可以根据基础推板推出，大大节省了时间
20 世纪 80 年代后期	在工业需求和新技术的驱动下，为了体现设计师的个性和创意风格，设计系统和计算机制版系统研制成功，其主要应用是扫描现有内容，例如，图片、照片或织物，并对图像进行修改，以产生新的设计

（3）服装 CAD 的技术组成。在服装 CAD 技术的发展过程中，其概念也在不断发展，已经从最初的现代工具概念发展成为具有多种智能和扩展应用范围的计算机应用系统。其设计功能包括纱线设计（纱线形状、支数、捻度、捻度方向等）、织物结构设计（制造图案和

方法等）、图案设计（印花图案、辅料、数码印花等）等，逐渐发展成为一种纺织一体化的计算机服装设计技术，成为服装加工生产过程中不可缺少的一部分。

和普通 CAD 系统一样，服装 CAD 系统也是由硬件系统和软件系统两大部分组成，如图 10-3-3、图 10-3-4 所示。

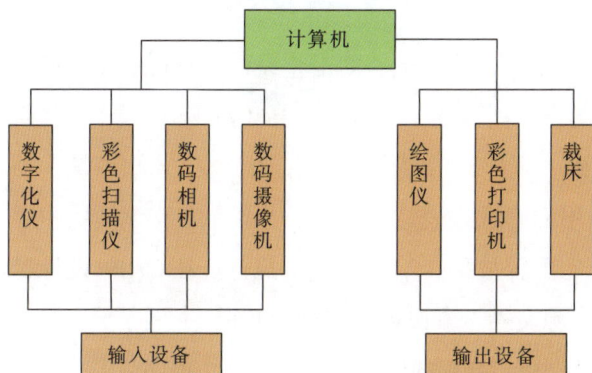

图 10-3-3　服装 CAD 硬件组成

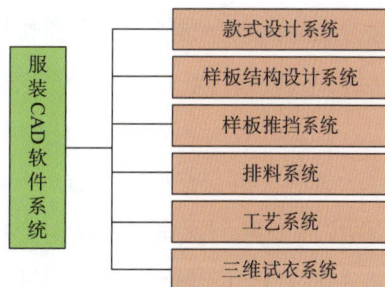

图 10-3-4　服装 CAD 软件系统组成

（4）服装 CAD 的基本功能。服装 CAD 技术包括服装款式设计创意系统、服装样板、工艺设计系统。服装设计师利用服装款式设计创意系统在计算机屏幕上表达创意，并利用计算机绘图、几何变换、色彩调整、模拟等手段对服装效果图进行修改和完善，形成一系列服装电子效果图。服装设计师利用服装图案设计系统将服装效果转化为服装图案，服装纸样定型后，进入工业纸样生产阶段。服装工艺设计师利用工艺设计系统丰富的功能，完成推板等工艺环节和工艺流程，最终形成各种工艺图纸，进入生产、加工、缝制阶段。

随着科学技术的不断进步和服装工业的现代化，服装 CAD 技术也在不断创新，其基本功能也在不断丰富。多样化和个性化已成为当前服装 CAD 技术发展的主流，并且在基本功能中添加了许多辅助功能，如图 10-3-5 所示。

（5）服装 CAD 的作用。据统计，服装 CAD 的打板、推板、排料功能可使综合工作效率可提高 6～15 倍，大大降低了人工成本，各环节的综合处理可简化生产工艺，可建立企业

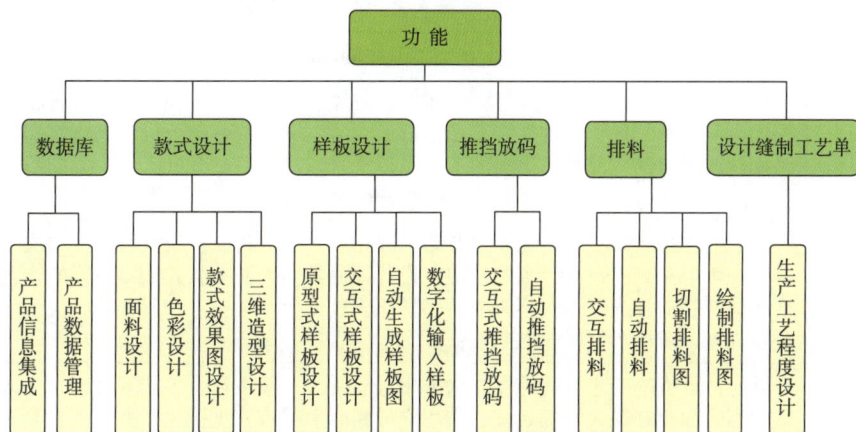

图 10-3-5　服装 CAD 功能示意图

板型及成衣片组件的智能数据库，已实现了产品信息的智能化管理，实现了高精度、全系列尺寸的推板工作，在大规模的工艺生产中，提高了服装面料的利用率，节省了2%～55%的织物。总体而言，服装CAD技术大大降低产品开发成本，提高产品质量；缩短服装设计和流程制造的周期；从而使企业可以在反应速度、产品质量和产品成本方面形成竞争优势。

2. 计算机辅助工艺设计CAPP

服装CAPP（computer aided process planning，计算机辅助工艺设计）是利用计算机快速准确的信息存储能力，方便快捷地对工艺设计所需的工艺数据信息（如典型工艺、国标、接缝图等）进行汇总和编辑，以提供更准确、规范的信息后续工艺设计。工艺知识是一种实践经验，具有不确定性和模糊性，很难用准确方式表达，因此，当前的CAPP模块中存在大量的人机交互界面，难以判断和处理的内容被移交给工艺人员执行。在CAPP设计过程中，工艺设计人员需要使用大量的设计资源文档、资源数据和资源知识。

（1）CAPP的概念。工艺设计是为加工零件制定合理的工艺，如工艺操作程序、工艺设备和工艺参数。工艺设计是企业生产的技术准备中最重要的内容之一，是产品设计与实际生产之间的联系。而传统的手工工艺存在劳动强度大、效率低、设计周期长、工艺文件多样化、标准化程度低等问题。为了适应现代制造业的发展，计算机辅助工艺计划CAPP应运而生。

（2）服装企业应用CAPP的意义。服装工艺设计是服装生产过程中技术准备的重要组成部分，其主要任务是服装生产的工艺过程，工艺操作内容，工艺设备和工艺参数。

服装工艺设计师的决策经历了从散件到成衣的多个过程，随着生产环境的变化，积累了丰富的经验，形成多变的过程。例如，一套高档男装平均需要75道工序，而一套男装西服则需要150道工序以上。而且，服装厂经常改变生产品种，同时需要更换生产过程任务书，改变装配线，改变每个工人的生产过程。所以如何安排这些程序、安排机器、调配人员、安排工作时间，已经成为服装工艺工程师的一项重要工作。只有把这些任务组织好，才能形成一条高速的服装生产线。

传统服装工艺设计中存在以下问题，见表10-3-2。

表10-3-2 服装工艺设计存在问题

问题	产生的原因
效率低	一件上衣通常由五个部分组成：前件、后件、衣领、袖子和口袋。尽管服装样式差异很大，但是对于每个组件，许多样式都是在某个原型的基础上设计的，它们的基本工艺是相同或相似的。但是，当前的工艺设计常常忽略了这些有利条件，不同组件的工艺工程是从头开始编写的，并且工艺人员要进行大量的重复劳动，大大降低了工作效率
工艺过程缺乏一致性	由于工艺的准备工作是纯体力劳动，因此工艺的准备质量很大程度上取决于服装工艺的知识水平和经验，并且不同的工艺设计师通常会为同一款式编制不同的工艺。导致生产相同或相似样式时过程不必要的多样化。这使生产准备工作复杂化，甚至延长了生产准备周期，增加了生产成本
工艺文件难于优化	目前，服装厂工艺规程的设计水平相对落后，一般不符合工艺规程图，工人在执行工艺规程方面存在很大的随机性，技术文件实际上很难实现优化，并且不能真正起到指导生产的作用

鉴于上述问题，手工编排服装工艺的最大缺点是时间较长、效率低以及人为增加工艺准备周期。为了解决上述问题，满足服装企业设计款式不断增加、缩短工艺周期的要求，应采用CAPP技术实现服装工艺样板的绘制、工艺文件的编制、装配线的布置，以及工人工序分析的自动化计算。因此，CAPP的推广应用对服装企业的生产和发展具有重要意义。

（3）服装CAPP的系统结构。服装CAPP的系统结构中每一子系统既可自成体系独立运行，完成自己的功能，又可和其他子系统进行信息传递，构成一个完整的工艺设计系统。服装CAPP系统构成完整系统，如图10-3-6所示。

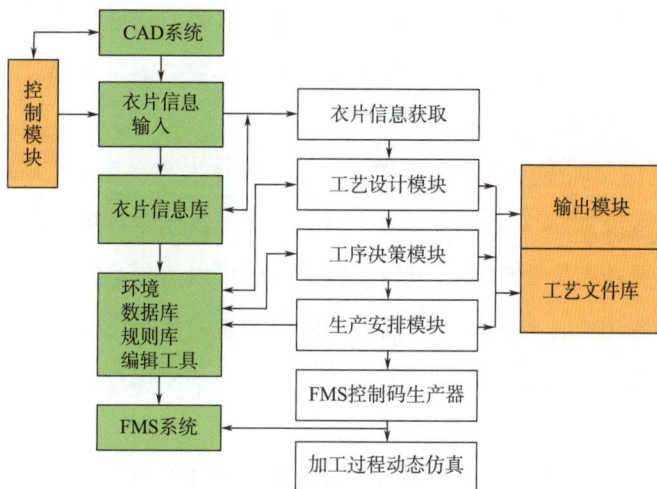

图10-3-6　服装CAPP的系统

① 控制模块。控制模块是CAPP系统的主要程序模块，其任务是协助各个功能模块的运行工作。控制模块是人机交互的窗口，直接面向操作人员和初始操作过程。通过显示操作界面实现人机之间的信息交换，控制服装件加工的信息采集方式。当确认控制信息后，控制模块将调出相应的功能模块，以实现特定信息的获取和相应的操作，例如，从CAD中获取信息，调用工艺设计模块，工序决策模块等。

② 衣片信息输入模块。如果服装信息不能从CAD系统中获取时，利用该模块可以实现衣片信息的输入。服装款式CAD设计信息通常以特定的格式输出，不同CAD系统的数据输出格式不同。目前，国内的CAD技术已经得到发展，具有影响力的服装CAD软件已经形成。

③ 工艺设计模块。工艺设计模块的核心是工艺设计专家系统，它可以对工艺流程进行决策。在非集成环境中，计算机提供用户界面。通过手动选择菜单，它可以输入并生成工艺所需的特征参数，根据输入的特征参数和流程规则库，生成流程表。该模块的结果可以直接输出给用户，也可以用作工时分析子系统和操作分配子系统的输入。该模块的结果可以直接提供给该子系统，用于操作决策模块、生产计划和FMS设备条件。该系统的输出结果也可以直接提供给FMS使用，从而实现CAD/CAPP/FMS的集成。

④ 工时分析模块。工时分析模块的核心是动作要素和标准工时库。当子系统独立使用

时，用户可以使用系统提供的工具和动作元素以及标准工作时间库，通过分解每个流程，计算每个流程的工作时间和总工作量，将工作元素转换为动作元素产品的小时数，用户计算生产成本，确定交货时间并合理安排生产。当工艺生成子系统的输出是模块的输入时，用户可以直接将系统生成的操作分解为作业要素和动作要素，并计算每个操作的工工序时间，从而大大减少了复杂的输入工作用户。该模块系统产生的结果可以直接输出，也可以用作工序分配子系统的输入，以使系统在最佳设计中使用。

⑤ 工序决策模块。工序决策模块的主要任务是生成工序单，计算工序间的安排，生成工序图，其中心任务是在确定产量的前提下，优化流水线，实现工序平衡。收到信息输入后，系统会自动优化流水线，并为用户提供多种工序布置方案供选择。结果可以在团队负责人安排工序时输出以供参考，也可以用作设备安排子系统的输入。

⑥ 设备布置模块。随着生产品种的增加，为了提高生产率和适应市场，经常需要调整设备的布局，最大程度地减少衣片的转移。但是，手工绘制工厂平面图，将机器模型制作为最终设备布置需要花费大量时间。设备布置子系统可以为用户提供一个交互式工具，方便用户进行设备布置工作，大大缩短了设置时间。当子系统接受工序决策子系统的输出信息时，系统可以自动优化设计并绘制设备的计划布局。如果用户对布置结果不满意，可以将系统重新分配到工序中，直到满足客户为止。

⑦ 生产安排模块。生产安排模块设计生产内容的安排，并考虑到人员，设备配置，生产效率等许多问题，确定处理过程，并提供形成自动处理设备的处理控制指令所需的处理文件。

⑧ 输出模块。输出模块可输出工艺流程图、工艺卡等文件。输出还可以处理现有工艺文件库中的各种工艺文件，并通过编辑工具对现有工艺文件进行编辑，得到所需的工艺文件。

⑨ 加工过程动态仿真。经过市场调查或向生产公司取样后，确定了生产款式，完成CAD系统的工作后，将获得服装的款式结构图进入CAPP。

3. 计算机辅助制造CAM

设计的最终目标是生产。CAD技术的发展和普及为设计工程师提供了先进的设计方案。然而，传统的加工技术和工具已经不能适应设计技术的发展。计算机辅助制造技术CAM正成为加工需求的热点，计算机辅助制造是将计算机与生产设备连接起来，利用计算机系统对生产进行计划、管理、控制和操作的过程，它是用计算机制造信息处理的总称。

（1）CAM的概念。CAM（computer aided manufacturing，计算机辅助制造）通常是使用计算机进行产品制造的总称。CAM可以分为广义和狭义的。广义的CAM是指利用计算机辅助完成从原材料到产品的整个制造过程，包括直接制造过程和间接制造过程，狭义的CAM是指计算机在制造过程中的应用。在计算机辅助设计与制造（CAD/CAM）中，通常是指计算机辅助加工，更具体地说是指数控制加工。

（2）服装CAM发展历程。服装CAM系统在服装行业的应用始于20世纪70年代初，主要用于服装的排料和裁剪功能，此功能可以最大限度地提高服装面料的利用率。美国Gerber公司和法国Eleca公司开发了最早的计算机排料系统。由于当时计算机还没有出现，这些系统是基于单片机设计的，因此体积庞大，价格昂贵。但是，服装行业迫切需要扩大生产规模，许多企业可以根据降低的面料成本和现有排料方案的重复使用和修改等因素，正确评估购买排料系统的价值。

（3）服装CAM系统。服装机械的发展伴随着服装加工技术的转变。同时，服装加工技术的新要求促进了服装加工设备的改进。服装加工技术的三个主要过程：裁剪过程，缝纫加工设备，缝纫和熨烫加工设备也得到了很大的发展和扩展。此外，服装设计过程不再是过去单纯的艺术设计，而是渲染效果图、样衣和衣片的过程。它包括款式设计、服装设计、裁剪、缝纫熨烫、试穿和修改，直至原型制作完成，特别是高科技手段和计算机的应用，使传统的服装行业焕发出新的面貌和活力。服装加工工艺和机械设备已经发展到了一个新的阶段，服装CAM系统，如图10-3-7所示。

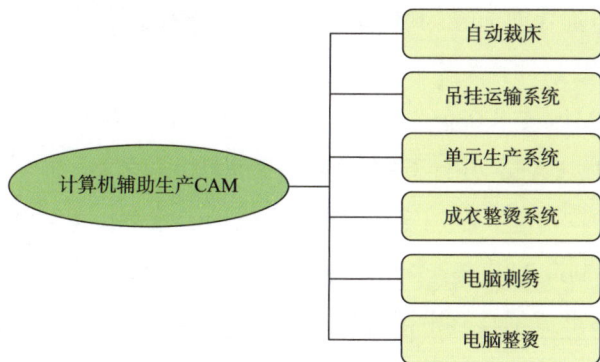

图10-3-7　服装CAM系统图

① 服装衣片裁剪CAM系统（即裁剪机）。裁剪之前先进行面料铺放，再根据CAD系统设计的放码和布置排料的布置图以受控方式裁剪材料。切割机的类型包括切割机、激光切割机、高压水射流切割机等。

② 缝纫悬挂CAM系统。主要采用轨道悬挂传送的方式，将衣片或成衣组件在轨道上悬挂运行运至各个工作岗位。每个工位由计算机监控，每个衣片都有编码，当工位悬挂的服装衣片或服装组件的数量小于一定数量（如15件）时，计算机将添加相应的服装衣片，这些服装衣片将控制轨道上的运送到工位上。一般来说，有几种不同款式的衣片在轨道上运行，这样在同一轨道上运行的几种不同款式的流水线就形成了一个小批量、多品种生产的柔性加工系统。

③ 用于衣物熨烫的CAM系统。蒸汽加吹时间、热风干燥时间、成型压力和熨烫温度的参数由计算机控制，并且针对不同的面料和样式选择不同的工艺参数，熨烫模具的工艺和形状。

4. 计算机集成制造系统CIMS

CAD系统最初是独立开发的，但随着计算机技术在企业其他部门的推广应用，出现了CAPP系统、CAM系统、管理信息系统MIS等自动化计算机系统。这些系统之间的信息传递已经成为制约整个企业计算机应用水平提高的瓶颈。为整合这些系统，提高系统的使用效率，提出了计算机集成制造系统CIMS的概念。

（1）CIMS概念。CIMS（computer integrated manufacturing system，计算机集成制造系统）是利用先进的信息技术、计算机技术、自动化技术、集成管理技术和集成管理技术，将各种信息、设计、制造、管理、经营等活动所需的各种自动化系统，通过新的生产模式、工艺理论、计算机、生产、设备、管理等各个方面，将产品从设计到上市所需的工作量减至最少，满足多样式、少批量、高质量和快速的要求在服装市场交货，并对市场做出快速反应。

（2）服装CIMS的国内发展现状及发展趋势。

① 国内国外发展现状。服装CIMS的研究与应用在中国已有十多年的历史。服装CIMS的主要特征是：用系统理论了解CIMS的研发，强调集成和优化，在多学科协调下发展，将理论与实践相结合。

到目前为止，CMIS技术在企业建模，系统设计方法，异构信息集成，基于STEP的CAD、CAPP、CAM、CAE，并行工程和离散系统动力学理论方面具有一些优势，在国际上具有一定的影响力。清华大学国家CIMS工程技术研究中心和华中科技大学CIMS研究中心分别获得了美国制造工程师学会的1994年和1999年SME大学领导奖。国内传统CIMS的内涵得到了扩展，形成了具有中国特色的CIM理论体系，并提出了现代化的集成制造体系。

在服装CIMS的实现过程中，在英国最具影响力的是cimtex系统，该系统的研究始于1989年。1992年底，英国莱斯特理工学院（Leicester Institute of technology）成立了CIMS针织服装中心。中心转化二维、三维服装CAD，服装面料悬垂性建模与仿真，自动布放、自动裁剪CAM、自动与手工缝制、自动熨烫包装、储运等自动化单元集成。

某国外一个服装公司的服装款式设计、2D-CAD（CAM/FMS/MIS）等已实用化，在此基础上进行了各单元的集成，该公司推出了CMIS，如图10-3-8所示。

可以看出的CIMS系统图，由于其集成和数据网络是由中央主机实现的，一旦主机发生故障，会导致整个系统停止运行，因此通用的CIMS集成技术采用分布式数据和局域网技术。

② 国内发展趋势。服装CIMS技术发展趋势，如图10-3-9所示。

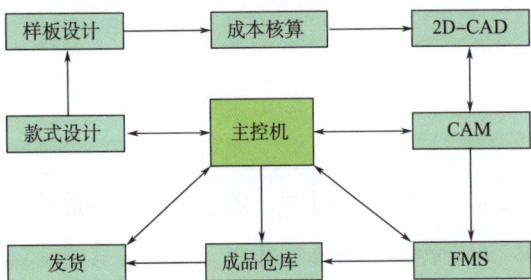

图10-3-8 某国外公司CIMS管理

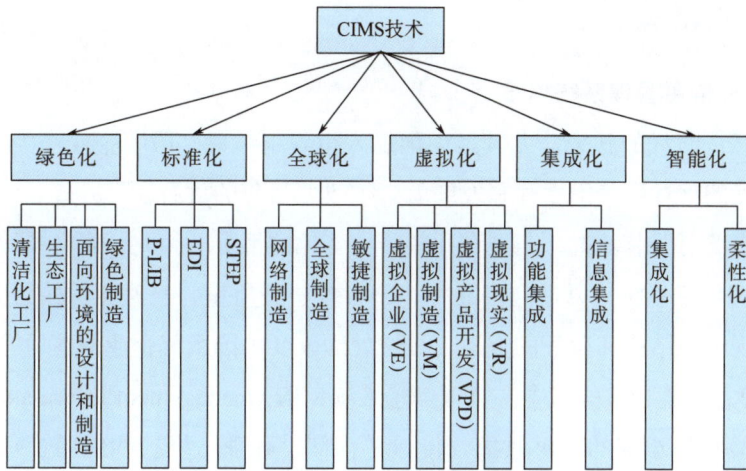

图10-3-9　CMIS发展趋势

（3）我国服装CIMS系统总体结构。我国服装CIMS由两个支撑系统和四个应用系统组成。支持系统为计算机网络系统（network）和数据库管理系统（dbms）。应用系统包括：服装信息系统（GIS、信息网络和处理技术）；服装CAD系统（具有三维和二维设计，简称3D-CAD和2D-CAD）；服装CAM系统（包括计算机辅助裁剪CAM系统、FMS系统、快速反应生产系统QRS、计算机辅助质量控制系统CAQ）；服装生产管理信息系统MIS、CIMS系统总体结构设计，如图10-3-10所示。

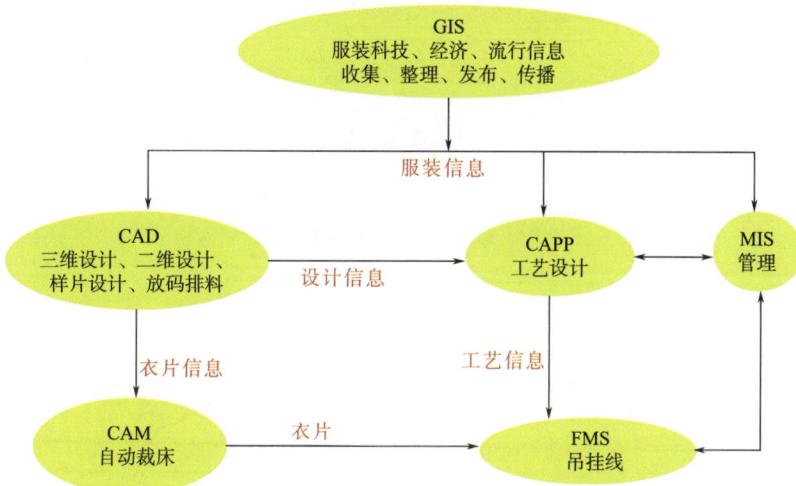

图10-3-10　我国服装CIMS系统总结构图

图10-3-10中的GIS是信息网络及其处理技术，该系统采用内外部连接的方式建立国内外服装信息源，可以及时收集和处理各种服装信息，处理后的信息可以通过计算机网络及时传输到所有网点。GIS使用PC作为主机，建立了三个数据库，例如，服装经济市场，服装科学技术和服装流行趋势，主要运行服装信息管理系统和服装消费调查与处理系统，并提供与国内外用户的计算机联网接口。目前，在中国调制解调器用于通过公用电话网连接各种信息网点。

二、服装企业管理信息化

1. 服装企业信息管理系统MIS

随着信息经济时代的到来，尤其是中国加入世贸组织后，服装企业作为我国的传统产业，要想在激烈的市场竞争中生存和发展就必须改变目前的落后管理方式。管理效率低下，无法及时响应市场对服装款式，花型和面料需求变化的情况。因此，有必要建立一个完整，高效的服装管理信息系统，以适应多品种、小批量、高质量、快速交货的行业趋势，并通过其建立来实现组织结构和业务的重组，尽快处理改变中国服装企业的落后管理状况。

（1）管理信息系统MIS的概念。管理信息系统MIS（management information system）是一个由人、计算机等组成的能够收集、传递、存储、处理、维护和使用管理信息的系统。它可以测量企业的各种经营状况，利用过去的数据来预测未来，帮助企业从全局的角度进行决策，利用信息来控制企业行为，帮助企业实现规划目标。

（2）服装信息系统的组织结构。不同的服装公司具有不同的组织结构、产品结构和流程，导致不同信息系统的结构差异，但是它们的基本生产流程通常是相同的。首先，收到订单，由计划部门制定生产计划，再由物料管理部门准备面料和辅助材料，再将它们交给生产部门组织计划生产，生产过程包括切割、缝纫和熨烫，最后是检查、包装和存储。

服装企业管理信息系统一般由服装生产管理子系统、服装销售管理子系统、财务报表管理子系统和服装库存管理子系统等组成，如图10-3-11所示。

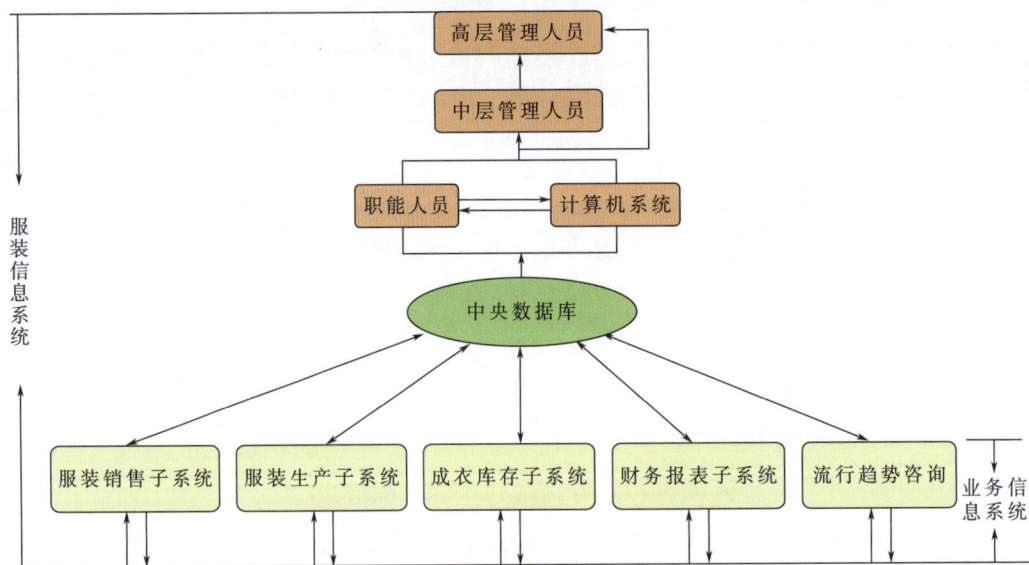

图10-3-11　服装企业MIS的总体结构

（3）服装企业信息系统的职能结构。作为一个系统，管理信息系统必须具有一定的结构，该结构反映各部分之间的关系、各部分的特征、面临的主要问题以及人们的知识和技术水平。下面以某服装企业管理软件为例，说明MIS的职能结构构成。

某服装企业的管理软件是新一代的管理软件，它详细分析了许多用户的需求，并结合了在大型数据库（如分销管理）开发方面的多年经验，集中了大量的人力，使企业从订单购买到生产，从生产到销售的所有工作流程都能在计算机的控制下顺利完成，它的信息系统结构图如图10-3-12所示。

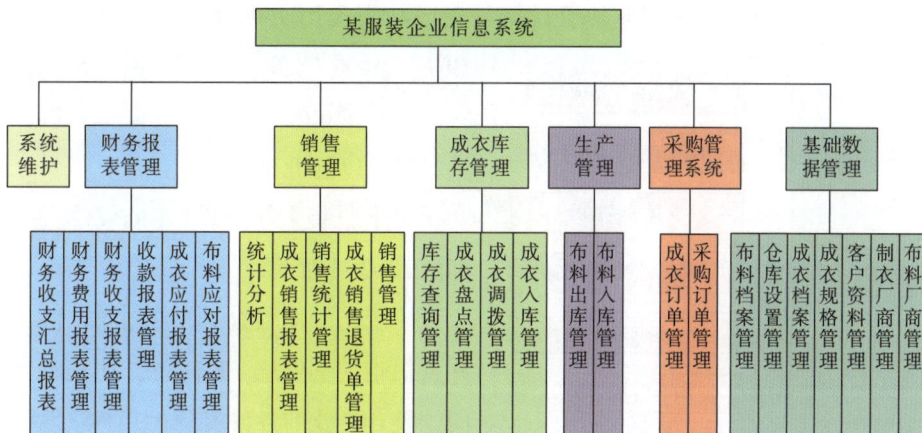

图10-3-12　科博服装MIS的职能结构图

该系统包括面料制造商管理、成衣制造商管理、面料管理、成衣管理、采购管理、销售管理、库存管理、收付款管理、统计报告等功能模块，它提供大小的矩阵输入功能。它可以根据品牌、商品编号、类型、板型、颜色和组合进行汇总和查询，还可以查询服装企业的物流，资金流向和信息，对流向进行综合管理。

2. 服装企业资源计划ERP

将现代信息技术和新的管理思想和方法应用于企业管理的根本性改革，以提高企业产品质量和市场竞争力，解决现代企业生存和发展五大问题，如图10-3-13所示。

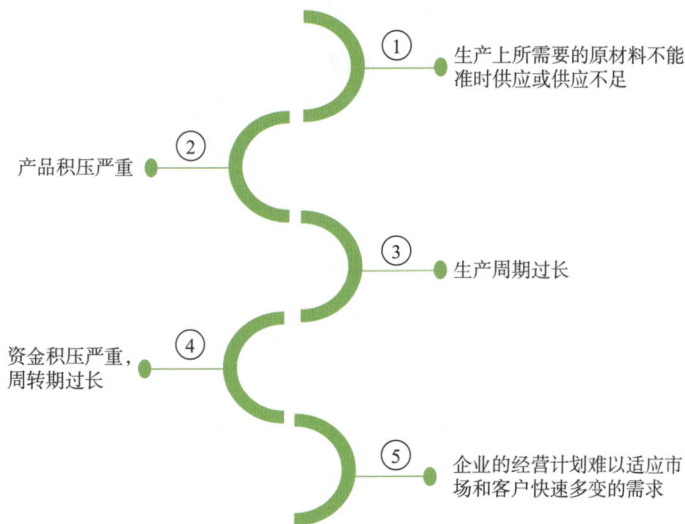

① 生产上所需要的原材料不能准时供应或供应不足
② 产品积压严重
③ 生产周期过长
④ 资金积压严重，周转期过长
⑤ 企业的经营计划难以适应市场和客户快速多变的需求

图10-3-13　ERP解决企业问题

（1）服装企ERP的概念。ERP（enterprise resource planning）即企业资源计划，是指利用现代信息技术，将企业内部的生产、财务、物流管理、质量管理、销售配送、人力资源等各个部门进行集成和连接。

（2）ERP发展的历程。ERP产生于20世纪90年代，在MRPⅡ的基础上发展起来，目标是运用现代信息技术和管理方法，改革企业的管理模式和管理手段，提高企业的市场竞争力。根据美国生产和库存控制协会的统计，成功实施ERP可以使公司的库存平均减少30%～50%，交货延迟可以减少80%，停工待料有望减少60%，制造成本降低12%，管理人员成本可以降低10%等。

对于服装企业来说，ERP系统主要功能，如图10-3-14所示。

传统纺织服装公司的各个部门相互独立，并且很难共享信息。ERP的作用是整合这些部门，整合企业的各种资源，并有效地利用企业资源。

ERP系统功能
- 服装生产管理
- 服装工艺质量管理
- 成衣库存管理
- 面料与辅料采购管理
- 销售管理
- 车间作业管理
- 客户关系

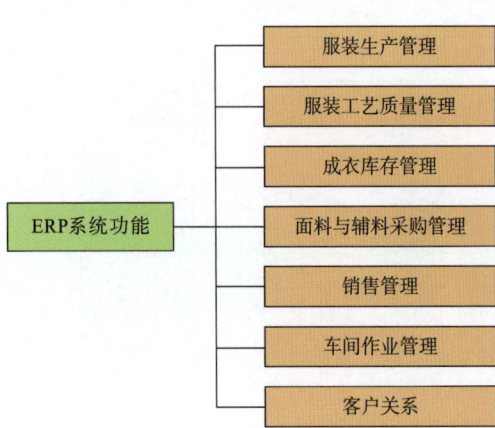

图10-3-14　ERP系统主要功能

（3）服装企业ERP系统的功能模块。随着社会的发展和市场经济的进一步推进，服装企业之间的竞争日趋激烈。为了紧跟市场的变化，多品种、小批量生产和看板生产逐渐成为服装企业采用的主要生产方式，单一生产方式已发展为混合生产方式。利用科学的管理方法，可能给企业生产带来可观经济效益，提高企业生产效率，降低成本。例如，某服装公司ERP有效地规划和控制了服装生产过程中的各个环节，科学、系统地对每一个过程以及所使用的各种原材料、成品、半成品进行加工和分析，并根据各工序的工价和生产数量计算出计件数和工时信息，从而大大提高服装生产的管理水平和工作效率。

服装ERP系统是将ERP理论与服装企业的实际相结合而开发的生产管理系统。ERP系统与众多服装企业的实践相结合，已发展成为功能性和技术性优良的服装行业ERP软件。ERP系统由销售管理、生产计划、物料购买、裁床计划、生产进度、扎工票、计件工资和其他部分组成。它可以有效地支持服装企业商品的颜色、尺寸、图片和条形码的管理，并为服装企业的生产管理和控制提供全面可控的解决方案，见表10-3-3。

表10-3-3　某服装品牌ERP系统结构

功能模块	具体内容
系统生产管理流程	由销售或业务部接收客户发出的生产订单 根据某一款号的生产订单制定生产单（相当于主生产计划，并且含有排料、生产和工序信息） 根据生产单的用料情况（用料表）进行订料 根据原料的库存和到货情况进行生产排期 裁床发料进行裁剪、扎片送印绣花，再送回裁床 打印工票给车间、车间领扎片进行生产 后道对车间、车间领扎进行生产

续表

功能模块	具体内容
系统生产管理流程	成品入库 出货单 工票计数、计件工资 配额管理、船务管理
系统功能模块	颜色、尺码和图片管理 条码标签打印 生产订单 产品配方 生产单 裁床管理 工票编制 工票录入 生产进度控制 计件工资 人事考勤管理 采购进货单 布料/辅料库存管理 应收应付 财务管理

系统功能结构图，如图10-3-15所示。

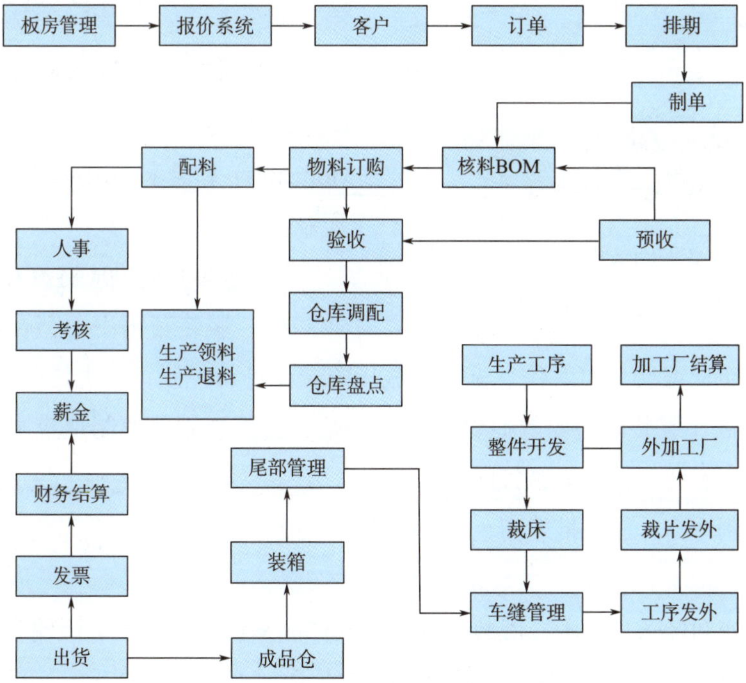

图10-3-15　某服装ERP功能结构图

（4）我国服装行业ERP的发展趋势。我国服装行业ERP发展势头良好，在服装行业，越来越多的企业意识到ERP可以帮助他们做更多的事情，企业正在积极加强对ERP的理解，已经进行了部分或全面的信息管理，并采取初步措施。在感受到ERP系统带来的便利后，有人甚至认为ERP系统可以成为企业经营的战略武器。

3. 供应链管理SCM

我国服装企业大多是近年来发展起来的，公司的经营理念和管理模式还存在缺陷。SCM加强了库存管理，规范了业务流程，提高了透明度，加速了商品资金的周转，为信息领域的综合网络管理奠定了基础。

（1）SCM的概念。供应链管理SCM（customer relationship management）是一种新的业务和运营模型。SCM强调核心企业与最优秀企业之间的战略合作关系，委托这些企业完成部分业务工作，再专注于各种资源并重新设计自己业务流程做好关键业务工作，使公司可以创造出竞争对手没有的特殊价值，不仅可以大大提高公司的竞争力，而且可以使供应链中的公司受益。

（2）供应链管理的领域。供应链管理以同步和集成的生产计划为指导，并受到各种技术（尤其是基于internet的技术）的支持，并围绕供应、生产运营和物流（主要是指制造过程）实施。供应链管理主要包括计划，物流（零件、成品等）的合作与控制，以及来自供应商的信息，供应链管理的目标是提高用户服务水平并降低总交易成本，并在两者之间寻求平衡。

供应链管理涉及四个领域：供应（supply）、生产计划（schedule plan）、物流（logistics）和需求（demand），如图10-3-16所示。

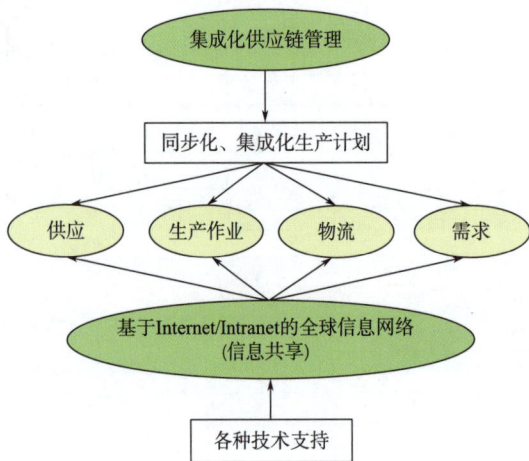

图10-3-16 供应链管理涉及的领域

（3）服装企业供应链流程。与其他制造业一样，服装营销中也存在供应链。以供应链为核心，企业服装公司对信息流、物流、资金流进行控制，从上游的原材料制造商、面料辅料代理商、服装零售商等原材料采购开始，由服装制造商制造成服装，再由下游的服装批发商、服装零售商等销售网络将服装发送到终端消费者手中。供应链由面料配件供应商、服装制造商、服装批发商、服装零售商组成，直至形成一个完整的功能网络结构模型。

在服装生产和经营过程中，服装经营者将其产品从设计、生产、运输和销售转移到整个供应链过程中，由消费者掌握，如图10-3-17所示。

（4）服装企业供应链管理的作用。服装商品具有流行性和季节性，给服装企业的经营带来了很大的不确定性，但在有效、完善的供应链管理信息系统的支持下，这种不确定性是可以最大限度地降低。

完善的管理系统可以将服装生产过程中的物流、信息流和资金流连接起来，还可以将

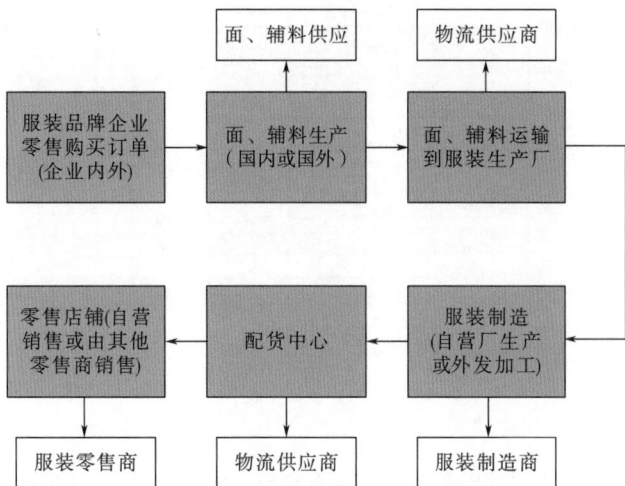

图10-3-17　服装品牌营销供应链管理

贸易公司、工厂、原材料、辅料供应商、海外办事处、代理商等地的信息、材料和物流进行整合跟踪、收集财务状况汇集到系统上。由于实时营销信息的不断传递，企业在分销或生产链的各个方面越来越紧密地整合在一起。制造商不需要像以前一样在销售旺季之前的几个月内制订生产计划并做出生产决策，而是可以定期进行，根据实际市场信息获取订单。

在服装生产的整个过程中，从设计到消费者产品开发的产品需要选择面料、颜色、配件和生产样品，并发送样品进行确定、评估、订单、寻找制造商。同时对样品、价格和质量标准进行协商，以确定交货日期和质量付款方式和其他复杂过程。有效的供应链系统也将大大降低物流成本。

4. 客户关系管理CRM

CRM（customer relationship management）是客户关系管理，CRM的概念最早由美国Gartner集团提出。在激烈的市场竞争中，企业越来越意识到客户关系管理对企业的重要性，越来越多的企业已经从单纯关注产品市场份额转向关注客户关系管理，关注有价值的客户份额。CRM不仅是国际领先的，以客户价值为中心的业务管理理论，业务策略和业务运营实践，而且是一种有效提高公司收入，客户满意度和员工生产力的手段的管理软件。

（1）客户关系管理的概念。客户关系管理CRM系统是企业电子化管理解决方案的重要组成部分。CRM提供了一种能够反映企业与客户之间复杂关系的管理方法，它不仅可以记录和跟踪客户信息以及企业与客户之间的业务行为，还可以对这些信息进行分析，根据这些信息为企业进行决策提供有力依据，以适应经济网络时代消费者需求的特点和电子商务的要求。

（2）CRM应用系统典型功能。随着技术的发展，CRM应用系统的功能模块将不断增加，并且一些模块将被集成。每个供应商提供的CRM系统功能模块，以及CRM应用系统软件应至少具有的基本功能如图10-3-18所示。

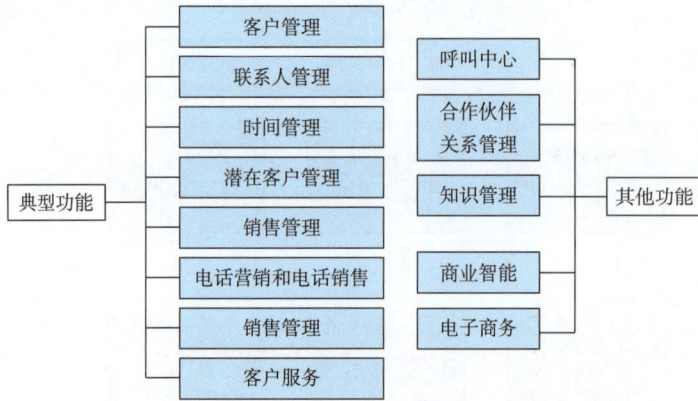

图 10-3-18　CRM 系统软件基本功能

（3）CRM 应用系统的基本特征。一个能够有效实现 CRM 经营理念 CRM 应用系统，基本特征见表 10-3-4。

表 10-3-4　CRM 应用系统的基本特征

基本特征	具体内容
基于一个统一的客户数据	客户信息是公司的重要资产，属于公司，不属于任何个人或部门，建立统一的客户数据库，将从各个渠道获得的客户信息存储在统一的 CRM 数据库中。通过统一管理，可以有效地保证公司对客户信息的所有权和使用权
具有整合各种客户联系渠道的能力	渠道可以是客户与企业互动的方式，也可以是传统的信件、电话、传真、个人访问、电子邮件、互联网、可视电话以及即将到来的交互式电视和 SMS 信息，而不论客户采用何种联系渠道，CRM 应用程序系统应该能够以完整、及时、准确和非重复的方式将客户信息输入数据中心
能将信息以快速、方便的方式向系统用户传递	系统的用户分布在企业的各个部门。销售、市场、营销、客服等部门的员工直接与客户联系，获取客户信息最多。客户关系管理应用系统应为客户提供各种便捷的方式和设备，如通过计算机、各种无线设备、互联网等获取客户信息，并快速传输到数据库中
提供营销、销售和服务 3 个业务的自动化工具，并能在三者之间进行整合	获得利润是企业实施 CRM 的追求目标。CRM 是整合分散在企业各个部门的客户信息资源，实现全公司共享，为客户提供高效、高水平的服务，留住老客户，赢得新客户。销售、营销和服务是企业的三个重要业务流程，要实现这三种业务自动化工具，并打破它们之间的业务限制，使客户服务流程可以在部门之间无缝连接，从而可以更有效地管理客户关系，降低成本并增加收入
从具有一定量的交货数据中提炼决策信息的能力	只有分析型 CRM 系统才能长期造福于企业，因为它可以通过对客户信息的分析来预测企业的未来，为企业的决策提供支持。因此，CRM 系统应该具有一定的商业智能
具有基于开放标准的与其他企业应用系统的整合能力	CRM 应用程序只是企业信息应用程序的一部分。企业中有 ERP、SCM、EC 等信息系统。CRM 应用必须解决与其他系统的集成问题。例如，在订单处理过程中，利用 CRM 系统寻找客户并签署订单，将订单交给 ERP 系统进行处理。在此过程中，如果 CRM 系统与 ERP 系统脱节，将影响客户服务质量

（4）服装企业 CRM 应用系统实施原则。服装企业在 CRM 应用系统的开发中不可避免会遇到问题。企业可以直接购买现有的 CRM 产品，也可以将其交给具有行业实施经验的系统供应商进行定制。CRM 应用系统实施过程中应遵循的原则如图 10-3-19 所示。

5. 电子商务

随着电子商务的蓬勃发展，越来越多的传统服装品牌开始重视网络销售。国内报喜鸟和佐丹奴等品牌B2C的交易方式已经开始了很长一段时间，而其他服装品牌涉及B2C业务则点燃了传统服装品牌涌入互联网行业的热潮，原因是缺乏互联网和电子运营的经验电子商务及其处理方式不完善与传统渠道的关系存在很多问题。

图10-3-19　CRM应用四大原则

（1）我国服装电子商务发展历程。近年来，随着电子商务的飞速发展，与传统服装行业中实体店的销售额逐渐等同。越来越多的中小型企业开始使用信息技术来提高其管理水平，并通过信息网格获取市场信息、技术信息、纺织品和服装时尚信息。国内服装公司的特点是品种多、小批量、高质量、交货快，这就要求服装公司在生产过程和销售过程中必须具有高度的自动化和快速的响应能力。经过这些年的发展，中国的服装电子行业的商业网站数量正在不断增加，如图10-3-20所示。

（2）服装电子商务现状及发展趋势。从我国服装业的现状来看，服装企业的特点是劳动密集、自动化程度低，服装产品开发和服装品牌推广能力还不足。但是，随着服装

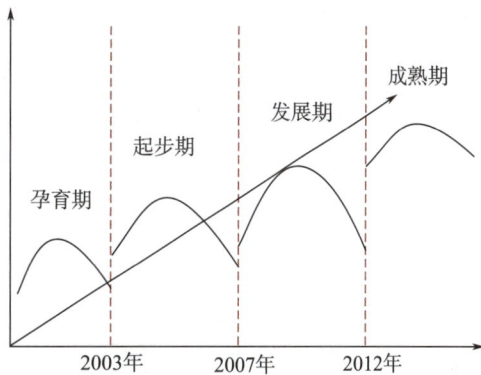

图10-3-20　电子商务发展历程

产业的升级换代，服装市场正处于平稳上升阶段，服装品种逐渐增多，档次划分十分明确。"十一五"期间，服装行业电子商务也处于快速发展阶段，服装消费逐年增长，如图10-3-21所示。

可以看出，我国服装行业电子商务近年来高速发展，并随着市场竞争的加剧，服装电

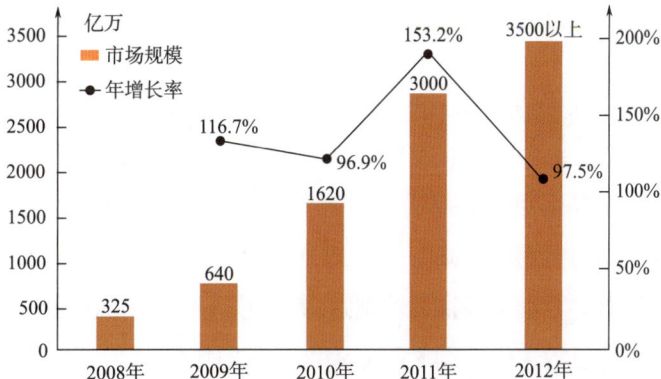

图10-3-21　国内服装网购和年增长率

子商务也将逐步向精细化和精准化方向发展。电子商务平台是随着服装电子商务的发展而逐步发展起来的。传统服装企业还将建立自己的官方网站和多渠道开发路线的应用网购平台，能够有效满足互联网上消费者的个性化需求。

（3）服装淘宝平台营销案例。创立于2006年中国知名设计师品牌裂帛，注重于服饰与人类文化相融合，追求本心本性、无拘束的品牌文化发展。作为知名的淘宝品牌，在创始之初，裂帛将互联网的发展视作："生产工具的下放，使一切成为可能。"因而，其品牌所取得成绩，不但被视为电子商务行业的创新与传奇，更被传统服装行业称之为奇迹，原因分析如下：

① 理念与行为高度统一，企业文化与品牌文化相互渗透，对服饰美学的理解具有独到之处。

② 独立的自有品牌，更加关注自身内化结构，整合技术，改良中国服装制造业及供应链系统以适应电子商务的快速反应模式。

③ 客户第一，高品质体验与高素质服务。

④ 创始人及其团队高度配合，形成差异化合作，以突出的执行力和学习能力著称。

在服装电子商务逐步发展的背景之下，裂帛为亲身体验尝试服装网店运营过程，通过为期8个月的理论与实践相结合，总结网站运营过程，见表10-3-5。

表10-3-5　网站运营阶段分析

工作内容	网站建设	内容风格的确定	客户维护	市场开拓	影响力扩大
阶段任务	保证网站流畅、稳定运营，网站内容基本完整	形成独特个性的网站风格，提高网站流量	提高用户转化率，培养客户黏性、提高网站会员消费者数量	市场开拓、品牌推广，为占领市场做准备	占领行业网络市场，推进世界范围内行业发展
运营重点	网站平台搭建完成，短期资金投入，进行宣传	平台完善，内容维护即时，逐步形成自主运营，实现盈利	设置广告，提供优质服务，扩大网站影响力	增强影响力，树立网站形象，培养品牌文化	增加运营模式，多渠道共同发展，把握机遇，顺应潮流

根据一系列的调查研究发现，网络购物除了存在信誉和售后服务等主要问题之外，对于服饰商品网络营销，主要由于实物材质、颜色差异，商品信息型号等问题影响消费成效。因而，在网店运营过程中，除保证信誉与服务质量之外，也要注重产品信息一致性，结合广泛有效的宣传，以及网店装修、促销手段等细节，可针对网店处于不同运营阶段，采取不同销售手段，可分为销售前期、销售中期、销售后期三个阶段。

在销售前期，主要采用产品促销、预售等方式，完成初期吸引客户的目的。例如，在节假日进行优惠、限时抢购、包邮、礼品赠送活动，并结合消费者购物心理，采用随机赠送中奖等方式，使消费者获得愉快的消费过程，对店铺留下良好的印象评价。

在销售中期，主要关注店铺制度的完善度，采用特色创新，产品推荐等方式稳固客户。可采取会员制度，对于多次消费的客户，进行优惠折扣，对能带来新顾客的消费者，进行双优惠活动，以保证客源的不断扩张。

在销售后期，主要完善会员制度，建立消费客户联系群，并及时在群内进行商品推荐与服务帮助。为顾客提供优质细心的服务，避免顾客流失，积累良好的店铺信誉与推广，为后期自主品牌的推广打下良好的基础。

同时，对网店运营模式进行一定探索性实验，主要分为四个方向：一是实体店代销模式，可以有效降低风险，并对实物商品具有一定把握性，但对于实体店寻找及认可具有局限性。二是网络代销模式，可以有效完成网上购物流程，降低风险，保证充分的货源，但较为缺少自主性，并且需要有效确定网络代销的真实性。三是货源批发模式，主要分为实际批发市场和网络批发两方面，可以提高货源的丰富性及自主选择性，有效并合理安排淘宝网店营销模式及风格，但具有一定风险并需要资金和时间进行具体方案实施。四是网络代购模式，可以保证商品实物的真实及特色，降低风险，但需要寻找满足现阶段需求的代购方具有一定难度。

案例摘自《浅析服装行业电子商务》

◎ 边学边思考

请查阅最近几年服装企业应用信息化技术水平。

_____

_____

学习心得：_____

_____

◎ 拓展阅读

李宁公司 ERP

一、企业概述

1990年，李宁有限公司（图10-3-22）从广东三水起步，到1995年，李宁公司成为中国体育用品行业的领跑者。1998年，李宁公司建立了本土第一家服装与鞋的产品设计开发中心，成为自主开发的中国体育用品公司。

李宁公司拥有中国最大的体育用品分销网络。在2018年2月，李宁时尚产品线"中国李宁"在纽约时装秀上一鸣惊人，这无疑是李宁公司发展史上的重要转折。如今，"中国李宁"已开设近200家门店，成为李宁公司颇为亮眼的"第二增长曲线"。

目前，李宁公司正在全国范围内建立以ERP为起点的信息系统，全面整合产品设计、供应链、渠道、零售等资源发展电子商务，进一步提高运作效率和品牌形象。2004年，李宁公司在香港联交主板成功上市，成为第一家在香港上市的中国体育用品企业。根据公司财报，2021年上半年，李宁公司服装品类的销售得到明显推动，收入同比增长达72.1%，

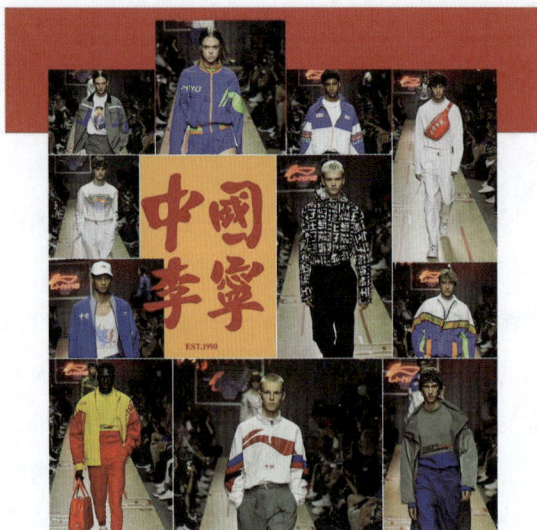

图10-3-22　李宁有限公司

鞋类收入的增速为57.1%，二者占收入的比重分别为49.6%和45.1%。

二、项目进程规划

自20世纪90年代，李宁公司初步建立了企业"进销存"业务管理系统，并引进用财务软件实施财务管理。随着公司规模飞速扩展，分公司相继成立，营业网点遍及全国。1997年底，李宁公司决定启动ERP项目，引入先进管理机制来适应企业经营范围和业务规模，并为李宁公司最终走向国际市场铺垫道路。1999年，李宁公司决定同德国SAP公司合作，引进R/3软件及AFS服装/鞋业解决方案建立企业ERP系统，该项目于2000年初正式启动。据悉，ERP软件部分投入资金达800万元。

李宁公司ERP系统实施的目标是，通过ERP项目的实施，进一步实现企业管理的规范化、高效化、系统化和集成化，并基于AFS服装/鞋业解决方案的实施，根据自身业务发展规划和实际业务需求优化业务流程。

三、ERP系统结构

1. 物理结构

李宁公司在全国范围内建设了公司专用广域网，目前公司总部及各个分公司已建成各自的局域网，可利用PSTN、ISDN、Internet等多种技术手段与广域网实现网络连接。公司广域网内连接的网络服务器包括德国SAP公司的应用服务器、数据服务器、管理服务器、Lotus服务器、通讯服务器、Web服务器等，共有100多台计算机联入局域网。在各地专卖店配备了POS系统，保证全国各地的业务数据及时汇聚到公司总部。

2. 信息结构

公司总部建立的ERP系统涵盖了产、供、销、财、物等各个环节，将是公司未来的总体信息平台。在分公司则以德国SAP公司的销售与分销模块为基础建立包括MIS/POS系统在内的分销体系，个地专卖店则以MIS/POS系统实现数据汇集与分析。公司总部的ERP系统与分公司、经销商的信息系统将实现紧密集成，目前各个系统的数据接口正在开发过程中。

3. ERP系统给企业带来的效果

ERP系统为李宁公司提供了一个先进的、灵活的管理平台，它为李宁公司带来的是一套适应现代化管理的标准模式、业务流程和部门职责的调整以及人员的重新培训，提高了企业运行的效率，部门之间职责分明消除了企业不必要的内耗，大大提高了管理人员的工作效率以及部门协作的效率。

ERP的实施实现了企业的各种资源、各部门关系的整合。系统实施前要把各部门整合在一起几乎是不可能。

ERP系统的实施改进了企业的业务流程。在ERP实施过程中公司的流程有过三次大的改动。如财务管理中的以成本管理为中心，要转化到以利润为中心。在这个过程中，企业内数据信息的标准也得到了统一。

实现了分销管理。以前李宁公司的2000家店中店、专卖店都有各自的一台（IT）人员和系统，难以进行公司内数据汇集与统计分析。使用统一开发的零售系统MIS/POS系统，实现了整个公司内信息的集成，便于统一管理。

摘自主编宁俊《服装企业信息化》

我的学习收获：_____

_____

◎ 任务评价（表10-3-6）

表10-3-6 任务评价表

任务内容	评价关键点	分值	自我评价	同学评价	老师评价
服装生产管理信息化	了解计算机辅助设计CAD	15			
	了解计算机辅助设计CAPP	15			
	了解计算机辅助制造CAM	10			
	了解计算机集成制造系统CIMS	10			
服装管理信息化	了解服装企业信息系统的建设	10			
	服装企业资源计划ERP的实施	10			
	供应链管理SCM	10			
	客户关系管理	10			
	电子商务网络平台	10			
合计		100			

○ 参考文献

[1] 杨以雄，侯爱华 . 服装精益生产实务 [M]. 上海：东华大学出版社，2014.

[2] 张杰 . 运营管理 [M]. 北京：对外经济贸易大学出版社，2009.

[3] 孙亚彬 . 精益生产实战手册：单元生产与拉动看板 [M]. 深圳：海天出版社，2006.

[4] 白海浪 . 精益生产在 L 服装公司中的应用研究 [D]. 广州：广东工业大学，2018.

[5] 毛乐勇 . 基于吊挂系统的服装生产流水线的优化设计 [D]. 杭州：浙江工业大学，2014.

[6] 宋嘉朴 . 服装设备 [M]. 上海：东华大学出版社，2009.

[7] 陈东生，郑玮 . 服装生产管理学 [M]. 上海：东华大学出版社，2015.

[8] 刘锋，吴改红 . 男西服制作技术 [M]. 上海：东华大学出版社，2014.